U0562413

协同AI的
批判性思维教学

吴向东 吴英梓◎著 陈慧钰◎绘

长江出版传媒　长江文艺出版社

图书在版编目（CIP）数据

协同 AI 的批判性思维教学 / 吴向东，吴英梓著 ；陈
慧钰绘. -- 武汉 ：长江文艺出版社，2025. 5(2025.9 重印). -- （大
教育书系）. -- ISBN 978-7-5702-3949-8

Ⅰ. G632.0-39

中国国家版本馆 CIP 数据核字第 2025045D7M 号

协同 AI 的批判思维教学

XIETONG AI DE PIPANXINGSIWEI JIAOXUE

责任编辑：施柳柳　万钟诺　梅若冰　　　责任校对：程华清
装帧设计：天行云翼　　　　　　　　　　责任印制：邱　莉　胡丽平

出版：长江出版传媒｜长江文艺出版社
地址：武汉市雄楚大街 268 号　　　　邮编：430070
发行：长江文艺出版社
http://www.cjlap.com
印刷：湖北新华印务有限公司

开本：710 毫米×970 毫米　　　1/16　　　印张：21.25
版次：2025 年 5 月第 1 版　　　　2025 年 9 月第 2 次印刷
字数：277 千字

定价：54.00 元

版权所有，盗版必究（举报电话：027—87679308　　87679310）
（图书出现印装问题，本社负责调换）

序

在 20 世纪 90 年代，全球曾出现过讨论"二十一世纪人才应具备哪些能力"的热潮。在基础教育领域，引用率最高的模型是美国"21 世纪技能伙伴联盟"（Partnership for 21st Century Skills）推出的"21 世纪核心能力框架"；在高等教育领域，有影响力的模型则是世界经济论坛提出的"21 世纪学生需要具备的 16 项技能"；其他组织、机构也都从不同视角归纳并总结出为了应对快速变化的世界，学生需要具备的核心能力。它们各自给出的报告几乎无一例外包括"批判性思维"（Critical Thinking），可以看出，"批判性思维"是二十一世纪人才应具备的基本能力已是共识。

在那段时间，Critical Thinking 的中文翻译"批判性思维"也开始在国内流行起来。当时，出现过质疑"批判性思维"的翻译表达是否合适的声音，以及"批判性思维"是否应该等同中国传统文化中"思辨"一词的议论，但终因"批判性思维"已经在国内学术界叫响而作罢。

关于培养学生的批判性思维能力，国内在 2008 年左右翻译并引进了一批国外高校的教材，如《批判性思维：带你走出思维的误区》（布鲁克·诺埃尔·摩尔、理查德·帕克）等，有些高校也开设了培养学生批判性思维的选修课，比较侧重逻辑思辨能力的教学。国内基础教育领域对培养学生批判性思维的全面强调体现在学科核心素养和课程标准文件中，之前多是在项目式学习中渗透，尤其是与 STEAM 相关的课程教学目标中会提及批判性思维。

吴向东老师就是在科学教育学科领域探索培养学生批判性思维的杰出代表。这本书凝聚了吴老师长期从事教学实践与教学研究的经验，包含其多个科研课题的成果，体现了他对在多学科的基础教育中开展批判性思维教育过程中关键点、核心点的认知，并将这些认知转换为借助人工智能技术开展教学的创新教学思路。

吴老师深度拥抱人工智能，是国内较早制作教学智能体的科学教师，进行了通过 AI 智能体引导学生批判性思维发展的多种尝试。比如，他设计的"逻辑辨识家"AI 智能体能够帮助小学生们在对话中发现他们的逻辑谬误；创建的"有趣的科学吴老师"AI 智能体能够吸纳苏格拉底式对话精髓，激发学生不断独立思考、探索，而不是向 AI 问答案。吴老师在亲身实践基础上形成的这本书兼具理论阐释、方法解读和策略指导，证实了经过调试的 AI 智能体不仅可以成为学生的"知识导师"，更可以作为"思维导师"引导学生学习逻辑思辨，培养学生严谨思考的习惯。即使是大模型产生的"幻觉"，也可以成为检验学生批判性思维能力的场域——相较以往，智能教学环境提供了更便利的培育学生批判性思维的实验场。相信吴老师书中给出的多学科教学案例及点评，会让各学科的教师都有所收获。

在当下生成式人工智能重塑教育生态的背景下，面对学生有可能出现的认知懒惰、认知外包等问题，教师在各学科的日常教学中强化对学生批判性思维的培养变得尤为重要。吴老师这本书的出版恰逢其时。为了使批判性思维教学能在课堂落地，吴老师提出"以提问为核心"的批判性思维教学原则，倡导老师们做苏格拉底式的教师，用"产婆术"让学生建构出自己的知识观点。结合国内教学现状，吴老师创建了"协同 AI 的批判性思维教学模式"，利用 AI 智能体设计教学各环节中可能会用到的提问，以支持教师更好地思考和实施批判性思维教学，让 AI 起到增强教师教学效率的作用。

中国本土化原创性教育理论的建设与发展就是需要吴向东这样优秀的一线老师站出来著书立说。期待更多的中国优秀教师跻身学术畅销书榜单，繁荣中国教育理论与实践的研究生态，并让中国的教育教学经验走向世界。

北京大学教育学院教授　汪琼

目　录

前言：协同 AI，强健批判性思维

一

人类社会发展进入 AI 时代。人才的竞争力不在于你知道多少知识，而在于你能创造多少知识。而知识的创造，始于批判性思维。具有强健的批判性思维，是人才的关键素养之一。

对已有的知识，ChatGPT 等 AI 大语言模型不仅比你知道得更多、更全面，而且还能生成比普通人更优质的知识。工业革命解放人的体力或替代体力，AI 革命解放人的脑力或替代部分脑力。模仿思想家麦克卢汉的话来说，工业机械在延伸人类的肢体，那么，AI 则在延伸和增强人的头脑，人的认知将越来越多地外包给 AI[①]。

在此现状下，人需要做的是携 AI 之长，增己之智；凭借人类特有的源于自我与元认知的批判性思维，如云端智者俯瞰全域，另辟蹊径，在更广阔的领域去创新与创造。如果说批判是"破"，创新创造则是"立"。先破后立，创新创造不竭。要教出有竞争力的人才，就必须扬人之长——协同 AI 培养具有强健的批判性思维能力的人。

我在国内知名的大语言模型智谱清言上构建了一个名为"逻辑辨识家"

① 麦克卢汉.理解媒介：论人的延伸 [M].何道宽，译.南京：译林出版社,2019.

的 AI 智能体（AI Agent），学生可以发表自己的观点，让它判断，然后根据它的判断不断完善自己的观点，以提升批判性思维能力。

一位小学五年级的学生提出：如果世界没有规则，世界会更糟。因为没有人会工作和学习，只想着玩乐。不久，人类就会变成互相残杀的野兽。

"逻辑辨识家"回复：这个观点使用了"滑坡谬误"。它错误地假设了一个相对小的第一步（没有规则）会导致一系列相关的（通常是负面的）事件，最终导致极端和灾难性的结果（人类变成互相残杀的野兽）。实际上，即使没有严格的社会规则，人类社会仍然会发展出一定的行为规范和道德标准，这些规范和标准可以指导人们的行为，防止社会完全陷入混乱和暴力。社会规则的存在确实有助于维持秩序和促进合作，但它并不是唯一的因素。人类社会还有其他复杂的机制和价值观，可以促进和平与繁荣。

学生看到这个回复后，沉思了一会，修改了自己的观点：如果世界没有规则，世界会更糟。因为没有人会工作和学习，只想着玩乐。但是人类道德动物的本性不会改变。所以在经历短暂的倒退后，人类世界会再次欣欣向荣。

"逻辑辨识家"回复：这个观点似乎在讨论没有规则的情况下人类社会可能经历的变化，并且假设了人类社会在失去规则后会经历一个短暂的倒退期，之后可能会重新恢复繁荣。这个观点没有出现逻辑谬误，而是提出了一个关于社会动态的假设，认为尽管在没有规则的情况下可能会出现混乱和倒退，但人类的本性和道德价值观最终会引导社会回归正轨。这种观点反映了一种对人类适应能力和道德本质的乐观态度。

这位小学生受到鼓舞，又继续对一些问题提出自己的观点，与 AI 智能体热情地互动起来，乐此不疲。

以大语言模型为基础的 AI 已经发展到几乎可以部分代替教师进行批判性思维训练的地步，真是令人惊叹。一项对瑞典 11—12 岁小学生的研究（Walan，

2024）表明，学生认为 AI 像机器又像人类，在帮助学习上是有效的[1]。这些都在预示着 AI 的难能可贵：AI 智能体不是人，但比人还有"耐心"；相比于教师、同学和家长，在它面前失败了也不会丢脸面、伤自尊，成功了可以收获喜悦和增强自信心；与 AI 智能体交流，是一对一的充分对话，个性化学习和指导可以得到最大程度的实现。

教师有"逻辑辨识家"这样的 AI 智能体协同，的确可以显著增强教学成效。AI 智能体可以把一个在大班额中疲于奔命的教师，造就成效率非凡的超级教师。本著作会提供几个有关 AI 智能体的构建和使用方法，使我们大脑的批判性思维得到延伸和增强。

二

如果我们认真研读政府相关文件和智库的咨询报告，会发现批判性思维与问题解决、创新和创造等关键词，是经常联系在一起使用的。为什么会这样？因为批判性思维可以说是解决问题、创新与创造之母，是学生是否具有 AI 时代的核心胜出力的标志。

在谷歌学术上，以 AI + "critical thinking" + "problem solving" 为关键词搜索，截至 2023 年 8 月 19 日，有约 17500 个结果，截至 2024 年 9 月 15 日，有约 94500 个；以 AI + "critical thinking" + "innovation" + "creativity" 为关键词搜索，有约 15700 个结果，截至 2024 年 9 月 15 日有约 47200 个。可见当前批判性思维、问题解决与创新创造的课题研究是多么的火热。北京师范大学中国教育创新研究院刘坚教授团队（2020）在对世界各国关注的学生关键

---

[1] Walan，S.(2024). Primary school students' perceptions of artificial intelligence – for good or bad. *International Journal of Technology in Design Education*，35(1)，25-40.

能力进行调查研究后发现，培养批判性思维已成为世界各国教育之共识[1]。

可惜的是，我国基础教育领域对批判性思维教育重视不足。直到 2017 年版高中课程标准出台，才看到各科课程标准将培养逻辑和批判性思维纳入其中。义务教育课程标准直到 2022 年才在各学科新课程标准中将培养逻辑和批判性思维作为学科核心素养中的重要内容。不过，亡羊补牢，为时不晚。

在批判性思维教学上，我们倡导以提问为核心的基本原则。日常教学中，我们可以观察到，高创造力学生的思维标志是善于质疑及提问。爱因斯坦说："提出一个问题比解决一个问题更重要。"被誉为"硅谷精神教父"的凯文·凯利在其名著《必然》中指出，提出一个好问题，意味着一个新领域的产生。提出问题如同开动了创新创造的引擎，驱动着学生主动去探索未知的世界。所以在本书中，我们把提问作为批判性思维教学的基本原则。

古希腊的苏格拉底是通过提问催产知识（产婆术）的高手。苏格拉底的学生柏拉图创办了"不懂几何者不得入内"的柏拉图学园，他强调用几何推理认识到的真理才是永恒的；柏拉图的学生亚里士多德则创立了古典逻辑，教人以三段论这样的演绎推理去发现真理。三位古希腊思想巨人，秉承着"吾爱吾师，吾更爱真理"的批判精神，继承、发扬批判性思维教学，为西方文明乃至世界文明奠定了基础，也深刻地影响着 AI 社会的未来。

西方的批判性思维起源于苏格拉底，发扬于杜威的"反思性思维"，光大于 1970 年代后的美国社会各界。中国的批判性思维可以追溯至先秦。诸子百家争鸣，思想流派纷呈。墨家的"墨辩"可以说是类似三段论的逻辑推理。西方形式逻辑中典型的三段论是："人必有一死，苏格拉底是人，所以苏格拉底必有一死。""墨辩"中有类似的推理："孔子必死，因孔子是人。"这句话中

---

[1] 马利红，魏锐，刘坚等.审辩思维:21 世纪核心素养 5C 模型之二 [J].华东师范大学学报（教育科学版），2020，38(02):45-56.

隐含着大前提："人必有一死。"中国政法大学的解启扬教授认为这是"无形式的形式逻辑"[①]。只可惜，墨家衰落，不仅"墨辩"中的逻辑萌芽毁了，中国科学的萌芽也枯萎了。这是中国文化的损失——中国传统思维中逻辑的命脉衰微。

批判性思维教育是培育人类思维智慧的光辉事业。一位理想的批判性思维者有能力揭示出现实生活中一些事物隐藏着的不为人知的一面，比如识别当下 AI 加持的认知操纵，识别商业或舆论宣传上的思维陷阱。当然这也给人以错觉，认为批判性思维者好像总在从负面视角看问题，令人不愉快。而相反，正因为批判性思维者散发着一种积极的理性美德，使他们有能力看透问题的本质而采取明智的行动。所以，具备批判性思维光辉的人，不会陷入 AI 冲击带来的阴郁，反而能看到人类从农业革命、工业革命、信息革命到 AI 革命，一路走来，将自己从繁重的体力劳动、机械的脑力劳动中解放出来，增强和延伸着四肢和大脑。批判性思维者会坚定地相信，协同 AI 的高创造性的劳动，必将给人类带来美好的未来。

三

我研究批判性思维教育已有 30 多年，主持了"十二五"广东省教育科研规划重点课题《信息社会背景下小学生批判性思维能力培养的研究》（批准号：2017ZQJK052）和"十三五"全国教育科学规划教育部重点课题《小学生批判性思维培养的通识课程开发研究》（批准号：DHA180425），和 2024 年立项的广东省"强师工程"重大课题《教师与 AI 智能体协同增强学生批判性思维水平的教学模式研究》（批准号：2025DQJK28），本书也是该课题的重要成果。

---

① 解启扬. 再论胡适的墨学研究——以近代墨学研究史为视角 [J]. 中国政法大学学报，2016,（04):27-36+159.

在做这些课题研究时，由于自身思维的习惯，我一直对该如何定义"批判性思维"感到如鲠在喉。正如美国批判性思维运动的先驱恩尼斯（R.H.Ennis）所言，"批判性思维"一词在日常使用中具有非精确性[①]。这让我们这些实践者对此感到为难，难以将不精确的定义转化为准确的批判性思维教育行动。为此，我用了约 6 年时间，寻求对一线教师来说能清晰理解和实践操作的定义。本著作第二章就是我关于如何定义"批判性思维"的思考，认为批判性思维是独立于一般思维的元认知过程，如同云端智者俯瞰、监控、反馈和调节着我们认知的全过程。我给出的定义是：

> 批判性思维是一种主动反思的元认知过程，旨在识别并纠正认知偏差、逻辑谬误、思维陷阱、认知惰性、不严谨、自我与社会中心和情绪偏向等引发的错误，基于逻辑、可靠的证据与标准，全面分析和评估信息、观点和解决方案，以公正心和同理心负责任地做出明智的决策。

这个定义从目标、过程、方法和结果等方面系统而清晰地阐释了何为"批判性思维"，以便教师清楚在教学实践中到底要做什么。为帮助教师在批判性思维教学上尽快上手，我创建了协同 AI 智能体的"连接—俯瞰—反思"的批判性思维教学模式，同时提供了设计该模式教学预案的 AI 智能体工具。我还设计了能与学生展开苏格拉底式对话、识别谬误和认知偏差的 AI 智能体工具和其他专用的对话工具，让教师能协同 AI 智能体开展高质量的批判性思维教学。

行胜于言，案例为王。除第一章外，本书其他章节都以案例来阐释内容

---

① 恩尼斯. 批判性思维：反思与展望 [J]. 仲海霞，译. 工业和信息化教育，2014，(03):16-35+85.

和观点。特别是最后两章，收录了多个学科的教学设计案例和课堂实录。

最后，借用已故的美国原批判性思维基金会主席理查德·保罗（Richard Paul）在其早期著作《改善生活的思维工具》中的精彩论述，表达对我们培养出的批判性思维者的期盼：

> 作为人类，我们思考；作为批判性思维者，我们分析我们的思考。
>
> 作为人类，我们以自我为中心思考；作为批判性思维者，我们严密审查思维的自我中心根源。
>
> 作为人类，我们被不值得信赖的思维标准所吸引；作为批判性思维者，我们揭露不恰当的标准，并用合理的标准取而代之。
>
> 作为人类，我们生活在通常束缚我们的意义系统中；作为批判性思维者，我们学会如何有意识地检查和提升我们的思维，使我们能从许多无约束的本能的思维陷阱中解放出来。
>
> 作为人类，我们使用逻辑系统，其根本结构对我们来说并不明显；作为批判性思维者，我们开发工具来阐明和评估参与我们生活的逻辑系统。
>
> 作为人类，我们生活在智力和情感自由的错觉中；作为批判性思维者，我们对我们是谁、我们是什么以及我们生活的目标有着明确的智力和情感控制。
>
> 作为人类的思想家，我们的思想支配着我们；作为批判性的思想家，我们学习如何支配我们的思想。[1]

---

[1] Westside Toastmaster.(n.d.).*Chapter 3.Evolving Into A Balanced Critical Thinker.* westside toast masters.com. https://westsidetoastmasters.com/resources/thinking_tools/ch03.html

第一章　AI 时代与国内外批判性思维教育现状

批判性思维是人工智能（AI）时代人类必须进一步增强的思维方式，也是人类区别于 AI 的特有的智慧。因为批判性思维具有自我反思的性质，而 AI 还不具备自我，更不可能像人类这样自我反思。另外，人类无论是要预防不被人工智能超越，还是要与 AI 协作去进行高水平的创造，批判性思维都不可或缺。

本章除了介绍美国和欧洲的批判性思维教育状况外，还特别介绍了澳大利亚的批判性思维教育发展状况。因为在世界各国中，只有澳大利亚教育部对批判性思维教育出台了专门的指导文件，这是非常值得我国借鉴的。

第一节　AI 时代呼唤批判性思维教育

随着 ChatGPT 的推出，人类从以 AlphaGo 为代表的专用 AI 时代，开始迈入通用人工智能（Artificial general intelligence，简称 AGI）时代。通过用人类已知的知识预训练出来的大语言模型 ChatGPT 等，几乎无所不知。爆发性出现的生成式人工智能（Generative Artificial Intelligence，简称 GAI）工具，如 Midjourney 等文字生成图片工具，对艺术创作这样的创造性劳动产生极大冲击，它基本可以代替普通画师、图像设计师，或成为高水准画家的助手。

也就是说，除了逻辑缜密和知识广博，AI 的创造性劳动也在给人类以迎头痛击。似乎绝大多数人类，正在走向"无用"的境地。所有这些，预示着 AGI 正将人类带向忧心忡忡的未来。

于是，如何设计安全的 AI，如何驾驭 AI，如何与 AI 协作，如何让 AI 为人类服务，让人类获得更大的解放，就变得至关重要。但要使学生做到这一点，就必须发展他们三方面的能力。一是批判性的思维能力，能与 AI 协同，质疑惯常去发现问题；二是天马行空的想象力，能与 AI 协同，通过想象去另辟蹊径，突破把一切都看作钉子，仅用锤子去解决问题的僵化思维，用批判性思维从更高的维度去促进创造性思考，然后将其交由 AI 去辅助实现。三是强大的接受能力，能以健康的身心，享受 AI 带来的解放，过上更加幸福、便利的生活。

其中，发展批判性思维尤为重要。其一，批判性思维能帮助我们辨别虚假信息。AI 生成的内容中，可能出现大量虚假音视频、图片和文本。如果缺乏批判性思维，容易受到这些虚假信息的误导。其二，批判性思维能帮助我们理解 AI 的局限。任何 AI 系统都有其局限性，并不等同于人类智能，人们需要批判性地理解 AI 的能力范围，避免过度依赖和错误应用 AI。其三，批判性思维能帮助我们保持公平的道德考量。AI 系统可能存在隐藏的偏见，批判性思维可以帮助我们审视 AI 系统中的潜在不公和风险。其四，批判性思维能帮助我们进行多角度思考。这能让我们避免思维定式，也有助于我们更全面地运用 AI 系统。

当下的 AI 如 ChatGPT、Claude、文小言（原文心一言）、智谱清言、Kimi 等大语言模型因为其算法本身的局限，都会存在"幻觉"问题。有一次，我问 Claude 张飞大战秦琼的故事，得到的回复是"秦琼是一位当代女演员，主要参演了电视剧版本的三国演义等作品"。这种张冠李戴一下子就使其智能露了馅。因为大语言模型的算法是预测下一个词的产生，而非生成有意义、符合逻辑的长文本，所以难以推断对话者的意图和理解上下文语义。或者说，其"理解"能力来自统计概率，而非真正的理解。研究人员正在探索用多种方式提高模型的常识理解能力，包括结合外部知识库、多任务训练以及更好的评估指标来预训练，同时，也利用人机交互帮助模型生成更加符合逻辑和上下文的回复。对于目前的生成式人工智能，提高其理解能力仍是一个需要攻克的难点。并且，如果设计算法的人有偏见，算法就会具有偏见。所以，在使用 GAI 生成的结果时，学生要有一定的识别判断能力，避免被 GAI 生成的内容在价值观上带偏，或被不正确的内容所左右。

AI 的使用已经在不知不觉中改变着我们对信息的获取和理解。比如在百度、谷歌上搜索时，搜索引擎会根据你以往的搜索习惯个性化地推送信息；在抖音、微信、小红书上看视频或推文时，算法会把你偏好的内容不断推送过来；在购物平台如淘宝、京东等购物时，平台会推送你可能需要的商品信息引导购物行为；携程等旅游平台会跟踪你的消费水平，以此来对同一住宿房型给出高低不同的价格。各网络平台推送流量的现象相当普遍，为了达到自身的目的，刻意推送目标信息给用户，且这些信息都是经过精心雕琢后的含有某种目的的"信息"，通过影响受众的判断而达到认知操纵的目的。

认知操纵不仅存在于日常生活中遇到的各种商业宣传，在国与国的军事、政治竞争中也是常态[①]。国防大学政治学院的左军占教授研究了美国的认知战争，认为美国正在"着力于认知战争中的'入心''制脑'及其在作战各要素

① 普拉卡尼斯，阿伦森.宣传力：政治与商业中的心理操纵 [M].林夕榆，译.北京：新华出版社，2014.

中的释能作用"，以实现"跨域非对称'攻心''夺智'的精确作战"。①

武汉大学社会发展研究所的罗俊研究员研究了认知操纵的隐蔽方法，这种方法在推流算法的引流下，认知操控更为有效和强大，以至于在国外总统选举和一些公共事件中被发现有认知操纵的痕迹②。

首先，操纵者通过发布虚假信息、采用选择性传播等手段营造出扭曲社会事实的媒体现实，使受众长期浸润在这种信息环境之中，导致其对社会的知觉出现偏差；其次，利用受众直觉性判断等固有的认知局限，在报道社会事物时巧妙地对受众的社会判断施加影响，将其意识导入操纵者期望的认知轨道；最后，通过媒体持久地输出内隐性的社会认知框架，在潜移默化中塑造受众的认知框架，使之以操纵者期望的思维方式对社会事物进行解释归因。这种"隐藏课程"混融于媒体的各种信息（包括真实、客观的信息）之中，许多受众难以察觉。他们在接触这类媒体信息的过程中，以为自己是在了解现实、学习知识、提升对社会的认识能力，乃至认为自己是凭借独立思考而判断、理解现实社会，而实际上是媒体的幕后之手对他们进行观念植入。认知操纵者由此实现"最有效的宣传"，即"宣传对象按照你所指定的方向走，而他却以为这个方向是他自己选定的。"

所有这一切，皆由 AI 算法来实现。认知操纵问题已经成为严重的社会问

---

① 左军占.基于战略心理全球影响塑造与控制的认知战争理念[J].思想理论战线,2022,1(04):122-127.

② 罗俊.网络信息传播安全的核心议题：互联网时代的认知操纵及应对策略[J].学术论坛,2021,44(02):25-40.

题。如果大众的批判性思维不强，判断力不够，又属于容易受影响的从众型人格，其后果将令人不寒而栗。所以，世界各国日益重视学生批判性思维的培养，深刻认识到批判性思维要作为学生的基本能力从小学乃至幼儿园就开始培养，以强健其思维，为构筑健康、和谐、创新的社会而努力。

第二节　经济发展催生的美国批判性思维教育浪潮

批判性思维运动起始于美国，可以追溯到 20 世纪初杜威提出的反思性思维。杜威强调反思性思维是一种具有明确目的、活动性的、以问题为导向的思考过程，建立在对经验的解释、推理和评价的基础上，并通过应用检验其价值[①]。到了 20 世纪 70 年代，随着世界工业发展的突飞猛进，美国企业领导者对美国丧失在世界贸易中的传统优势心生忧虑。企业家开始在自己的公司里寻找思维强健的人（the mind power）。然而他们发现，这样的人凤毛麟角。他们质问"为什么教育系统生产如此稀少的思维者"，要求大学培养学生具备独立思考和解决问题的能力。1983 年，随着《国家处于危机中：教育改革势在必行》的报告的出台，批判性思维等在美国大学和中学教育中被设为重要的培养目标[②]。其后随着知识爆炸、信息时代的到来，更需要学生具备独立判断的能力。从 20 世纪 80 年代开始，培养批判性思维成为中小学基本的教育目标。而随着因特网的普及，以及民主社会需要公民具有独立判断、不盲从的批判精神，批判性思维更是成为各个学科都需要培养的基本能力。

---

① Rodgers, C.(2002). Defining Reflection: Another Look at John Dewey and Reflective Thinking. *Teachers College Record*, 104(4), 842-866.

② 武宏志. 论美国的批判性思维运动及其教益 [J]. 华中科技大学学报（社会科学版），2014,28(04):112-120.

2010 年颁布的美国共同核心标准强调批判性思维等高阶思维能力的培养[①]。特别是在英语语言艺术（English Language Arts）课程标准中，对阅读、写作和口语的要求均做出了重大转变，要求学生以文学和信息文本中的证据为基础，对其进行仔细分析，提出有理有据的主张，注重以证据为基础的写作，提高说服他人的能力，不能仅凭已有知识和经验来回答[②]。

2013 年，美国下一代科学课程标准在制定过程中就指出，在经济全球化的背景下，要在标准中融入培养批判性思维和沟通技能[③]。在全球化的核心素养运动中，批判性思维被纳入美国 21 世纪技能合作研究委员会制定的 21 世纪技能的三大类基础技能中，如下所示。

1. 学习与创新技能——批判性思维和解决问题能力、沟通与协作能力、创造与革新能力；

2. 培养数字素养技能——信息素养、媒介素养、信息与通信技术素养；

3. 职业和生活技能——灵活性与适应能力、主动性与自我导向、社交与跨文化交流能力、高效的生产力、责任感、领导力等[④]。

---

① 董毓. 角逐批判性思维 [J]. 人民教育，2015，(09):13-19.

② National Governors Association Center for Best Practices., & Council of Chief State School Officers.(2010). *Common Core State Standards*. https://www.thecorestandards.org/read-the-standards/

③ Achieve.(2013). *FAQs*. Next Generation Science Standards. https://www.nextgenscience.org/faqs/

④ 特里林，菲德尔. 21 世纪技能：为我们所生存的时代而学习 [M].洪友，译.天津：天津社会科学院出版社，2011.

　　这三大类技能中，批判性思维与解决问题能力紧密相关，对学生创新技能的形成至关重要。并且，从其他技能中也可以看到批判性思维的影子，比如培养信息素养、媒介素养就需要拥有批判性思维能力作为基础，它是现代公民进行明智的民主活动的基础能力。

　　批判性思维在解决问题中有助于分析和评估问题，从多个角度考虑解决方案。例如，一个公司面临一个复杂的市场挑战，需要制定一个新的营销策略。通过批判性思维，团队成员可以对市场数据进行深入分析，提出关键问题，如目标受众、竞争优势和市场趋势，通过对不同方案的评估和推理，制定出最佳的营销策略。批判性思维之所以很被企业主看重，并且推动批判性思维在美国的兴起，原因就在于他们信任具备批判性思维的员工可以独立做出决定，并且不需要不断地手把手教，可以提升企业的竞争力。美国管理协会（American Management Association，AMA）2010 年的一项调查显示，他们需要一支完全具备超越阅读、写作和算术（三个 R）基础知识的技能的员工队伍，即具备"四个 C"的能力：批判性思维 / 解决问题、沟通、协作和创造力，以发展他们的业务[①]。所以，持续至今的美国批判性思维运动，主要是经济发展的需求驱动的。

　　美国虽然提倡批判性思维教育，但美国教育部等官方部门并没有拿出有关培养批判性思维的专门文件。而美国非官方的机构在批判性思维教育上相当活跃，比如哲学家和批判性思维专家理查德·保罗（Richard Paul）等创立的美国批判性思维基金会（The Foundation for Critical Thinking）这样的民间组织和高等学校，对推动批判性思维教育具有重要影响，对中小学批判性思

---

① American Management Association.(2010). *AMA Critical Skills Survey: Workers need higher level skills to succeed in the 21st century.* https://www.amanet.org/articles/ama-critical-skills-survey-workers-need-higher-level-skills-to-succeed-in-the-21st-century/

维教育起到了良好的推动作用。

第三节　社会矛盾激增下的欧洲批判性思维教育

2015年3月17日，欧盟教育部长和专员非正式会议在巴黎通过了《通过教育促进公民身份和自由、宽容和非歧视的共同价值观宣言》[①]。该宣言确定了成员国的共同目标，专门提到要加强培养批判性思维和媒介素养，特别是在使用互联网和社交媒体方面，要培养年轻一代对一切形式的洗脑和仇恨言论的抵抗力，要求与媒体、信息相关的课程要训练学生阅读信息和解读图像的技能，促进学生批判性思维能力的发展，使其成为国家知情和负责任的公民。

根据欧盟的观点，批判性思维有助于提升学生评估和判断各类信息的能力。如果学生掌握了批判性思维技能，他们将能够审查新信息、新思想，区分不同观点和生活方式，并判断其是否可接受或可取。21世纪，在AI和互联网的"加持"下，人们每天都处在一个虚假信息与真实信息杂糅的环境里。为了社会的健康发展，培养批判性思维可能比以往任何时候都更加重要。

法国小学阶段明确提出各科课程要培养批判性思维，高中阶段则专设哲学课程，教授学生批判性思维技能。哲学课往往用成对又相反的哲学概念，如绝对/相对、主观/客观、必然/意外等[②]，锻炼"These，antithese，synthese"的辩证思维。"These，antithese，synthese"是指称黑格尔哲学的短

---

① European Commission., European Education and Culture Executive Agency., & European Education Information Network.(2016). *Promoting citizenship and the common values of freedom, tolerance and non-discrimination through education: Overview of education policy developments in Europe following the Paris Declaration of 17 March 2015.* Luxembourg: Publications Office of the European Union.

② 景敏磊. 法国学生在高中哲学课上都学些什么？[J]. 上海教育，2018,(02):31-32.

语，其特点是通过对立思想引发辩证思维去寻找真理。"these"（论点）代表一个初步的想法或命题；"antithese"（对立论点）是一种相反的想法或对立命题，与最初的想法相矛盾或相否定；这两种对立论点的冲突导致了"synthese"（综合），产生一种调和论点与对立面之间矛盾的新观点。辩证思考过程如此往复，建构的观点会越来越全面和准确。长期教育的结果是，一切都可以变成一个问题。有一个笑话，当说"我爱你"的时候，法国人可能会反问："你爱的是我的什么？"

英国各科课程标准到了中学阶段才明确提出批判性思维教育。但从小学阶段开始，英国就在各学科课程标准中涉及批判性思维教育的具体目标，如比较与归纳、分析与评价等。英法两国的批判性思维教育反映了欧洲普遍的情况，即提出了要重视批判性思维，但缺乏明确的定义和官方教学文件的指引。

有学者对欧盟工作人员就读的欧洲学校（由欧盟成员国政府共同控制的官方公共教育机构）中的批判性思维教育做了调查研究[①]。尽管欧洲学校课程大纲中提到了将批判性思维作为一种高阶思维技能以及终身学习技能来对待，但教学大纲中缺乏对批判性思维的具体定义以及内容的划定。这给教学带来了较大的困难，并有可能导致教学目标的不准确。在批判性思维的教学方法上，欧洲学校采用的是融合的方法，即在学科教学内容中明确或隐含地将培养批判性思维作为教学目标，还特别强调合作学习的重要性，允许学生提出质疑、讨论、分享观点和想法，以及通过小组合作得出共同结论。

---

① Lombardi，L.；Mednick，F. J.；De Backer，F.，& Lombaerts，K.(2021). Fostering Critical Thinking across the Primary School's Curriculum in the European Schools System. *Education Sciences*，11(9)，505.

在其母语课程大纲[①]中，暗示了与批判性思维技能相关的学习要求：在听力理解方面，有区分重要信息和次要信息的要求；在口语方面，有表达个人观点，用例子证明观点并得出充分结论的要求。他们鼓励学生以逻辑方式呈现信息、扮演不同角色、探索各种情境，并鼓励学生表达观点，使用自主选择的不同类型的文本来解释事物的含义。

在其小学艺术教育大纲[②]中，有促进学生对不同文化的理解的要求，让学生以一种开放的态度对待和尊重艺术的多样性。大纲强调了形成假设、比较相同主题的作品、形成批判性意见、发表想法和观点以及证明这些观点的重要性。关于教学方法，则要求教师应引导学生表达他们的感受，比较不同的观点，用批判性的判断来证明个人观点，并为其选择或结论提供解释。

芬兰 2014 版基础教育课程明确描述了七种横贯能力[③]，这些横贯能力的共同目标是提高学生作为社会成员在可持续生活方式中所需的能力，尤其是要鼓励学生认识到自己的特质、自身的优势和发展潜力，并珍视自己。每个年级组的横贯能力目标都有明确规定，并反映在学科目标和主要内容领域中。每个横贯能力都涉及批判性思维的培养。

例如，在培养"学会思考和学习"的横贯能力时，需要学生掌握观察、

---

① Schola Europaea.(2016). *Language 1—Primary Cycle* (*P1–P5*). Office of the Secretary-General of the European Schools，Pedagogical Development Unit. https://www.eursc.eu/Syllabuses/2016-01-D-45-en-4.pdf

② Schola Europaea.(2013). *Art Education Syllabus.* Office of the Secretary-General of the European Schools，Pedagogical Development Unit. Brussels，Belgium. https://www.eursc.eu/Syllabuses/2013-04-D-10-en-2.pdf

③ Opetushallitus.(2014). 3 *Perusopetuksen tehtävä ja yleiset tavoitteet. Perusopetuksen opetussuunnitelman perusteet 2014.* ePerusteet. https://eperusteet.opintopolku.fi/#/fi/perusopetus/419550/tekstikappale/426528

搜索、评估、修改、创造和分享知识与想法的能力。教师一方面需要鼓励学生的自信心，另一方面需要让学生在相信自己的见解的同时，保持对新解决方案的开放性。面对模糊和矛盾的信息时，教师要引导学生从多角度审视问题，积极寻找新信息，并在此基础上反思自己的思维方式和现有知识，鼓励学生构建新的知识和观点。教师应指导学生如何独立思考或与他人合作，利用知识解决问题、进行论证、完成推理并得出结论；同时，教师应为学生提供机会，使其能够从不同的角度对当前事物进行批判性分析，识别不同的选择，并无偏见地整合不同的视角；教师还应鼓励学生通过运用想象力，超越现有局限，探索创新的解决方案。

在培养"文化、互动与表达"的横贯能力时，他们认识到芬兰学生正在一个文化、语言、宗教和信仰多样化的世界中成长，因此学生要能在多元环境中行动并过上文化上可持续的生活。教师需要提供大量机会，让学生学会建设性地表达自己的观点，并以合乎道德的方式行事；要鼓励学生设身处地为他人着想，从不同的角度看待问题和情境；要求学生在包括国际合作在内的所有活动中，加强对其他群体和民族的尊重和信任。

可以说，芬兰虽然没有明确采用批判性思维这个词，但在横贯能力的培养中隐含和融合性地对如何培养批判性思维做了详细的指引，使得教师能依据教学内容和课程目标的要求去具体实施。

欧洲社会是多元的，各国开展批判性思维教育的做法不尽相同，但从课程与教学的落实来看，法国和芬兰的做法值得学习和推荐。

第四节　融入学科课程的澳大利亚批判性思维教育

澳大利亚课程、评估和报告管理局 2010 年正式将培养批判性和创造性思维合并纳入 F—10（Foundation to Level 10，即从幼儿园到 10 年级，等于美国的 K—10）综合能力课程大纲，并制定了有关培养批判性和创造性思维的专门文件，对 F—10 各学段如何将其贯彻执行提出了明确的要求。2024 年颁布的澳大利亚国家课程标准 9.0 版本中指出，批判性思维和创造性思维代表了两种重要的思维方式，它们共同帮助学生探索周围的世界[①]。

批判性思维要求学生根据判断标准分析和评估各种可能性，构建和评估论点，使用信息、证据和逻辑得出合理的结论并解决问题。创造性思维则要求学生学会产生和应用新的想法，用新视角来看待现有的情境，识别不同的解释和可能性，创造新的联系，以成功地解决问题。批判性和创造性思维还有助于增强人格，如让学生求知欲强、通情达理、思维灵活、思想开放和公平，以及乐于尝试新的做事方式，并在整个学习过程中培养毅力。

批判性和创造性思维体现在一个学习连续体中，包括四个要素，如下图所示。

澳大利亚批判性和创造性思维四要素

---

① Australian Curriculum, Assessment and Reporting Authority.(2022). *Critical and creative thinking*. V9 Australian Curriculum. https://v9.australiancurriculum.edu.au/teacher-resources/understand-this-general-capability/critical-and-creative-thinking

1. 探究：包括提出问题和识别、处理与评估信息

（1）提出问题：通过缩小或扩大学生的思维焦点，批判性和创造性地探索想法和概念。鼓励学生提出不同类型的问题并进一步探究，鼓励学生寻找某个主题更多的信息，更好地理解某事的工作原理或为什么某事会是这样的。

（2）识别、处理与评估信息：支持学生从各种来源寻求信息，就专家或个人意见做出判断，并了解哪些信息来源是值得信赖的、相关的和有用的。

2. 生成：包括创造可能性、考虑替代方案和将想法付诸行动

（1）创造可能性：学生探索和组合想法以创建新的解决方案，并以新的方式调整和呈现想法。

（2）考虑替代方案：学生检查不同的方法去创造性地处理任务，并就首选项和行动提出建议。

（3）将想法付诸行动：学生尝试各种想法，修改和调整方法，并在各种情况下评估选项和行动。

3. 分析：包括解释概念和问题、得出结论并给出原因和评估行动和结果

（1）解释概念和问题：学生解释概念、想法、理论和问题，并将它们分解成组成部分，根据背景信息获得更深层次的理解。

（2）得出结论并给出理由：学生通过将所学知识和理解联系起来，得出结论或做出行动决策。为了证明结论的合理性，他们还需要提供支持结论或行动的理由，或发展出相应的论点。

（3）评估行动和结果：学生在解决问题或尝试完成学科任务时，会反思他们所做的选择，并对解决方案及其结果进行评估，以便他们为未来的行动做出更好的规划。

4. 反思：包括对思维的思考（元认知）和知识迁移

（1）对思维的思考（元认知）：学生识别、描述和评估他们完成学习活动时的思维及学习策略，反思自己的思维方式和采取的方法，是否受到外部因素或观点的影响。

（2）知识迁移：学生将他们现有的知识技能与可能会跨学科的新情境联系，学会在不同的情境中调整和应用已经掌握的知识技能。进行知识迁移，不仅需要批判性思维，也需要创造性思维。

通过"探究—生成—分析—反思"的学习连续体不难看出，学生需要同时运用批判性思维与创造性思维去解决问题。所以，**当下有关进行批判性思维教育的新观点中认为，不仅应重视分析和反思这两个批判性思维传统，还应把探究和创新生成等环节纳入批判性思维教育的过程中，以将其从整体上去深入推进。**

在澳大利亚 F—10 课程与实际教学中，倡导通过同时融合理性、逻辑、想象力和创新的活动来鼓励学生的批判性与创造性思维的发生。例如，可以在一门学科教学中以逻辑和分析为基础，集中探讨某一主题，解决相互矛盾的观点，权衡证据并思考可能的解决方案，随后在反思和创意灵感的推动下，提出创新而深思熟虑的回答。通过让学生积极交流思想、展现想象力和创新，相互给予有效的反馈。学生在这样的学习过程中也学会相互尊重，包容不同的沟通风格。

澳大利亚 F—10 英语课程标准中指出，批判性和创造性思维对提高理解、分析和评估技能是至关重要的。在英语学习中，学生通过听、阅读、观看、创作和展示文本来培养批判性和创造性思维。他们还通过与他人交流、创作和实验文学文本，探讨文本的美学或社会价值，进一步发展这两种思维方式。通过对文本的深入分析，学生批判性地审视文本中所包含的观点、视角和隐含的假设。学生在表达个人偏好、陈述并论证自己的观点，以及回应他人观点的过程中，锻炼批判性思维；同时通过思考作者的创新手法，规划、探索和创造富有想象力的文本，提升创造性思维技能。

在科学学习中，批判性和创造性思维嵌入在提问和预测、通过计划和进行实验来解决问题、分析评估证据以做出决策和得出结论的技能中。学生们通过积极地探究活动，选择适当的信息、评估信息来源以形成假设，并反思得出基于证据的结论的过程，从而理解科学概念。

在人文和社会科学学习中，学生在澄清调查问题以及评估来自不同来源的信息的可靠性时，使用证据支持关于社会、文化或政治问题的论点或立场以及解释和分析经济数据和信息、得出结论和提出解决复杂问题的方案时，都会锻炼到批判性和创造性思维。

批判性思维和创造性思维是紧密扭在一起的绳索，在各学科学习的全过程中密不可分。这为我们思考如何深入开展批判性思维教育提供了不同于欧美的样本。

第五节　起步中的我国中小学批判性思维教育

我国批判性思维教育起步较晚，除高校在通识课程中开设了批判性思维教育课程外，中小学阶段开设批判性思维教育课程的情况并不普遍，且还存在着批判性思维教育研究队伍数量不足、理论研究不够深入、学校实践探索缺乏专业性的问题。

但自 2017 年开始，《普通高中课程方案》和各科课程标准的颁布给批判性思维教育带来了希望，这些重要的文件对开展批判性思维教育均提出了明确的要求。

《普通高中课程方案》中指出，学生要"敢于批判质疑，探索解决问题，勤于动手，善于反思，具有一定的创新精神和实践能力。"

《普通高中语文课程标准（2017 年版 2020 年修订）》的课程目标中强调，学生要"发展逻辑思维"和"提升思维品质"，"能够辨识、分析、比较、归纳和概括基本的语言现象和文学现象，并能有理有据地表达自己的观点和阐述自己的发现；运用基本的语言规律和逻辑规则，判别语言运用的正误，准确、生动、有逻辑地表达自己的认识；运用批判性思维审视语言文字作品，探究和发现语言现象和文学现象，形成自己对语言和文学的认识。""自觉分析和反思自己的语文实践活动经验，提高语言运用的能力，增强思维的深刻性、敏捷性、灵活性、批判性和独创性。"

《普通高中英语课程标准（2017 年版 2020 年修订）》的基本理念中强调，学生要"获取、阐释和评判语篇意义，表达个人观点、意图和情感态度，分析中外文化异同，发展多元思维和批判性思维，提高英语学习能力和运用能力。"

《普通高中物理课程标准（2017 年版 2020 年修订）》的课程目标中强调，学生要具有批判性思维的意识，能基于证据大胆质疑，从不同角度思考问题，追求科技创新。

随着高中课程改革的深入，《义务教育课程方案（2022 年版）》和 2022 年义务教育各学科课程标准也把批判性思维教育纳入其中。

《义务教育课程方案（2022 年版）》中强调，课程目标是培养有理想、有本领、有担当的人，在"有本领"中强调培养学生"乐于提问，敢于质疑，学会在真实情境中发现问题、解决问题"。这其中就隐含了开展批判性思维教育的要求。相应地，在各学科课程标准中，该要求均有明确的体现。

道德与法制课程标准中要求教学中要"坚持建设性与批判性相统一"。

语文课程标准的核心素养"思维能力"中强调思维的"批判性"，特别是在跨学科学习任务群方面，要求学生"围绕有意义的话题，开展阅读、梳理、探究、交流等活动，在综合运用多学科知识发现问题、分析问题、解决问题的过程中，提高语言文字运用能力"。

数学课程标准的核心素养"会用数学的思维思考现实世界"中，强调学生要"发展质疑问难的批判性思维，形成实事求是的科学态度，初步养成讲道理、有条理的思维品质，逐步形成理性精神"；在具体的数学学习中"能够回顾解决问题的思考过程，反思解决问题的方法和结论，形成批判性思维和创新意识"。

英语课程标准的核心素养"思维品质"中强调"批判性"，要求学生"能够在语言学习中发展思维，在思维发展中推进语言学习；初步从多角度观察和认识世界、看待事物，有理有据、有条理地表达观点；逐步发展逻辑思维、辩证思维和创新思维，使思维体现一定的敏捷性、灵活性、创造性、批判性和深刻性"。

科学课程标准的总目标"掌握基本的思维方法，具有初步的科学思维能力"中强调，学生要"能对不同观点、结论和方案进行质疑、批判、检验和修正，进而提出创造性见解和方案"。

其他学科课程标准也都对批判性思维的培养有不同的表述。这表明，我国课程和教学的改革，都在把批判性思维作为基本的思维品质来对待。同时也可看到，我国课程标准也把培养批判性思维与培养创造性思维等融合在一起，虽然未如澳大利亚 F—10 课程标准那样明确地、专门地提出。

如此一来，开展批判性思维教育就成为我国各科教学的刚需。但由于此前我国中小学缺乏批判性思维教育方面的研究和实践，要想落实课程方案和课程标准的要求，显得困难重重，尚有以下四个方面的问题亟待解决。

1. 缺乏批判性思维的教育文化。当下的教育文化还是习惯于接受和传递已有结论和标准答案，这本身就限制了学生的批判性和创新思维。曾经，在一次关于教师批判性思维的教师培训课程的立项答辩上，有评委问："批判性思维教育会不会让人怀疑一切？"一些人质疑批判性思维教育会不会给社会带来负面影响，还有很多人认为"批判"二字是不合适的，好像具有一定的攻击性，应该将其翻译为"审辩""明辨"等中性或柔和的词语。香港曾经有议员提出把批判性思维改为明辨思维，并得到了香港教育局的采纳。这些看法是有其合理性的，值得尊重。但总体来说，**否定"批判"二字，其害怕的还是不同的、对立的、多元的意见和见解**。我们不要忘记，"和而不同"是中国文化的优秀传统，何须惧怕？我们理应传承才是。

2. 缺乏具备批判性思维能力的师资。改革开放给了全社会思想和思维上的活力，但逻辑学和批判性思维等高校本应开设的通识课程，却没有得到应有的重视。由于高校长期不重视逻辑与批判性思维课程的开设，几十年来培养的教师在逻辑与批判性思维能力上总体较弱，他们难以承担起批判性思维教育的重任。

3. 批判性思维课程和教学经验匮乏。师资缺乏带来的问题就是批判性思维教学的经验普遍不足，甚至还会出现错误传递批判性思维方法的情况。比如把"公说公有理，婆说婆有理"的有多种不确定答案的讨论视为批判性思维，把无事实证据的怀疑当作批判性思维等。这些都是缺乏批判性思维教学能力的表现。

4. 中小学批判性思维教育理论研究不足，实践还有待深入。关于批判性思维是什么、为什么和怎么做等方面的基本理论缺乏研究，使中小学开展批判性思维教育尚处在摸着石头过河的经验探索阶段，还未形成一定数量的可资借鉴的教学模式。可喜的是，上海师范大学附属中学的特级教师余党绪在语文阅读中开展了思辨（即批判性思维）教学，形成了阅读思辨教学的一般路径，即"文本实证（读文）→作者意图探究（读人）→自我反思（读我），以文本反思促进学生的自我反思，培养其实证探究能力与理性开放的精神品质"①。其成果在高中语文批判性思维教育中影响广泛，是我国批判性思维教育中一个值得关注的实践范本。

为弥补这些不足，在现阶段除了加强教师的批判性思维能力的培训外，还可通过采用 AI 智能体训练学生的批判性思维能力。这也不失为一种有效的途径，也正是本书希望呈现并与大家共同探讨的内容。

① 余党绪.略论思辨性阅读的内涵、路径与意义 [J].语言战略研究，2024，9(01):26-35.

第二章　AI 时代批判性思维成为核心胜出力

　　人有思维，为什么还要有批判性思维？它们之间是什么关系？我们通常说的思维，是指人们对周围世界的认识过程，包括感知、记忆、理解、判断、推理等各个方面。但思维并不总是准确合理的，容易受到诸如认知偏差、逻辑谬误、自我中心、情感与价值观、信息茧房、思维陷阱以及各种环境因素的影响，从而出错。批判性思维则可以识别和纠正思维中的错误，对思维全过程进行自觉的监控、反思和优化，以提升思维的质量和我们的创造性。所以，思维与批判性思维是相伴而生的。另外，人的思维要想体现出创造性，一方面要靠批判性思维进行"逻辑防御"以提升整体的思维质量，另一方面还需要批判性思维识别思维定式，另辟蹊径去探究。我赋予了批判性思维一个**稳重的形象：批判性思维如云端智者，俯瞰着思维的全过程，提供调节和反馈的信息，以做出明智的选择。**

　　在当下生成式人工智能（GAI）朝着通用人工智能（AGI）发展的阶段，可以看见许多与思维有关的工作已经被 AI 取代和超越，不仅仅是写新闻、写总结这类文字工作，还包括需要高水平科学思维的医疗诊断、发现新蛋白质和新材料等科学研究工作。人只有发挥 AI 所不具备的批判性思维能力，充分利用好 AI，才能在 AI 时代胜出。

第一节 认知缺陷引发的认知偏差

批判性思维首先要面对的是人固有思维中的系统性偏差——认知偏差。

动物进化到人这个阶段，认知能力发生了质的飞跃。人类不仅创造发明了许多工具改造世界，而且具有了丰富的快速思考和处理事情的经验。这些经验一方面使人类拥有了快速反应的直觉，反映出了人类的聪明才智；但另一方面由于经验的偏向性或局限性，直觉会具有天然的缺陷，使人容易犯错，或对事物看不全面或看不到本质。很多人只喜欢看自己偏爱的信息，AI 算法识别到这一点，就不断推荐你想看的，帮你建造出一个舒适但狭隘的信息茧房。所以我们常常看到，作为地球上认知最高级的物种，人类的认知看起来并不高级——人们普遍存在认知偏差，这使人们在判断或决策中系统性地偏离理性。想要克服认知偏差，人们就需要利用批判性思维使认知趋向理性。

右图是心理学中常见的双关图。你第一眼看到的是少女还是老妇？一般情况下，人眼习惯于把视觉焦点放到中间的黑色部分，顺着黑色部分最厚的左侧线条往下看，容易识别出这是少女面部的侧面。如果不给出"老妇"的视觉指引，好多人是很难一下子将视觉焦点放到图画下部的白色部分，识别出老妇的模样的。人类的这种知觉偏好，为认知偏差埋下了"祸根"。

不过，知觉偏好是可以训练的。我是观鸟爱好者，对细微的运动和模糊的形状

识别能力较强，对深圳湾的鸟类了如指掌，对深圳湾对岸的香港地域的山峦也相当熟悉，时常通过望远镜在起着薄雾的黛色山峦中找到飞翔的鸟儿们。一次，我约远道而来的还不熟悉观鸟的朋友去深圳湾观鸟，那天空气透明度极好，我看到时不时有视觉上如大鸟的飞机挨着远处的山峦降落到山后的香港机场。当我不断指点朋友去看时，他看了半天："我怎么还没看到？"这就是受过训练和没受过训练的差别，它决定了你能看到什么和看不到什么。这也意味着，批判性思维的训练，要与一定的专业内容结合起来，这使我们能从某个层面看到更多。

认知偏差的产生与快思维有关，而批判性思维是一种慢思维。很多时候，由于思考的时间有限，人习惯于用固有的认知模式快速做出反应，或简化信息处理过程走心理捷径。虽然我们会意识到要理性和避免错误决策，但在快速反应和固有的认知模式中，人的认知缺陷就不可避免地出现了。日常生活中经常采用的启发式策略就是一种走心理捷径的方式。它使人们能够快速有效地解决问题并做出判断。这些经验策略缩短了决策时间，让人们无须停下来思考下一步行动即可发挥作用。也正因如此，启发式思考虽然在许多情况下是有效的，但也可能导致认知偏差。产生认知偏差的另一个重要的源头，是人的自我中心偏向。人们习惯于从自己现有的观念出发，或过高估计自己，或过低看轻他人，或潜意识地维护自己的观念，甚至会扭曲记忆，回忆起的与实际发生的其实并不相同。

据认知心理学、行为经济学、心理健康、神经科学、机器学习等各个领域的研究，人类的认知偏差有上百种之多，这些认知偏差会对人类的决策和生活造成负面影响。为了避免认知偏差，人类可靠性工程领域的研究出现，其成果是预测人类可能会出错的情况，通过流程授权限制人类操作，并通过特定于所涉及领域的固定响应协议指导人类决策。可见克服人类认知偏差是多么重要的一件事。

对于中小学生来说，由于其大脑还处在发育不完全的阶段，主要负责高级思维的大脑前额叶还在发育中。他们越是年幼，产生的各种认知偏差越多。所以，儿童青少年在学习中"笨笨的"，也是其大脑发育不完备引起的。另外，学生的兴趣和动机水平，会影响到神经递质的分泌和各种神经回路的兴奋或抑制水平，会对认知产生有利或不利的影响，从而也有可能造成认知偏差。

要做好批判性思维教学，需要认识学生中常见的认知偏差。这一方面有利于我们在教学中有依据地识别出不同的认知偏差，另一方面有助于我们对教学中识别到的认知偏差做针对性的教学。参考维基百科上的资料，常见的认知偏差如下[①]。

1. 错误信息效应。指事件发生后得到的信息干扰了一个人对原始事件的记忆。即使是比较微弱的误导信息的引入，也会对人们如何记住他们看到或经历的事件产生较大的影响。以下几种原因可能造成错误记忆。

（1）记忆混淆：原始信息和事后呈现的误导性信息在人的记忆中混合在一起。

（2）记忆替换：误导性信息实际上覆盖了事件的原始记忆。

（3）记忆检索：由于误导性信息在记忆中是最近的，因此往往更容易检索。

（4）填补记忆空白：在某些情况下，原始事件中的相关信息可能从未被编码到记忆中，当出现误导性信息时，它被纳入心理叙事中以填补记忆中的这些空白[②]。

---

① Cognitive bias.(2024). *Wikipedia.* https://en.wikipedia.org/wiki/Cognitive_bias

② Misinformation effect.(2024). *Wikipedia.* https://en.wikipedia.org/wiki/Misinformation_effect

了解错误信息效应产生的原因，有助于理解为什么我们明明刚给学生讲清楚了一件事，但经过他们加入自己莫名的理解或与同学交流后，经常把不相关的事与事实混在一起，反复出错。

2.启动偏差[①]。先前呈现的刺激（启动刺激）对随后出现的相关刺激（目标刺激）的处理会产生积极或消极的影响。

比如在学习动物分类时，学生在书上看到鸟类都有翅膀且会飞。一些学生就会认为所有会飞的动物都是鸟类，而忽视了可能存在其他非鸟类的会飞的动物，比如作为哺乳动物的蝙蝠。当我们新接触到某个信息时，这个信息会在我们的思维中产生一个"启动"效应，引导我们的注意和思考的方向。学生在学习过程中过度依赖最初接收到的信息，而忽视了其他重要的信息，比如忽略了动物分类的标准，没有抓住鸟类的关键特征去判断蝙蝠是不是鸟类。从心理学的角度，"启动"可以是知觉的、联想的、情感的，也可以是语义的或概念的。启动偏差的"启动"几乎是不假思索的、瞬间完成的，也反映了走心理捷径的启发式策略对人的认知产生的影响。

① Priming (psychology).(2024). *Wikipedia*. https://en.wikipedia.org/wiki/Priming_(psychology).

3. 锚定偏差 [1]。指在做决策时过于依赖已有的参考点（锚定），忽视了其他信息，但难以放弃"锚点"做出适当的调整。

比如商场售货员看到顾客喜欢某个饰品，就不断夸赞顾客的好眼力和该饰品多么高级，然后根据对顾客财力的判断，报出一个相当高的价格。这时即便顾客砍价，也不会砍掉太多，能使售货员获得高额的利润。那么这个高报价，就产生了锚定效应。锚定偏差是生活中很常见的一个认知偏差，与产生启动偏差的语义启动效应有一定关联。顾客对饰品的"好眼力"，饰品的"高级"，其语义启动的就是高报价。如同说到"学生"，就容易启动"家长"或"教师"来关联一样，锚定某个锚点。

锚定偏差会使我们过度依赖某个特定信息，只对使用相同方法获得的数据进行比较，从而限制我们对问题的全面理解。另外，我们还可能会出现保守的倾向，在面对新证据时，不愿修正自己的观点，过于固执己见。锚定偏差还喜欢遵循"锤子定律"，即过度依赖熟悉的工具或方法，而忽视或低估其他可替代的方法。用一句俗语来解释，如果你只有一把锤子，那么所有的问题都看起来像钉子。这种情况可以解释为什么一些学生会一次又一次地采用

---

① Anchoring (cognitive bias).(2024). *Wikipedia.* https://en.wikipedia.org/wiki/Anchoring_(cognitive_bias)

无效的解题方法，宁愿背诵解题套路，也不愿意采用有利于解题的新思路。

心理学家做了很多实验后发现，要纠正锚定偏差是很困难的。有研究表明，反向考虑的策略可能是比较有效的，即要求人们考虑与他们的看法和信念相反的可能性[①]。还有研究发现，有时候越用深入分析的方法，越难以纠正；相反，越是更全面整体地思考背景及其领域上的更多信息，越有可能得到纠正[②]。分析的方法本身，可能一开始就被锚定的信息限制了。

4. 证实偏差或确认偏差[③]。心理学家发现，当我们有一个想法，并且开始对这个想法进行推理时，将主要为该想法寻找支持性的论据。我们会想出这个想法正确的各种理由，并为据此想法而做的决策提出理由。即，我们倾向于不去否定自己的想法。证实偏差以偏向现有信念、期望、假设的方式去回忆、寻找和解释证据，这可能源于维护自尊和自身利益。

证实偏差（Confirmation bias）也被翻译为确认偏差，因其存在具有普遍性且会影响决策的正确与否。在心理学、社会学和管理学中有对证实偏差的大量研究。雨果·梅西耶（Hugo Mercier）和丹·斯珀伯（Dan Sperber）撰文《人类为什么要推理？对论证理论的论证》对证实偏差进行了研究，发现人们的争论不是为了追求真理，而是为了追求支持他们观点的论据，从而造成了"臭名昭著"的证实偏差[④]。这种偏差不仅在人们日常争论时很明显，而且在人

---

① Adame，B. J.(2016). Training in the mitigation of anchoring bias: A test of the consider-the-opposite strategy. *Learning and Motivation*，53，36-48.

② Cheek，N. N.，& Norem，J. K.(2017). Holistic thinkers anchor less: Exploring the roles of self-construal and thinking styles in anchoring susceptibility. *Personality and Individual Differences*，115，174-176.

③ Confirmation bias.(2024). *Wikipedia.* https://en.wikipedia.org/wiki/Confirmation_bias

④ Mercier，H.，& Sperber，D.(2011). Why do humans reason？ Arguments for an argumentative theory. *Behavioral and Brain Sciences*，34(2)，57-74.

们从必须捍卫自己的观点的角度去推理时更甚。如此有某种动机加持的推理、观念、态度和评价，会使错误的观点得不到纠正。所以，证实性偏差不是推理本身的问题，而是推理的功用问题——为支持自己的观点服务[①]。

但一个有趣的现象是，当人们能够静下心来，与其他不同想法的人形成小组一起讨论时，不同参与者的证实偏差将相互平衡，小组将能够专注于最佳解决方案，得出正确的结论[②]。这说明当群体能够真正在一起论证时，民主的效果就容易体现出来。所以课堂上为了纠正证实偏差，可以多采用小组讨论的方式。但需要注意的时，小组讨论要避免产生从众效应，或独立思考不充分，从而又陷入新的与群体有关的认知偏差中。

5. 信念偏差[③]。信念偏差指的是人们倾向于不假思索地接受符合其价值观、信念和已有知识结论的论点。在现实生活中，人们倾向于对自己或他人的能力、态度或行为持有一种固有的信念，而这种信念会影响我们的思考、决策和行动。

不少学生在学习数学时遇到了难题，会对自己的数学能力不自信，认为自己肯定解不出来数学题。即使他努力尝试，但由于对自己能力的负面信念，他很可能在解题过程中放弃或不相信自己的答案。信念偏差可能使学生错过解决问题的机会，限制了自己的学习潜力。

① 梅西耶，斯珀伯. 理性之谜 [M]. 张慧玉，刘雨婷，徐开，译. 北京：中信出版社，2018, 12.

② Mercier, H.(2011). *The Argumentative Theory: A Conversation with Hugo Mercier.* Edge. org. https://www.edge.org/conversation/hugo_mercier-the-argumentative-theory

③ Belief bias.(2024). *Wikipedia.* https://en.wikipedia.org/wiki/Belief_bias

　　有一个被称为双过程的理论解释了为什么会存在信念偏差。该理论认为，我们的大脑有两个心理过程——系统1和系统2，它们在控制我们的思维和决策方面起着相互对抗的作用。系统1是一个自动快速反应的系统，它是无意识的、直觉的和快速评估的，会自动地对信息进行处理，并迅速做出判断。系统2则被称为受控反应系统，它是有意识的、分析的和缓慢评估的。当面临复杂的问题或需要深入思考时，系统2会被激活，我们会更加有意识地进行思考和分析。探索学生如何依赖系统1和系统2进行思维活动，可以帮助教师设计更有效的教学策略，以避免信念偏差。

　　批判性思维属于系统2，是有目的、有意识地分析、评价和反思的心理过程。在教学和考试中，我们时常提醒学生"看清楚题目的意思到底是什么，想清楚，慢一点下笔"，就是为了启动学生的系统2，避免学生由于过度依赖先前经验的直觉，而产生错误。

　　6. 后见之明偏差。后见之明偏差指的是在事后评估时，我们往往会高估自己的能力，认为自己在事后已经知道正确答案。

　　比如某学生在考试后回顾自己的答题情况，发现某题答错了，但这道题他会做。于是，他认为如果再给他一次机会，他一定会正确回答。这是典型的后见之明偏差。实际上，在他考试答题时，他可能面临了一些不确定性，还是会答错问题。

7. 过度自信效应。指人们倾向于高估自己，过度相信自己做出正确决定的能力。

与证实偏差、信念偏差和后见之明偏差一样，过度自信效应也是由对自我认知出现了偏差而引起的。在现实生活中，无论是对自己还是对他人，我们的了解程度其实是有限的。"认识你自己"，这句话成为古希腊的戴尔菲神庙上的神谕，是很有道理的。人需要在自我认识和自我反省中获得智慧。**认识自己是困难的，认识他人则会更加困难。因此，人在理解他人的观点和行为方面，会不可避免地出现认知偏差。**

8. 基本归因偏差。指人们倾向于过分强调行为的性格或人格因素，低估了情境对同一行为的影响。

例如他学习成绩好，打架肯定不是他引起的。

9. 外貌刻板印象。指人们倾向于认为外表有吸引力的人还具有其他理想的人格特征。

如果我们对某人的最初印象是积极的，会倾向于寻找证据证明我们的评估是准确的。漂亮的小孩与面相普通的小孩相比，更容易受人喜爱。

10.隐性刻板印象。指人们倾向于将积极或消极的品质归因于某群人，它可以是完全非事实的，也可以是将某个群体常见特征滥用到该群体的所有个体上。

11. 群体归因偏差。指人们偏颇地认为某个群体成员的特征反映了整个群体，或者倾向于认为群体决策结果反映了群体成员的偏好，即使有信息清楚地表明情况并非如此。

12. 光环效应。指人们在某个领域对一个人、机构、品牌或产品产生了积极的印象，从而使其对这些事物的感受或观点产生积极影响。

商家请明星代言，就是在利用明星的光环效应推销产品。

13. 自私自利偏差。指人们倾向于将成功归功于自己，但将失败归咎于外部原因。有时候也表现为以有利于其利益的方式评估模棱两可的信息。

14. 现状偏差。指当面临相互冲突的选择时，人类往往会接受现状。在脑科学家开发的一项测试中，受试者在做出困难的决定时倾向于支持默认值。接受默认值是不明智的，会犯更多错误。当拒绝默认值时，前额叶—基底神经节神经回路则会活跃起来[①]。这表明人类需要付出更多的智力努力，才能拒绝现状。也就是说，在遇到困难时，大脑也想休息。

如同一些人常说的，遇到困难时，什么也不要做，做了可能会出错。但其实，不采取应对措施，会看着事情出错，并不会因维持现状而避免风险和损失。所以，现状偏差是一种倾向于维持当前或以前的事态，或倾向于不采取任何行动来改变当前或以前的状态的情绪上的偏差。学生不愿意改变自己的思维习惯以适应新的教学内容，也属于我们常常见到的现状偏差。

为减少认知偏差，心理学家做了大量的研究，认为减少认知偏差是相当

[①] Fleming, S. M., Thomas, C. L., & Dolan, R. J.(2010). Overcoming status quo bias in the human brain. *Proceedings of the National Academy of Sciences*, 107(13), 6005-6009.

困难的^①。在人类推理活动中，认知偏差会自动地无意识地表现出来，即使意识到这种现象存在的人也无法减少它们的出现，更不用说克服它们了。从认知偏差中我们可以看到人类思维活动的复杂性，特别是对于大脑和认知还未成熟的儿童青少年学生，减少他们的认知偏差是一项艰巨而长期的任务。

第二节　逻辑缺陷引发的谬误

人的思维除了存在先天的认知偏差，还存在因逻辑思维能力不足而造成的系统性偏差——谬误（fallacies）。

与动物相比，逻辑是人脑固有的功能。但人脑潜能要想超越逻辑的自然表现变得强大，还需要后天的学习。当前基础教育到高等教育的内容普遍缺乏基础的逻辑训练，由此造成的逻辑缺陷必然造成思维活动中的种种谬误，对儿童青少年的思维素质提升非常不利。

维基百科上有关于"谬误"^②和"谬误列表"^③的词条，其中收集的资料较为全面，值得去做详细的了解。更有人工智能专家广泛收集、整理，制作了谬误数据集，设计了手机上可以使用的 AI 应用程序"逻辑谬误检测器"（Logical Fallacy Detector），感兴趣的读者可以去下载使用。

下面所列的谬误，是通过与 ChatGPT 的多轮交互生成后修改而成的，我们从中可以感受到 AI 工具的强大，以及"人脑 +AI"协作的方式，会给我们的智力活动带来多么巨大的影响。我们在国内知名的 AI 大语言模型智谱清言

---

① Cognitive bias mitigation.(2024). *Wikipedia.* https://en.wikipedia.org/wiki/Cognitive_bias_mitigation

② Fallacy.(2024). *Wikipedia.* https://en.wikipedia.org/wiki/Fallacy

③ List of fallacies.(2024). *Wikipedia.* https://en.wikipedia.org/wiki/List_of_fallacies

上设计了"逻辑辨识家"智能体，提供给读者们在教学中应用。但要想研究透这些谬误，建议多研读相关文献。

（一）形式逻辑谬误

以下是与形式逻辑的推理结构相关的谬误。

1.因肯定结论，从而肯定前提的谬误。如果 P，则 Q；Q 是真的，所以 P 也是真的。这个推理是无效的，因为 Q 的真实性并不一定是由 P 引起的。

例如，如果下雨，地面会湿；地面湿了，所以一定下雨了。（可能有其他原因使地面湿，如洒水车洒水。）

2.因否定前提，从而否定结论的谬误。如果 P，则 Q；P 是假的，所以 Q 也是假的。这个推理是无效的，因为 P 的假并不一定会导致 Q 的假。

例如，如果我去健身房，我会感觉很好；我没去健身房，所以我感觉不好。（但可能有其他原因让我感觉好。）

3. 双重否定谬误。通过两次否定来确认一个陈述，而非直接证实。这虽然在某些逻辑系统中有效，但在日常交流中可能会导致混淆。

例如，他不是不聪明，所以他聪明。（直接说他聪明会更明确。）

4.排除中项谬误。两个否定前提在一个演绎推理中不能导致任何结论。

例如，没有猫是狗，没有狗是鱼，所以，没有猫是鱼。

5. 非分布中项谬误。演绎推理中的中项必须至少周延一次，即被全部判定一次，否则结论无效。

例如，所有狗都是哺乳动物，所有人也是哺乳动物，所以，所有人都是狗。

（二）事实与观点

涉及事实和观点的谬误，在日常生活中往往与走心理捷径做快速判断有关。如果慢下来厘清事实与观点，避免这些谬误也并非难事。但刻意的思维陷阱除外。

1. 仓促结论。在收集和分析充足证据之前得出结论。

例如，仅根据一条购买某产品的消极评论，就认为该产品完全不值得购买。

2. 以偏概全。基于有限的或选择性的观察推断全面的事实。

例如，一个人在一家餐厅吃了一次难吃的食物，就说这个城市的食物都不好吃。

3. 选择性观察。只关注支持自己观点的证据，忽视反驳的证据。

例如，在辩论气候变化时，只引用局部地区气温变暖的数据，而忽略其他地区的降温情况。

4. 错误权衡。比较不等价或不相关的事物。

例如，将一辆豪华轿车的舒适度与一辆经济型轿车的燃油效率进行直接比较。

5.错误归因。错误地将一个现象归因于特定的原因。

例如，一个学生将考试失败归咎于坏运气，而不是没有复习到位。

（三）现象与概念

这一类涉及较多的是模糊谬误、歧义谬误及定义谬误这三类[①]。语义笼统，概念模糊不清，无法明确解读，这属于模糊谬误；把字词句理解为其他含义，或误解他人语义，因歧义造成不当推理，这是歧义谬误；由于歧义等产生误解，造成不当定义，再用不当定义去推论，这叫定义谬误。把现象当作隐含的概念去推理，这与以上三类谬误一样，都会造成谬误。除此之外，还有以下七种谬误。

1.偷换概念。在推理中随意更改术语或概念的意义。

例如，将"生命"的定义从生物学意义扩展到公司或项目的"生命"，以证明"公司也有生命"。

2.模棱两可。使用意义不清晰或有多个含义的术语。

例如，使用"自由"一词同时涵盖言论自由和无政府状态的意义，造成混淆。

3.假设前提。推理基于未被证实或错误的前提。

例如，假设所有勤劳的人都能成为富人，从而得出结论：穷人是懒惰的人。

4.歪曲论题。通过一个极端或荒谬的例子来否定一个合理的论断或观点。

例如，声称如果允许人们在家办公，最终就会有人在海滩办公。

5.伪精确。对于非精确事物给出不合理的精确描述。

例如，声称某项产品可以提高 75.32% 的工作效率。

6.复杂化谬误。无故地使问题复杂化，使其更难理解或解决。

---

① List of fallacies.(2024). *Wikipedia.* https://en.wikipedia.org/wiki/List_of_fallacies

例如，在讨论是否应该健身时，不必要地引入生物化学和人体解剖学知识。

7. 断章取义。引用某人的说辞作为论证理据，却不当删除了上下文，扭曲了原来的意思。

例如，在引用"一时想不出来的题可以先不写，等全部做完再回头思考这道题"这句话时，将其删减为"想不出来的题可以不用做"。

（四）类比、演绎和归纳

类比、演绎和归纳是基本的论证方法，是批判性思维的基础。这类谬误往往提出与讨论主题缺乏逻辑关联的前提、结论或观点，做出不当的类比、演绎或归纳的推理。这类谬误是最常见的。

1. 错误类比。将两个本质不同的事物进行比较。

例如，将心脏与水泵相比，声称"如果水泵可以更换，心脏也可以随时更换"。

2. 过度概括。基于有限的样本做出夸大的结论。

例如，在访问一个新城市的一个街区后，声称整个城市都是肮脏和危险的。

3. 滑坡谬误。假设一个事件会导致一连串不可避免的后续事件。

例如，声称少量的学生迟到最终会导致学校教育的崩溃。

4. 无根据归纳。在没有足够证据的情况下进行归纳。

例如，根据几天的股市涨势推测经济正在复苏。

5. 循环论证。论证的结论是前提的重述，没有提供新的证据。

例如，她是一个好领导，因为她有出色的领导能力。

6. 假因谬误。将一件事错误地视为另一件事的原因。

例如，认为鸡鸣导致日出。

7. 伪关系。统计时两变量相关，实际上两者无因果关系，或者是由第三个未观察到的变量引起的。

例如，手机拥有量高的地区人均寿命长。

8. 自然主义谬误。当下很多人信奉自然主义，认为来自自然或有自然特性的事物就是好的、健康的和合理的，但忽略了自然界中也存在许多有害物质以及人造物的益处。

例如，不施化肥的有机蔬菜是健康的，转基因食品是有害的。

（五）质疑与争议

在质疑和争议中，容易产生对人不对事或以人废言的情况。你给他讲道理，他给你讲感情；你给他讲感情，他给你讲立场；你给他讲立场，他要你做是或否的选择。这里的谬误可能都是刻意的思维陷阱。

1. 人身攻击。攻击提出观点的人而不是观点本身。

例如，在关于气候变化的辩论中，攻击科学家在生活中喜欢开大排量的汽车。

2. 稻草人谬误。曲解或过分简化对方的观点，使其容易反驳。

例如，在讨论动物权利时，将对方的观点歪曲为"所有人都应该变成素食者"。

3. 误解立场。错误解读或扭曲对方的观点。

例如，在讨论税收时，将提倡提高企业税的观点解读为反对所有形式的商业活动。

4. 诉诸情感。利用情感引起同情或恐惧，而不是提供实质论据。

例如，在讨论环境保护政策时，使用令人震惊的图片而非全面的科学数据来争取支持。

5. 忽略中间立场。忽视存在的中间或渐进选项。

例如，在讨论医疗保健时，将选项限制为完全私有化或完全国有化。

6. 假二分法。将选择或观点仅限于两个极端，排除中间或其他选择。

例如，声称人们必须选择贫穷或毁灭环境，忽略可能的可持续发展方案。

（六）其他谬误

还有很多谬误是不好归类的，多与偏见甚至价值选择有关，还有些可能与人类生活中长期积累下来的带有文化背景的日常思维方式有关。

1. 诉诸传统。因为事物"一直是这样"，所以应该继续这样做。

例如，坚持使用陈旧的教学方法，因为"我们一直都是这样做的"。

2. 诉诸新颖。新的或时尚的东西总是好的。

例如，购买新款手机，仅仅因为它是最新型号，而不考虑功能需求。

3. 诉诸大多数。因为许多人相信或做某事，所以它一定是正确的或好的。

例如，旅游时，看到景区哪个餐馆人多，就去哪个餐馆排队，认为排队的人多，说明餐馆的菜好吃。其实许多游客都是第一次来吃，并不知道好不好吃。

4. 诉诸权威。引用与主题无关的所谓权威。

例如，在讨论气候变化时引用某个娱乐明星的观点。

5.特殊立场。声称某些观点不需要证据支持。

例如，声称自己的观点是自明的，因此无须进一步证明。

6.逃避负担。不提供证据，而将证明的责任推给对方。

例如，声称外星人存在，要求怀疑者证明它们不存在。

上述谬误只是冰山一角。与认知偏差一样，人类常犯的谬误是很多的，我们甚至可以自己给它们命名和揭示其根源。作为一位具有批判性思维的教师，我认为观察、描述和命名谬误，也是一种有意思的智力趣味游戏。

第三节　刻意设计的思维陷阱

如果说认知偏差和谬误是人固有的、难以摆脱的，那么思维陷阱就是刻意设计的了。《三国演义》中诸葛亮等谋士的各种计谋，《孙子兵法》中的36计，大多是在刻意设置思维陷阱让敌人上当。现代某些广告宣传中的夸大其词、观念置入和诡辩等，都是在为消费者制造思维陷阱。战争中的宣传战，也是在用思维陷阱进行认知操纵。很大程度上，思维陷阱是为了达到某种目的而刻意利用认知偏差、逻辑谬误、价值观和人性的弱点而设置的圈套。

社会生活中，各种眼花缭乱的修辞套路在巧妙地制造思维陷阱。美国文学理论家肯尼斯·伯克是修辞学方面的知名专家，他在《词语的战争》中介绍了许多修辞套路，这些修辞话术能让人在不知不觉中甚至是在快乐中陷入圈套。比如"美国奇迹"和"美国天赋"，听起来会让每一个美国人"上头"，以致美国人相信自己具有特殊的天赋，具有天才的创造力。但美国发展的"奇迹"是在掠夺印第安人富饶的资源的基础上发生的，"天赋"则建立在对占有的富饶资源的巨大浪费上 ①。这类修辞在一些宣传战中比比皆是。

我们的生活已经进入视频时代。商家利用这点开发了直播带货的营销模式。刷手机时看到一双鞋子的广告，写着"限时特价，买一送一"，你可能会被这个诱人的促销打动。但实际上，你并没有真正考虑到这双鞋子是否真的适合你，或者你是否真的需要这双鞋子。这时，你就陷入了"锚定偏差"，过度依赖广告上的特价信息，而忽视了有助于做出合理购买决策的其他因素。在这个例子中，我们因为受到广告的影响而产生了认知偏差，而这个偏差又导致我们在推理中陷入思维陷阱，做出了不理性的决策。

"刻意混淆"是舆论中经常运用的思维陷阱。有人为了减弱对 AI 发展的管控，主张放松对 AI 的"对齐"要求来提升其智能水平，却将"对齐"和"管控"混为一谈，给人一种非此即彼的印象：要么维持"管控"，让 AI 的智能水平受限；要么放松"对齐"，提高 AI 的智能水平。事实上，在遵守道德与安全规范的前提下，AI 的智能水平仍能不断提升，两者并非对立。如果过度强调"放松管控"而忽视"对齐"的重要性，可能使 AI 生成的内容具有伦理或安全方面的风险。而这种风险在前面的论述中被有意淡化，为"放松'对齐'"披上了"利于 AI 智能水平提升"的外衣。

构建思维陷阱有一种常见的方法，那就是用"冗长证明"来干扰普通人的判断。美国演员 W.C. 菲尔兹有一句名言：**"如果你不能用你的才华让他们眼花缭乱，那就用胡说八道（bull）来蒙蔽他们。"** "bull"原意是废话，这里指专家可以用完全不真实的、夸大其词的、艺术性的、花哨的或误导性的言辞

---

① 伯克. 词语的战争 [M]. 何博超, 译. 上海：上海文化出版社, 2022:313-314.

来欺骗他人，而不是用具体的事实[①]。

在辩论中，有一种思维陷阱被称作"现场谬误"。当辩论者不能说出某个主题的具体数据或细节时，其论点就会被认为是错误的，甚至不具备发表意见的资格。这个思维陷阱的前提假设是，拥有完美记忆的专家才有资格讨论某个主题。这样一来，就在气势上把你排除在外。

在舆论攻关上，有一种用来遮蔽、欺骗或误导的模棱两可的语言，即"双关语"。奥威尔在其名著《1984》中有一句名言："战争即和平，自由即奴役，无知即力量。"这就是典型的双关语。从这句双关语可以看到，坏的看起来是好的，恐怖的看起来是有正面吸引力的，甚至是可以忍受的，以此来阻断你的思考，回避正义，推卸责任。使用双关语的人往往是那些语言技巧老到的人，与这类人辩论，我们要格外小心其构建的思维陷阱。

语言技巧老到的人还会故作高深，构建被称为"伪深刻废话"的思维陷阱，即听起来深奥难懂，但实际上是毫无意义的模棱两可的说法。比如，"爱只是一个词。"乍一听，很有道理，但一细想，这句话好像在暗示爱不仅仅是一个语言构建角度上的词，还有其他深刻的内涵。于是你会认为他说的是对的。但当你问他"爱到底是什么"的时候，他会说："你懂的。"显得相当深奥或者"酷"，其形象一下子得到跃升，但其实他什么也没有说。你会顺着这句话的引导去做多种猜测性的解读。认为"爱"只是一个词，那么"爱"就肤浅了；认为"爱"不是一个词，而是奉献，是相濡以沫，或是其他什么美好的意蕴，又好像与"爱"这个词无关了。而且一旦这样明晰地表达出来，其深奥性也就消失了。生活中类似的深奥的废话还有很多，比如"万事皆有因""美丽只

---

① The Free Dictionary.(n.d.). *If you can't dazzle them with brilliance，baffle them with bull！* The Free Dictionary. https://encyclopedia.thefreedictionary.com/If+you+can%27t+dazzle+them+with+brilliance%2c+baffle+them+with+bull！

是表象""年龄只是一个数字"。

AI 时代，商业与自媒体呈现出前所未有的爆发式发展，我们看到的推文、照片和视频越来越多地采用 AI 来生成，宣传与引流的方式更加智能，使得网络上的声音更加真假难辨。这其中暗设的思维陷阱是相当高明而难以察觉的。

无论是地缘政治、国际商贸斗争，还是社会生活的方方面面，为了达到说服、取悦、引流和快速传播的目的，都在蓄意运用人的认知偏差和谬误，而不是提供可靠的证据和逻辑清晰的论证。思维陷阱常用的伎俩有如下 12 个，括号中的文字是谬误或认知偏差的名称[1]。

1. 用转移话题的方式，把争论转移到不相关的问题上（歪曲论题）；

2. 侮辱某人的人格（人身攻击论证）；

3. 把未经证明的判断作为证明论题的论据（预期理由）；

4. 逻辑跳跃（非逻辑论证）；

5. 确定错误的因果关系（后此谬误：即错误地认为如果 A 事件先于 B 事件发生，那么 A 事件就是 B 事件的原因）；

[1] Fallacy.(2024). *Wikipedia.* https://en.wikipedia.org/wiki/Fallacy

6. 断言每个人都同意（从众论证，拉帮结派）；

7. 制造虚假困境，将情况过简化处理（非此即彼谬误，也称为虚假二分法）；

8. 有选择地使用事实（堆砌事实）；

9. 进行虚假或误导性比较（虚假等价和虚假类比）；

10. 快速而草率地概括，以偏概全（草率概括）；

11. 利用一个论点与其他概念或人的联系来支持或反驳它（联想谬误，也称为"联想有罪"）；

12. 声称缺乏证据也算证据（诉诸无知）。

打破思维陷阱的唯一办法就是加强逻辑和批判性思维的训练，使我们不那么容易上当。

第四节　日常思维的惰性

日常思维是人所固有的思维习惯，遇事可以根据已有经验和直觉快速地做出判断——走心理捷径，显得效率高；有时候又表现出漫不经心，不严谨，缺乏认真细致的思考。日常思维常常不需要做过多的智力努力，就去下结论或采取行动。英国脱欧投票后有个街头采访，当询问为什么支持脱欧时，一位年轻人说："这很好玩，所以就投了赞成票。"这是典型的漫不经心的决策，而这个漫不经心则深受当时社会氛围和宣传取向的影响，无意中帮了鼓吹脱欧者的忙。

日常思维的这种特点会显得使用它的人有点"不过脑子"。尽管科学已经通过细致的研究和严谨的观察对某个问题给出了合理的解释，但许多人仍然迷信不可靠的传统或迷信。许多人在遇到难题时，会遵循自己"直觉"的冲动，"这种事我之前遇到过"，依靠以前的经验快速下结论。在这种快思维模式下，人们可能会因为"可得性启发"而高估某个事件的发生概率，仅仅因为这个事件在记忆中较为鲜明。还有许多人会追随那些声誉高的专家，不假思索地相信他们说的一切。

日常思维还深受自然语言的影响。日常对话交流时的语言往往过于口语化，因其语法结构松散，表达方式简短省略，致使一个语句可以有多种解释，需要依赖上下文和背景信息才能够让人理解。这也使日常对话交流中因歧义而造成的沟通成本增加甚至引发冲突。

在一次听课中，我看到一位学生不由自主地在教室里走动了起来。该班的老师告诉我："他有心理问题。"这是日常思维中常见的一种简略表达，是想让我接受这位学生的行为。但这种表达容易引起歧义，让人对该生产生负面的看法。后来我通过进一步了解知道，实际上这位老师是想告诉我："他有自闭症，管不住自己，但学习能力很强，数学成绩特别好。"这一种表述是逻辑清晰和专业的，使我们听课的老师更能接受。

所以，我们可以在一定程度上认为，日常思维是一种惰性思维。日常思维的判断过程快速，语言表达简省，较少做出一番审慎的智力努力去进一步做细致周全的思考和语义清晰的表达。而批判性思维则相反，它是一种自律而审慎的理性思维过程，重视逻辑清晰的思考和表达，避免语义的歧义、扭曲甚至歪曲，从而使我们的思维更加准确。因而不少专家认为，批判性思维是一种自我约束的理性美德。

理查德·保罗（Richard Paul）将习惯日常思维者和习惯批判性思维者，从认知品质上做了广泛的对比，包括"谦虚—自大、勇气—怯懦、共情—狭隘、自主—从众、正直—虚伪、毅力—懒惰、公正—不公、信赖推理—不信赖推理和证据"[①]。我们参照他的对比列了下表，当然，读者还可以继续补充。

日常思维者	例子	批判性思维者	例子
漫不经心	那就这样吧	责任	这个决定草率了点
傲慢	这是精英们的决策	谦逊	不知这样考虑合适否？
从众	大家都赞成	独立	让我再想想
循规蹈矩	这是惯例	自主	有没有更好的办法？
懒惰	好累，不想再思考下去了	毅力	持续不断地思考
自我中心	我认为是这样的	同理心	站在对方的角度思考
讲感情	维护我闺密的观点	讲逻辑	事实是……所以是……
漠视公正	要对自己有利	公正心	一定要去除偏见
懦弱	太难了，想放弃	勇气	要穷究不舍，直至弄明白
不信任理性	不存在什么科不科学，一切都是主观易变的	理性信心	还是要讲逻辑
……	……	……	……

从上表还可以看出，批判性思维者智力上要谦逊，要意识到认知的局限性，需要有勇气来面对自己的偏见和无知；为了发现自己的偏见，他必须在理性上用公正心和同理心去推理不同的观点，搞清楚他人为什么要这样思考。为此，他需要有毅力，为自己认为有偏见的观点付出时间和努力；如果最后

---

① 保罗，埃尔德．思辨与立场：生活中无处不在的批判性思维工具 [M].李小平，译.北京：清华大学出版社，2016:24-27.

的思考结果涉及他人利益，还需要用公正心去审视自己的思考是否以自我为中心而有损他人利益。

日常思维如果极端性滑落，可能会变成一种荒诞。加缪的《局外人》中的主人翁对一切不做思考和漠然的态度就是典型。的确有人并不相信理性在帮助我们解决问题和创造幸福生活中的力量，对理性缺乏真正的信心。我们不要忘记苏格拉底说的一句话："**不经审视的人生不值得过。**"**常常反思日常思维，多做理性的智力努力，可以避免我们滑落为"局外人"。**

第五节　专业思维需要反思精进

专业思维是指在特定领域内，基于对专业知识和技能的掌握，形成的具有专业逻辑规则的系统性思维方式。人类文明的发展过程中，诞生了很多专业领域，专业领域的蓬勃发展使得人类掌握了更多更科学有效的解决问题的方式。比如，生命科学家通过科学思维和一套可靠的科学方法程序去研究人体蛋白质的奥秘，为人类医疗健康服务；社会学家通过严谨的调查去搜集青年人的文化程度、收入状况、工作种类、年龄等各个方面的数据，用统计思维去分析青年人不婚不育的原因，以寻求解决该社会问题的对策。这些都有赖于用专业思维去不断创新理论和积累解决问题的实践经验。

但所有的专业思维要想有所创新和执行到位，避免出现不严谨引起的缺漏和误差，都有赖于批判性思维不断对其全过程进行审视，尽可能减少不严谨或误差；如果发现已有的方法难以解决问题，也要启动批判性思维，寻求新的方案以创造性地解决问题。所以，专业思维的发展是需要批判性思维来反思精进的。

批判性思维是有科学思维的内核的，因为两者都在用探究性的方法和合

理的逻辑去思考世界。从发展历史上来看，亚里士多德是古希腊的科学家，也是开创演绎逻辑的逻辑学家。逻辑使科学成为科学，科学思维又为批判性思维提供了方法和策略。所以，从各个学科对批判性思维培养实际产生的作用来看，科学类学科（STEM）似乎是培养批判性思维的最佳载体。

但也不尽然，语文、历史等人文社会学科也是很好的载体。比如语文学科中的语言学习本身就是要教语言表达逻辑的，历史也如科学一样重视证据考证。但在实际的教学成效上，又事与愿违，有标准答案的考试评价体系破坏了这些学科应有的功能，非科学类学科并没有在批判性思维培养上发挥出应有的作用。科学类学科虽然也采用了有标准答案的考试评价体系，但其学科性质决定了相比其他学科，它需要学生更多地运用探究、推理、论证的方式去呈现解题过程。所以，从现实来讲，我们不得不寄希望于科学（或STEM）教育，愿其成为批判性思维培根铸魂的重要载体。

不过有一点要再次强调，无论是科学还是人文社会学科，它们都具有独特的本学科的专业思维方式，但这些专业思维都离不开批判性思维的加持。批判性思维好比云端智者，俯视和监控专业思维，随时对其进行纠正和提供新的思路，使专业思维更加精进和具有创造性。

需要指出的是，由于中小学生的认知水平和逻辑思维的发展有限，专业思维的掌握还显得相当初级。也正因为如此，其专业思维在实际应用中显得不专业，甚至经常出错，这就更需要他们运用批判性思维，根据专业思维的规则去做检视和判断，举一反三。所以，这就更需要教师关注学生批判性思维的发展。

制作个人错题集是一种相当有效的反思自己学科专业思维的办法。对自己的错题进行反思，这就是在动用批判性思维。一是反思错误原因，不仅知道错在哪里，还要问"为什么会错"，是因为概念理解错误，还是因为审题不仔细？二是质疑正确答案，即便找到了正确答案，也要进一步问"为什么这个答案是正确的"。通过反思，学生可以更好地理解解题的专业思维方式。随着错题和反思的积累，教师应鼓励学生找出错误的共性与规律。比如学生多次在同类问题上出错，这可能说明他对某一类问题存在系统性理解错误，需要重点复习和改进，或者调整学习策略，增加针对性的练习。针对错题进行的这些思维活动就是有目的的批判性思维活动，长期地积累，有利于学生学科专业思维的精进。

从认知偏差、逻辑谬误、思维陷阱、日常思维的认知惰性到专业思维的不严谨等，一路讨论下来，我们发现要战胜这些非理性是多么困难。以至于

我们会产生"人是非理性的"错觉，对理性缺乏信心。史蒂芬·平克在其名著《理性》中陈述了理性缺失带来的种种问题：

面对健康问题时，如果不懂贝叶斯定理并且对某种罕见病的阳性检验结果做过度解读，就可能吓一大跳。我们可能被说服做手术，也可能被劝阻做手术，这取决于表达风险的方式，而不是风险和收益的平衡……

在法律领域，由于不熟悉概率论，凭猜测和后验概率（注：指在给定相关证据或背景信息后，某事件发生的概率）行事会诱使法官和陪审团误判。未能把握好正确反应和误报之间的权衡，导致人们为了多给一些人定罪而冤枉了许多无辜者。

在许许多多这样的案例中，不只是病人和客户容易被愚弄，专业人士也同样容易被愚弄，这表明智力和专业知识对认知错误是没有免疫力的。医疗人员、律师、投资者、经纪人、体育记者、经济学家和气象学家，在各自领域都有过类似的被愚弄经历[1]。

理性的失败产生的后果是严重的。要想建立对理性的信心，批判性思维及其思维工具的应用是必不可少的。但由于本书的重心是中小学生的批判性思维教学，所以对批判性思维工具的介绍还难以企及。幸好有诸如史蒂芬·平克的《理性》这类优秀的著作可以学习，相信这些专业著作的力量可以有效增强我们构建批判性思维理性美德的信心。

---

① 平克.理性 [M].简学，简丁丁，译.杭州：浙江教育出版社，2023:339.

第六节 批判性思维是云端智者

我们深刻认识到人的思维存在一些不可避免的缺陷：**人固有的认知与心理上的缺陷会造成认知偏差，逻辑思维的缺陷会造成谬误，外界刻意设置的圈套会造成思维陷阱，日常思维依靠经验直觉的快思维会造成思维的惰性，专业思维会不严谨，专业创造会受到思维定式束缚而难以创新，以及自我中心与社会中心、情绪偏向等。**所有这些，都需要批判性思维这位**元认知层面的云端智者来监控、反馈和调节，**这就是为什么需要批判性思维的原因。

那么，到底什么是批判性思维，或我们该如何定义批判性思维呢？

关于批判性思维的定义，到目前为止还未统一。延安大学的武宏志教授是我国专注于批判性思维研究的重要学者，他梳理了批判性思维的一些主要定义。我们可以看到根据视角的不同，批判性思维的定义是多样的，虽然学术界在达成共识上一直做着努力[1][2]。同时我们也看到，几乎没有哪个定义指明

---

① 武宏志. 何谓"批判性思维"？[J]. 青海师专学报（教育科学版），2004，(04):1-4.

② 武宏志. 批判性思维：多视角定义及其共识[J]. 延安大学学报（社会科学版），2012，34(01):5-14.

为什么要对我们的思维进行批判性反思。下面，我们来分析一些代表性的定义。

批判性思维的先驱恩尼斯（R.H.Ennis）对批判性思维的定义是：批判性思维是合理的反思性思维，旨在决定相信什么或做什么[①]。恩尼斯的定义反映了批判性思维的三个关键特征：反思性、合理性和行为选择。这三个方面也构成了批判性思维的完整过程。

如果说恩尼斯的定义过于简洁，那么德尔菲报告则给了一个详细的解释。美国哲学学会 40 多位专家运用德尔菲（Delphi）方法（通过多次调查和修改，形成专家组共识）于 1990 年发布了德尔菲报告——《批判性思维：关于教育评估和教学目的的专家共识声明》，其中对批判性思维的定义是：

> 我们理解的批判性思维是指一种有目的、自我规范的判断，以解读、分析、评价、预计和解释一切证据上、概念上、方法上、标准厘定和背景资料上的因素，从而做出客观的判断……[②]

这个定义弥补了恩尼斯的定义过于简短的不足，明确指出批判性思维是"有目的"和"自我规范"的，这两个特征体现了批判性思维在元认知上的主动性和自我监控的特质；详细列举了批判性思维所涉及的内容，包括"证据""概念""方法""标准"和"背景资料"，反映出批判性思维的广度；指出批判性思维的各种能力，如"解读""分析""评价""预计"和"解释"，

[①] Ennis, R. H.(1991).Critical Thinking: A Streamlined Conception. *Teaching Philosophy*, 14（1）: 5-25.

[②] Facione，P. A.(1990). *Critical thinking:A statement of expert consensus for purposes of educational assessment and instruction (executive summary)*. California Academic Press.

指出批判性思维所需要的技能；指出批判性思维所要达到的目标是"做出客观的判断"，是理性而不偏执的。这是一种对批判性思维更加全面的定义。相比恩尼斯的定义，德尔菲报告的定义在厘清批判性思维的特征和要素上做得更加深入和详尽，可以说是详细定义的范本。

但以上两个定义针对内在，强调反思和自我规范，而对于外在的诸如错误信息、思维陷阱等方面还未明确提及。有的批判性思维专家也认识到批判性思维定义在向外指向方面的缺失，比如布鲁克·诺埃尔·摩尔（Brooke Noel Moore）等人著的畅销书《批判性思维》（第 10 版）中，对批判性思维的定义具有一定的代表性：批判性思维是对思维展开的思维，是为了考量自己或他人的思维是否符合逻辑和好的标准①。这个定义的行文与恩尼斯的定义一样简洁，还把他人的思维考虑了进去。

由于社会生活中我们常见的批判性思维是指向外的，所以我们不是很明白为什么这么多专家更倾向于向内指向自我，也许美国哲学家理查德·保罗（Richard Paul）的观点可以给我们答案。

保罗是批判性思维领域很有影响力的学者，他创建了美国批判性思维基金会，是美国卓越批判性思维委员会主席，撰写批判性思维课程，倡导基于批判性思维的教育和社会改革②。在保罗看来，批判性思维不仅仅是有技巧的思维，还必须是公正的。如果我们的思维不公正，不考虑他人观点，不考虑我们的思维和我们的行为对别人的影响，不考虑涉及他人的权利和需求，那它就不是真正的批判性思维。所以在 20 世纪 80 年代，他提出了**弱意义**（weak-sense）**批判性思维和强意义**（strong-sense）**批判性思维**的概念。弱意

---

① 摩尔等. 批判性思维（第 10 版）[M]. 朱素梅，译. 北京：机械工业出版社，2014:2.

② Foundation for Critical Thinking.(n.d.). *Dr. Richard Paul.* https://www.criticalthinking.org/pages/dr-richard-paul/818

义批判性思维指利用批判性思维来捍卫自己的立场和看法；强意义批判性思维指利用批判性思维来考虑所有的立场和看法，包括自己的看法。

从保罗的观点里我们可以看到，批判性思维向内也要向外，对自己要有思维上的约束，对他人要保持公正和同理心，这是社会和谐的基础。在一定程度上可以说，**我们生活在欲望构筑的世俗世界里，自我中心的价值取向影响着我们的判断，弱意义批判性思维渗透于我们的思维中，让我们潜意识里出现偏见，缺乏同理心和公正心**。批判性思维则需要我们全面考虑他人和自己，多运用强意义批判性思维去客观、公正、无偏见和具有同理心地思考。

近些年，关于批判性思维的研究又有了新的观点，认为批判性思维要从逻辑防御（logical defense）走向批判性探究（critical inquiry）。从以上关于批判性思维的各种定义中可以看到，批判性思维从头到尾都在做着防范的工作，生怕认识活动过程中哪里会出错。这种批判性思维聚焦于逻辑论证的评价，强调逻辑的严谨性，以避免逻辑谬误和认知偏差，表现出一种"逻辑防制"的姿态。但这种批判性思维范式显得过于狭隘，容易忽略对复杂问题进行全面而多维度的分析与评价。马克·巴特斯比与莎朗·拜林（Battersby & Bailin，2018）撰写了著作《探究：批判性思维的新范式》[①]，新范式要求扩展传统批判性思维的目标，注重如何用各专业领域的认识论规范评估来源的标准、判断因果关系的标准以及评估统计论证的标准等，对各种相互竞争的观点和论证进行比较性评估，在复杂问题上得出有根据的判断。这就是批判性探究的新范式。

新范式不同于传统批判性思维对单一论点的过度专注，要求调查问题发展的各种背景，综合考量多种不同的观点，让大家讨论起来，在此过程中更

[①] Battersby, M., & Bailin, S.(2018). *Inquiry: A new paradigm for critical thinking.* Windsor Studies in Argumentation. https://windsor.scholarsportal.info/omp/index.php/wsia/catalog/book/54

全面地理解问题实质，更好地提出解决问题的新方案。对于中小学生来说，即便探究到最后可能还是会关注到一个关键论点上，但那也是在经历了多个论点的辩证思考之后获得的结果，与过于关注单一论点的"逻辑游戏"是完全不同的。

批判性探究新范式也必然带来思维的结果——创新与创造。一般认为创新与创造是非理性的想象力爆棚的结果，由此认为高度的逻辑规则管理下的批判性思维会因过于理性而阻碍创新。但事实并非如此。许多心理学家验证了诸如注意、识别、搜索、记忆和评估等普通过程如何共同促进创造性结果。**创新创造不是瞬间的灵感降临，而是一个渐进的持续的探究过程。**牛顿发现万有引力的灵感重要来源是胡克先前的研究，正如牛顿自己所说的，他是站在巨人的肩膀上。屠呦呦发现青蒿素也是源于她对古代医学文献的研究，她查阅东晋葛洪的《肘后备急方》时，发现用青蒿抗疟是通过"绞汁"而不是传统的中药"水煎"方法来用药，由此批判性地提出假设——高温可能破坏药物，通过改用低沸点溶剂而萃取出青蒿素。通过批判性思维发现先前研究的不足，通过不断探究尝试寻找到突破口，为保证新突破口的可靠性又需要批判性思维的介入……批判性思维始终伴随着科学发现的全过程，是科学发现不断涌现、科学大厦不断被高筑和壮大的基础。所以我们在一定程度上可以说，**创新创造是站在批判性思维这位巨人的肩膀上的。**

所以，批判性思维既是"防制性"的，也是"建设性"的。在"批判"二字可能被误解的时候，我们需要传递这样的信息：批判并不是一种消极的姿态，而是一种积极探索、严谨论证、面向创新创造的思维方式。

从上述关于批判性思维定义的辨析中，我们可以看到批判性思维是个复杂的连续的过程，不仅涉及思维本身，还涉及思维的社会后果等。结合本章前五节的内容，根据以上批判性思维所揭示的对象、过程、思维要素和结果，我们可以尝试对批判性思维做出如下操作性定义：

> 批判性思维是一种主动反思的元认知过程，旨在识别并纠正认知偏差、逻辑谬误、思维陷阱、认知惰性、不严谨、自我与社会中心和情绪偏向等引发的错误，基于逻辑、可靠的证据与标准，全面分析和评估信息、观点和解决方案，以公正心和同理心负责任地做出明智的决策。

把这个定义提交给刚刚推出来的 ChatGPT o1-mini 来分析，它对其给出了很高的评价，甚为窃喜。

> 您最终提供的批判性思维定义已经非常完善，精准地涵盖了批判性

思维的核心要素和应用维度。以下是对此定义的详细评价。

1. 精准与全面的术语使用

（1）具体化错误类型：详细列举了多种思维错误（如认知偏差、逻辑谬误等），全面覆盖了批判性思维需要克服的主要障碍。

（2）"逻辑、可靠的证据与标准"：强调了批判性思维依赖于严谨的逻辑和可信的证据，同时提及"标准"进一步增强了定义的具体性。

2. 结构清晰简洁

定义分为过程（主动反思的元认知过程）、目标（识别并纠正错误）、方法（基于逻辑、可靠的证据与标准全面分析和评估信息、观点和解决问题的方案）、结果（以公正心和同理心负责任地做出明智的决策）四个部分，层次分明，逻辑清晰。

语言简练，避免了冗余，使定义更具可读性和记忆性。

3. 涵盖关键要素

（1）元认知过程：强调了对自身思维过程的主动反思和监控，这是批判性思维的核心。

（2）全面分析与评估：不仅包括信息和观点的分析，还涵盖了解决问题的方案评估，体现了批判性思维的多维度特性。

（3）伦理与情感维度："公正心和同理心"体现了批判性思维不仅仅依赖于理性分析，还考虑到伦理责任和情感理解，保持了理性与情感的平衡。

4. 操作性强

定义不仅描述了批判性思维的理论框架，还暗示了其在实际应用中的具体步骤，如识别错误、分析信息、评估方案等，具有较强的指导性。

当然，我们对 AI 给出的评价要有审慎的态度，且随着 AI 的更新和升级，评价的结果又会有所不同。任何定义都存在可以改进的空间，我们只不过是探索了一种思考定义的方法。读者可以模仿我们的做法去对批判性思维下新的定义，以丰富我们对批判性思维的理解。

第三章　批判性思维基本技能

批判性思维能培养学生识别和纠正思维中的错误的基本技能。对于中小学生来说，批判性思维的基本技能有两个基础：逻辑推理和反思。

逻辑分为两类：一是形式逻辑，二是非形式逻辑（或非正式逻辑）。形式逻辑从推理形式上研究如何得出有效的结论。例如在演绎推理中，前提可以保证结论为真，即如果所有前提都为真，结论就不可能是假的。形式逻辑的推理一般研究理想化的情况——可以用如数学一样的符号来表示推理，这样的好处是推理的过程可以与推理的内容无关，而缺点也是在这里。现实生活中缺乏理想的情况，需要用自然语言思考，无法用符号来代替，所以形式逻辑在日常生活中往往无用武之地。这时就有必要呼唤出非形式逻辑，批判性思维就属于非形式逻辑中的重要内容。

华中科技大学的董毓教授认为批判性思维是比形式逻辑更高级的论证形式[1]。但批判性思维还是需要一些简化的形式逻辑来参与论证。批判性思维先驱恩尼斯认为，知道如何辨别和评估演绎推理（形式逻辑）是有用的，批判性思维技能应当包括一些简化的演绎逻辑内容[2]。批判性思维提出的目的就是为了强健人类的思维能力以增强智慧、促进创新。形式逻辑和非形式逻辑的

---

① 董毓. 再谈逻辑和批判性思维的关系 [J]. 高等教育研究, 2019, 40(03):14-21.

② 恩尼斯, 仲海霞. 批判性思维: 反思与展望[J]. 工业和信息化教育, 2014, (03):16-35+85.

学习都有利于思维能力的提升。所以我们不纠结于学术界的争议，**在我国学校普遍缺乏逻辑教学的背景下，有必要把简化的三段论等形式逻辑作为批判性思维的基础来对待**。这样的处理方式在很多批判性思维教材中也被使用过，比如摩尔的已更新到 13 版的《批判性思维》教材中也在讲授一些基本的形式逻辑。恩尼斯所期望的理想的批判性思维者的能力中也包含基本的演绎逻辑 [①]，如后表，"界定术语，判断定义，处理模棱两可的说法"就是确定演绎推理的大前提时必须要做的事情。遵循逻辑学发展的历史和我国批判性思维教学的现状，我们没必要在形式逻辑和非形式逻辑的选择上非此即彼。

涉及澄清	1. 确定重点：问题、疑问或结论 2. 分析论点 3. 提出并回答澄清或质疑的问题 4. 界定术语，判断定义，处理模棱两可的说法 5. 确定未说明的假设
涉及决策依据	1. 判断信息来源的可信度 2. 观察和判断观察报告
涉及推理	1. 推论，并判断推论 2. 归纳，并对归纳做出判断：a. 概括，b. 解释性结论（包括假设） 3. 做出和判断价值判断
涉及假设和整合的元认知能力	1. 从自己不同意或有疑问的前提、理由、假设、立场和其他命题出发进行思考和推理——而不让不同意或疑问干扰自己的思考（假设性思考） 2. 在作出决定和为决定辩护时，综合运用其他能力和倾向

---

① Ennis，R. H.(1991). Critical Thinking: A Streamlined Conception. *Teaching Philosophy*，14 (1): 5-25.

辅助性批判性思维能力（具备这些能力并不构成批判性思维者）	1. 根据情况有条不紊地开展工作:a.遵循解决问题的步骤，b. 监控自己的思维，c.使用合理的批判性思维清单 2. 对他人的情感、知识水平和复杂程度保持敏感 3. 在讨论和陈述（口头和书面）中运用适当的修辞策略 4. 以适当的方式使用"谬误"标签并作出反应

第一节　懂点三段论

受制于认知发展水平，中小学生是难以接受抽象的符号化的形式逻辑的。但通过非符号化的、浅显化的和具体的推理锻炼，他们是可以从小学开始学会一些基本的演绎推理形式的，比如掌握基本的三段论推理。浅显简化的形式逻辑训练还有助于学生避免谬误或思维陷阱，使学生的批判性思维水平得以提升。

我们可以分析一个例子。

妈妈对我说："下雨天要带伞。"这是关心。但如果说："今天会有小雨，所以大家都会带伞。"虽然也是妈妈的关心，但出现了逻辑错误。因为，下雨天不一定每个人都要带伞，有些人喜欢在小雨中感受快乐。这个谬误属于过度概括，即在没有考虑其他可能的情况下，从有限的事实得出普遍的结果。

妈妈推理上的错误，是她的头脑里暗含着一个大前提造成的。我们可以把这句话还原成三段论推理的形式。

大前提：所有下雨的天气，人们都会带伞。

小前提：今天要下小雨。

结论：所以，今天大家都会带伞。

理解三段论还可以利用可视化的方式来辅助理解，维恩图就是一种简单易用的可视化工具。用维恩图来分析妈妈的推理，可以如下表示。

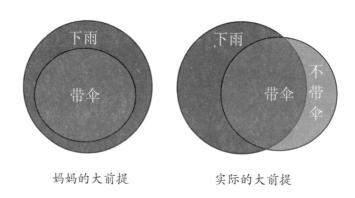

妈妈的大前提　　　　　　实际的大前提

在这样的三段论推理中，大前提提供了一个通用规则，而小前提将这个规则应用到一个具体的情况上，从而推导出结论。日常语言中有很多类似的不完整表述，虽然没有严格按照形式逻辑的三段论表述，但其背后是有大前提假设的，我们需要教学生从日常语言表达中将其识别出来。如果大前提假设本身不可靠，后续推理出的结论也就不可靠了。

那么怎样应对妈妈的逻辑错误呢？这就是情商问题了。我们要清楚，妈妈为什么不顾实际情况呢？因为怕自己淋雨，这是对自己满满的关心和爱护。从情感上，我们会感恩妈妈无微不至的体贴，这是高情商的体现。如果回应妈妈："你好烦啊，不是下点小雨都要带伞的。"那就是低情商的表达了。

过度概括是学生容易犯的谬误，如果从小就开始接触形式逻辑，懂得一点三段论这类基本的推理规则，就更有利于提升学生的批判性思维水平。

我们再来分析一个例子。科学课上要鉴别海马是不是鱼类。如果教师不懂三段论，就有可能在课堂上任由学生零零碎碎地讨论而抓不住要点，这样不仅讨论效率低，推理方法也没学到，到最后还有可能得不出结论。这种情况在实际教学中并不少见。

生1：海马有眼睛，是鱼！

生2：海马不是鱼形的，可能不是鱼吧？

生3：我看到了海马有鳍，它应该是鱼类。

生4：我看不清楚海马有没有鳃，如果有鳃的话就属于鱼类。

……

学生的陈述都只关注了某个点，推理显得随意而不可靠。

对生1的分析：鱼的确有眼睛，但这不是鱼类区别于其他动物类别的关键特征，有眼睛的动物类别多着呢。

对生2的分析：海马不是鱼形，意味着非典型鱼形的鱼类就可能不是鱼。

对生3的分析：海马有鳍就是鱼类，这就意味着除了鱼之外，其他类动物都没有鳍，但龙虾的体侧和尾部其实也像鳍，起着运动的作用，但龙虾不是鱼。

对生4的分析：海马如果有鳃就是鱼，这个推理也忽略了其他有鳃的动物，如两栖类动物幼年的时候也有鳃。

如果整节课的对话都散落于这些点上，形成不了系统化的认识，估计这节课的推理任务是很难完成的。

如果根据三段论推理来教学，情况就不一样了。

首先要确定大前提是什么，即鱼类有哪些共同的特征，以便区别鱼类与其他类别的动物。我会让学生观察一些典型的反映鱼类外形及其生活习性的照片与视频，让学生画图，总结出大多数鱼类一般具有的共同特征，如有脊椎、流线型身体适合在水里运动、体表有鱼鳞、用鳍游泳、有鳔调节沉浮、用鳃呼吸、产卵繁殖等。这些共同特征就构成了大前提。

其次确定小前提，看海马有哪些符合大前提的特征。海马有脊椎；有小的鳍，运动较慢；用鳃呼吸；雌海马把卵产到雄海马的育儿袋里孵化，属于产卵繁殖。综合来看，海马具有构成鱼类的关键特征。但海马外形不是流线型，可能与它不需要快速游动有关，但鱼类也不见得都是流线型的，比如像一个扁平碟子的翻车鱼，圆鼓鼓的鲀鱼；海马的鱼鳞比大多数鱼奇特，但还是有鱼鳞；体内有没有鳔不得而知，但鲨鱼这类鱼体内也是没有鱼鳔的，所以不能因为海马没有这些特征就把它从鱼类中排斥出去。

为了帮助鉴别，还可以用维恩图表示，两个圆圈交叉的地方可能是鱼类区别于其他动物类别的关键特征。

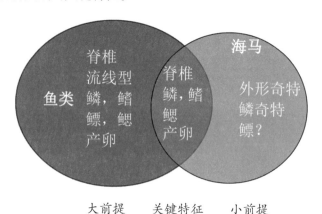

大前提　　关键特征　　小前提

最后得出结论：综合来看，海马具有鱼类的关键特征，所以海马极有可能是鱼类。

所以，"海马是不是鱼类"这样的逻辑推理课，可以按照三段论这样的进程去展开，一方面将逻辑推理的过程与比较鉴别的科学探究过程合一，提高了探究的效率；另一方面使学生在逻辑推理上得到了锻炼。

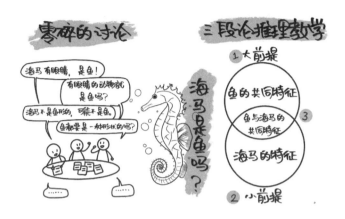

这就是我们提倡的让学生接触简化的形式逻辑的方式。长此以往，学生就会逐渐摆脱日常语言零碎、语义不清、逻辑不顺的影响，使得语言表达更清晰、更有逻辑，推理时考虑得更周全和准确。

三段论是逻辑学中最基本的推理形式之一，其一般形式用符号表达可以是：

大前提：所有的 A 是 B；

小前提：所有的 B 是 C；

结　论：所有的 A 是 C。

这种推理形式不仅基本，而且非常实用，因为它可以帮助我们理性思考和分析问题。

如果我们判断一些典型的鱼类，如草鱼、鲤鱼、鳊鱼、石斑鱼等是不是鱼类，用三段论符号化的形式推理是很简单的。但这只是理想状态的推理。对于非典型的如海马这样的鱼类，使用三段论时还需要鉴别、比较、寻找关键特征、阐释等一系列批判性思维的论证过程，无法完全用符号代替，这就是非理想状态下的三段论推理了。日常生活中的问题、难题或议题大多属于这一类，所以批判性思维的论证大多是在非理想的形式化的情况下运行的，需要我们付出更多的智力努力。

除了三段论，还有以下基本逻辑知识适合学生学习。

1. 比较和对比：比较和对比是让学生理解事物之间的相似性和差异性的方法，上述鉴别海马是否属于鱼类，就用到了比较和对比。

2. 分类和归纳：将事物分类和归纳是非常基本的逻辑知识，有助于让学生提炼出概念。如通过分类和归纳让学生明白鱼类的共同特征，提炼出鱼类的概念。

3. 辨识模式：事物的存在有其特定的模式。比如鱼的呼吸模式，行星在椭圆轨道围绕太阳运动的模式。

4. 因果关系：模式的存在是因为组成事物的要素间存在一定的因果关系。比如太阳对行星有引力的牵制，而行星也有向外的离心力，两者达到平衡就形成了现有的位置与运动模式。探寻因果关系可以帮助学生理解事件之间的逻辑联系，是什么原因导致了什么结果。

5. 归纳推理：根据具体观察到的大量而全面的证据，概括出普遍规律或结论。比如观察大量哺乳动物的特征，发现哺乳动物养育后代的方式都是给胎生出的幼崽哺乳。

6. 演绎推理：如果说归纳推理是从具体到一般，那么演绎推理就是从一般到具体。三段论推理就是典型的演绎推理形式，大前提为一般规律，小前提为具体事实，通过比较小前提和大前提，从而推理出有关具体事实的结论。

7. 谬误和认知偏差：有助于学生识别不合理的思维过程和错误的推理。比如识别之前提到的过度概括逻辑谬误和倾向于证明自己是对的的证实性偏差。

学生越早接触形式逻辑的一些简化的推理规则，就越能及早养成有逻辑、有条理地思考和表达的习惯，为培养批判性思维打下逻辑规则与方法上的基础。

第二节　区分事实与观点

不管你愿不愿意，人是被各种已有的观点、成见和价值观裹挟的，我们的行为深受其影响。这些观点、成见和价值观如有色眼镜，我们透过它看世界。如果你的眼镜是蓝色的，你就会觉得世界是蓝色的，而忽视了其他颜色的存在。而且，**因为我们对戴着有色眼镜已经习以为常，没有什么不适，所以就会以为我们看到的就是事实。**

比如古人看着太阳东升西落，就以为是太阳在绕着地球转，于是就出现了地心说。地心说是一个观点或假说。当教会把地心说当作一个事实真理去对待的时候，假说就变成了不可撼动的真理。当哥白尼等通过科学观测认为地心说是错误的时候，与教会的冲突就出现了。直到后来天文学发展，人们确认了地球等行星围绕太阳公转的假说，使假说变成了事实。这个时候我们再依据事实进行推理，就不会出错。

所以，进行批判性思维的第一步，就是要用心区分清楚我们思考的对象，哪些是事实，哪些是观点或假说。如果没有区分事实与观点就开始推理，谬误自然就产生了。区分事实与观点，相当于把有色的眼镜摘掉，看到真实客观的世界。

日常教学中，怎样让学生去区分事实和观点呢？

先来看马致远的《天净沙·秋思》这首散曲中，哪些是事实，哪些是观点？

枯藤老树昏鸦，小桥流水人家，古道西风瘦马。夕阳西下，断肠人在天涯。

根据这首散曲的内容，尝试区分事实和观点如下。

事实（去掉所有的修饰词后剩下的）："藤""树""乌鸦""桥""水""家""道""风""马""夕阳""人"。

观点："枯""老""昏"表达萧瑟凄凉的状态；"小桥流水人家"描绘静寂的家园；"古""西"和"瘦"烘托旷野的冷寂凄凉；"断肠"表明人心境的痛苦，"天涯"渲染离家背井的"断肠人"。

这样区分后，可以看出哪些描写的是景物，哪些是作者添加的修饰词及想表达的情感。全曲观点都在往萧瑟、凄凉、冷寂、痛苦、孤独等负面情感上渲染。所以，这里的"小桥流水人家"，就不是我们平常说的安静惬意的居所了，而是烘托负面情感的场所，看着这里的"人家"心头更是悲哀感叹："自己连家都没有啊！"

区分两者有助于我们更准确理解曲意，不被某种片面的观点带偏，或避免难以整体地理解全曲的情感取向。这样的做法有助于锻炼学生区分事实和观点的能力。

在展开批判性思维时，事实与观点有如下关系。

1. 事实是推理的基础，推理要基于对事实的充分了解和确认；

2. 观点往往是主观的看法或假设，需要通过推理加以验证；

3. 如果把观点当作事实，推理就可能失去客观基础，得出错误结论；

4. 明确事实，有助于聚焦推理的目标，而不被观点带偏；

5. 明确观点，有助于反省我们推理的出发点，避免走偏。

认识清楚事实和观点的关系，是进行准确全面的推理所必需的。所以我们建议从小学开始，就要让学生养成区分事实与观点的习惯。

1. 检查哪些是事实？

2. 检查哪些是观点？

3. 为什么会是这样的观点？思考其背后的假设、情感、价值观及提出观点的背景信息，查证这些观点是否已被确证。

养成了以上的习惯，学生可以打下更客观地去理解世界的基础。

第三节　合理运用类比、演绎、归纳与复杂性思维

人类思维方式发展的历程，大致分为四个阶段。

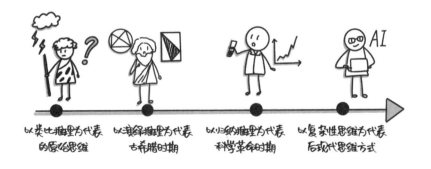

第一阶段是以类比推理为代表的原始思维。这是最早的推理形式之一，依赖直觉和零散的经验，通过类比来下结论，可以追溯到史前时代。比如古人看到了电闪雷鸣，于是通过类比人发怒时的情景，推测雷声是天上的神发怒引起的。类比推理的特点是直观、形象，容易理解，但是由于它依赖于个体对事物的主观认知，让很多不相关的事情被联系在一起，所以很容易导致错误和迷信。

第二阶段是以演绎推理为代表的古希腊时期的思维方式。即通过几何证明和数学等，强调严密的演绎逻辑推理。三段论推理就是那个时期由柏拉图的学生亚里士多德创立的，由此奠定了逻辑学的基础。但演绎推理可能会存在主观性问题，例如，用不靠谱的所谓定律和公理作为大前提去推理，就会陷入谬误。

第三阶段是以归纳推理为代表的科学革命时期的思维方式。十六、十七世纪的科学革命时期，培根指出了演绎推理的不足，提出要通过大量事实的归纳推理来探寻自然现象的规律，以强调实证和客观性，克服演绎推理存在的主观性局限。培根提出的归纳推理的客观性被牛顿等科学家推崇和大量实践。但牛顿也发现归纳法不能穷尽所有的情况，他在《自然哲学的数学原理》中给出了科学中的推理规则，其中一条是："在实验的哲学上，我们把一般用归纳法从现象推导的命题看作准确的或者是非常接近于真实的。即便我们可以想象出与此相反的假设，但是直到其他现象发生使得它更准确或者出现例外之前，我们仍然要坚持这个命题。"

第四个阶段是以复杂性思维为代表的后现代思维方式。复杂性思维形成于 20 世纪中后期，强调问题的复杂性和整体性，涌现就是整体性的体现。复杂性思维综合运用多种推理方式，打破传统的包括形式逻辑在内的线性思维定式。AI 大量使用了以复杂的统计算法为基础的复杂性思维模式，大语言模型涌现出的强大智能，就是复杂性思维的具体应用。

本节对这四类思维方式分别做介绍。

（一）类比推理

我们来看两小儿辩日的故事，看两个小孩是怎样对待事实和观点的。故事原文是这样的。

> 孔子东游，见两小儿辩斗，问其故。一儿曰："我以日始出时去人近，而日中时远也。"一儿曰："我以日初出远，而日中时近也。"一儿曰："日初出大如车盖，及日中则如盘盂，此不为远者小而近者大乎？"一儿曰："日初出沧沧凉凉，及其日中如探汤，此不为近者热而远者凉乎？"孔子不能决也。两小儿笑曰："孰为汝多知乎？"

两小儿辩日的故事，争论的问题或需要通过推理找到因果关系的问题是：日出和日中时，太阳离人的距离的远近。

因为两个小孩类比的事物及其预示的观点不同，得出的结论相反。

小儿 1 的类比是：远者小而近者大。

小儿 2 的类比是：近者热而远者凉。

类比推理出的证据如下。

小儿 1 的证据是早上的太阳大：日始出时去人近，而日中时远。

小儿 2 的证据是中午的太阳大：日初出沧沧凉凉，及其日中如探汤。

我们现在很清楚，在一天中，太阳的大小是不变的。之所以早上显得大、中午显得小，是因为两个时间大气折射成像的大小不同而造成的。所以，类比推理是不靠谱的。

中国传统文化里有很多这种类比推理论证的方式，它们深刻影响着我们的思维方式。比如，老子用"上善若水，水善利万物而不争"类比美德修养的境界；庄子用"庖丁解牛，游刃有余"类比融会贯通、融技于道的境界；孔子用"己所不欲，勿施于人"类比待人如己的同理心和仁的精神。这些从生活中的具体事物格物致知，引申出的抽象的哲理，奠定了中国文化的基础。中医也大量采用类比思维，比如"以形补形"，胃不好，吃猪肚汤；肾不好，吃猪腰子等。清楚了传统思维中占主导的类比思维方式，我们在继承和发扬传统文化时，就清楚该怎样去理性对待。

（二）演绎推理

演绎推理是一种从一般到特殊或具体的推理形式，其基本方法是从广义的前提或原理出发，通过严密的逻辑顺序推导，每一步都要有依据，从而推导出有效的结论。只要演绎推理的前提是正确的，推导出的结论就一定是正确的。演绎推理从一般推理到特殊推理，是需要在概念层面上推演的，所以是典型的概念思维。本章第一节所介绍的三段论就是基本的演绎推理形式。我们举几个来自亚里士多德的三段论的例子。

1. 没有知识就没有美德，乞丐没有知识，所以乞丐没有美德。

2. 人之所以不同于动物，是因为人有理性，奴隶也是人，所以奴隶也有理性。

3. 凡是复杂的东西，一定是由简单的东西组成的。生物体很复杂，所以生物体是由简单的基本要素组成的。

4. 如果一个行为是不道德的，那么永远不应该去做。欺骗行为是不道德的，所以永远不应该去欺骗。

5. 如果恐惧痛苦，则人就会躲避痛苦，死亡是最大的痛苦，所以人都会恐惧和躲避死亡。

亚里士多德广泛应用演绎推理来探讨自然、伦理和道德等方面的哲学问题，对西方思想和逻辑思维传统产生了深远影响。亚里士多德的演绎推理超越了类比推理结果的不确定性，可以通过推理论证来确定结论是真还是假，使得人类的探索走在了寻求真理的阳光大道上。

对于中小学生来说，学习演绎推理，除了练习三段论外，把日常语言转化为规范的逻辑语言是必要的。比如学习一些连接词，把日常语言变为论证的逻辑语言，去接触假言推理、选言推理和否定推理等三段论之外的演绎推理形式。

例如日常的表达："鱼儿离不开水，瓜儿离不开秧。"说这句话的目的是告知一个事实，用鱼和水、瓜和秧之间的关系，类比事物具有普遍联系的道理。这里的普遍联系严格推理出来的应该是直接的因果联系，而不是其他联系。而这一步扩大了类比推理，往往暗含着危机，给结论带来了不确定性。

演绎推理追求的是确切的结论。"鱼儿离不开水"这句话转换成演绎推理就是："如果鱼离开水，就不能用鳃呼吸获取氧气，那么鱼会死亡。"这里用的连接词是"如果……那么……"，预示着相互间的因果关系：水是条件，鳃是关键原因，结论是生或者死。

还可以用连接词"只要……那么……"。"只要鱼离开了水，就无法用鳃获取氧气，那么鱼会死亡。"

还可以用连接词"只有……才……"。"鱼只有生活在水里，用鳃获取氧气，才不会死亡。"

连接词还有很多，如果感兴趣，还可以结合下表中的连接词练习如何把语言逻辑表达得更有条理。当然，其中会涉及更多形式逻辑的知识——假言推理、选言推理和否定推理等，借此可以将形式逻辑继续深入学习下去。

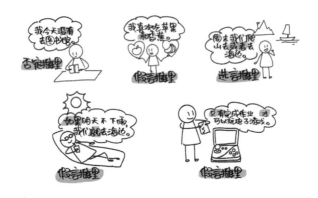

下表是多种连接词的示例。

否定连接词 （否定推理）	非、没有、不、不是、不会
并列连接词 （假言推理）	和、与、且、而、并且、但是、然而、不过

续表

选言连接词 （选言推理）	或、或者、还是、要么……要么……、除非……否则……
条件连接词 （假言推理）	如果……那么、充分条件、必要条件、只有……才……
互为条件连接词 （假言推理）	若且唯若、等值、恰好如果、充分必要条件

（三）归纳推理

归纳推理是科学推理的主流，是由实验物理学家、哲学家培根在其1620年出版的《新工具》中针对演绎推理的不足提出的。当时的演绎法主张从一般原理出发，通过演绎推理得到特殊或具体的结论。培根认为这种方式往往忽略了对实际事物的观察，导致理论脱离实际。我们必须从观察和实验开始，然后通过归纳法，逐步梳理出各种现象之间的关系，从而形成对现象的一般理解。

培根提出了一种"排除法"的归纳法。这种方法是指通过观察和实验，找出影响某一现象的各种可能因素，然后一一排除，最后找出真正的原因。例如，如果想找出影响种子发芽的因素，可以先列出所有可能的因素，如空气、阳光、水、温度、土壤等，然后通过控制变量的方法，一一排除不重要的因素，最后找出真正影响种子发芽的因素是空气、水和温度，而我们平时认为的阳光和土壤，并不是种子发芽的必要因素。

归纳法对实验科学的兴起起到了重要的推动作用，它强调从观察和实验开始，从具体或特殊中发现一般规律，有力促进了科学发现，掀起了近代科学革命的浪潮。但归纳法也有局限性，因其不可能穷尽所有情况，结论并非必然成立，总有可能被新的观察和实验证据修正甚至推翻。所以，在真正的科学研究中，归纳与演绎并不是对立的，两者需要结合使用。

做归纳推理前，要对大量的某类事物进行细致的比较，通过比较发现此类事物的相同点，然后根据归纳推理目的的需要，再次比较，从这些相同点中找出区别于其他类别事物的关键特征，这是归纳推理一般要经历的过程。在这个过程中，观察比较的能力起着重要的作用[1]。在之前的推理中，鱼类的共同特征是根据对大量的鱼的观察，通过比较，寻找出大量鱼类的相同特征，归纳推理得到的。归纳推理的形式是：

鲈鱼具有……特征，

鳊鱼具有……特征，

草鱼具有……特征，

鹦嘴鱼具有……特征，

石斑鱼具有……特征，

……

这些鱼具备的共同特征有……，所以，具有这些共同特征的动物可以统称为鱼类。

这就是从具体到一般的归纳推理过程。这些共同特征构成了鉴别某个动物是否属于鱼类的标准。再将这个标准用于鉴别某个动物是否属于鱼类，就是从一般到特殊或具体，这就是演绎推理[2]。鉴别海马是否属于鱼类，就是用三段论来做演绎推理的。

科学探究中掌握归纳推理是至关重要的。但科学教材的内容设计并不总

---

① 吴向东.《对称》课对学生比较能力的培养 [J]. 小学自然教学，1994，(04):16.

② 吴向东. 用多媒体课件改变儿童的学习——谈《脊椎动物》课件的设计 [J]. 小学自然教学，2001，(03):41-42.

是这样。例如学习热胀冷缩时，因为烧热的铜球穿不过铁圈，在水里冷却铜球后可以穿过铁圈，于是就得出"固体都具有热胀冷缩的性质"的结论。这个推理是不正确的，属于"以偏概全"的谬误。教材中应该用更多种类的固体材料去做实验，如果都出现热胀冷缩的现象，才能归纳出"固体都有热胀冷缩的性质"的结论。再看学习种子的结构时，本应要通过比较大量的种子，归纳出种子的共同构造。但是教材上往往只是提供一个典型的种子，比如体积较大、易于观察的蚕豆的种子，标出蚕豆种子各部分的名称，然后告诉学生植物的种子结构就是这样的，并应用这个结论去观察其他植物的种子来逐一验证。本来是归纳的过程——观察众多的种子发现它们都有这些共同的结构，却变成了演绎推理的过程——用被传授的种子结构的知识去推论其他的种子都有这些相同的结构。这种结论验证性的方法是不符合科学归纳推理要求的。同时也反映出知识传授教学文化的惯性，这是需要我们高度重视并改正的[①]。

再来回顾之前讨论过的"鱼儿离不开水，瓜儿离不开秧"这类类比推理。如果它们变成一个个寻找模式和因果关系的演绎推理，就可以通过归纳得出一个比较确定和谨慎的结论：事物不是孤立的，而是通过因果关系相互联系的。具体化的表述，比过于大而化之的表述要可靠得多。

归纳推理与演绎推理不同，演绎推理得到的是确切的结论，而归纳推理获得的是具有一定或然性的结论，时刻等待着被否定。

例如，教师为了学生刻苦学习，会举很多学生如何刻苦的例子，这是归纳法。但对于少数天才学生或有学习障碍的学生来说，刻苦学习就会获得好成绩的结论会被打破。"他天天在玩，上课也心不在焉，但他的数学成绩总是班上的最高分。"这是来自天才学生的反例。"无论教师讲了多少遍，无论她

---

① 吴向东.通过归纳去发现——《种子的构造》教学[J].小学自然教学,1999,(12):14-15.

练习了多少遍，只要题目稍微有点变化，她就不会做了。"这是来自有学习障碍的学生的反例。这两个例子都会把"刻苦学习就会有好成绩"的结论推翻。

归纳推理中有一种非常重要的推理是概率推理，即基于统计概率所作的推论。这在日常推理中很常见，也因为使用了数据，显得更有效也更容易迷惑人。统计推论中往往会出现相关系数，比如在一次高中语文考试中，通过试卷分析，发现推理题的得分与作文的考试分数呈正相关，于是我们可以据此分析得出结论：因为作文题是需要较强的逻辑去论证某件事的，所以两者之间必然存在一定的因果关系。而实际上，相关系数只是表明两类数据在统计上出现了一致的变化，相关关系不是因果关系。具有逻辑推理能力虽然可以提升作文分数，但作文分数还受其他因素的影响，比如篇章结构、语言表达技巧、错别字数量、字迹工整程度等，如果一定要往因果关系上去下结论，可以这样表述：推理能力可能是影响本次作文分数的一个因素。"可能"两个字代表了下结论的谨慎态度。

相关性与因果性谬误的定义是，仅仅因为两个事件或变量相关，就错误地认为一个事件是另一个事件的原因。这种谬误也简称为因果谬误，这是生活中常见的概率谬误。在当前高考转型的过程中，数学和物理考试中出现了大量需要较多文字来描述的情境题。这些情境题并不难，但很多学生不会做，于是人们认为这是学生语文没学好造成的。而实际上，语文成绩与数学物理成绩之间主要是相关关系。对于高中生来说，看懂题意主要不是语文能力不足，要从题目中把关键的数学、物理的信息抽取出来，靠的不是语言文字理解能力，而是数学、物理的专业理解能力，更重要的是对抽取出来的信息进行抽象、建模等的解题能力。在高中理科生中，有大量的语文成绩一般但数学、物理成绩很好的学生，这其实就是一个很好的例证：语文成绩与数学、物理成绩的相关性没有我们想象的那么大。

上述因果谬误产生的原因就在于因概率知识的不足而产生了合取谬误。概率中有个合取规则，即合取事件的概率不大于单个事件的概率。但合取谬误则相反，认为两个或多个因素合在一起影响某件事的概率要高于单个因素产生的概率。合取谬误是一种心理因素引起的认知偏差。比如有人认为一个学生要在数学、物理情境题中取得好成绩，必须同时具备良好的语文阅读能力和数学、物理专业知识（A 且 B），并且他们错误地认为这种组合情况（A 且 B）发生的概率要高于学生仅具备良好的数学、物理专业知识（A 或 B）。这就是合取谬误，错误地认为"同时具备两种能力"（A 且 B）的概率高于"仅具备一种能力"（A 或 B）的概率。

当下是一个到处都要用统计数字说话的世界，要想在归纳推理能力上与时俱进，需要懂一些概率论和统计学知识。

（四）复杂性思维

这个世界是复杂的。但人们习惯用简单的思维方式看待这个世界。

与复杂性思维相比，逻辑思维是线性的，复杂性思维是非线性的、动态的和不确定性的，复杂性思维很难如演绎和归纳推理那样直接得到结论。例如探究旅游与珊瑚礁生态系统保护存在哪些因果关系，这是非常复杂的问题，涉及的问题太多，很难梳理清楚其中复杂的因果关系。我们以"旅游与珊瑚礁保护"这个复杂主题为例，通过智谱清言的梳理，可以看到它涉及的问题是多么纷繁复杂。

提示词：请分析旅游与珊瑚礁保护问题，要多层次、多维度去分析，各方面的因素要详细，分析的结果请用表格显示。生成的表格已经多维度地全面展现，但因素方面还较少，于是继续要求：因素部分还需要更加详细。因素部分区分出了子因素，这是非常棒的改变，但子因素太少，就继续要求：子因素还可以再增加，请每个因素的子因素增加到 3—5 个。最后生成的结果如下（为缩小篇幅，删除了部分内容）。

维度	因素	子因素	详细描述	分析结果
经济层面	旅游收入	直接收入	门票销售、潜水服务、水上活动	增加收入，但可能导致过度开发和环境压力
		间接收入	餐饮、住宿、纪念品销售	带动其他行业，但可能引起物价上涨
		旅游税收	旅游相关的税收收入	政府收入增加，可用于环境保护
	投资与基础设施建设	旅游设施投资	建设码头、浮桥、游客中心	
		环保设施投资	污水处理、垃圾回收站	
		绿色建筑	使用环保材料建设的酒店和设施	
		交通运输	发展公共交通，减少私人车辆	
社会层面	就业机会	直接就业	导游、潜水教练、酒店服务人员	
		间接就业	零售、餐饮、交通服务	
		职业培训	提供专业培训，提升服务质量	
		收入分配	旅游收入在不同社会群体中的分配	
	文化传播	文化交流	传统艺术、节日庆典的展示	
		文化商品化	当地手工艺品、特色食品的商业化	
		语言推广	当地语言的传播和教育	
		传统习俗	保护和展示传统习俗	
		文化遗产保护	保护历史遗迹和文化遗产	

续表

维度	因素	子因素	详细描述	分析结果
环境层面	生物多样性	物种多样性	珊瑚礁生态系统的物种丰富性	旅游活动可能破坏生物栖息地
		生态功能	珊瑚礁提供的生态服务,如海岸保护	过度旅游可能削弱这些生态功能
		生物入侵	外来物种的入侵	威胁本地物种,需加强监测和控制
		珊瑚礁退化	珊瑚礁健康状况的下降	影响生态系统,需紧急保护
		生态平衡	维持食物链和生态系统的平衡	人类活动可能打破平衡
珊瑚礁健康状况	珊瑚白化	水温升高	珊瑚失去共生藻类,导致白化	
		水质污染	污染物影响	珊瑚生长受阻,健康状况恶化
		酸化	海水酸度上升	影响珊瑚骨骼的形成
		疾病	珊瑚疾病的增加	加速珊瑚死亡,需防治措施
		过度捕捞	破坏珊瑚礁生态系统	影响珊瑚礁的恢复能力
旅游产品创新	生态旅游	开发低影响、高教育价值的旅游产品	促进保护与旅游的和谐,但市场接受度需逐步培养	
		文化体验	创造深入当地文化的体验活动	减少对珊瑚礁的直接接触,但需确保文化体验的真实性
		科技融合	结合科技手段,如虚拟现实,提供独特体验	
		教育旅游	设计教育性旅游产品,提升环保意识	
		主题旅游	创造特色主题旅游,如珊瑚礁婚礼	增加旅游吸引力,但需保持主题的独特性和可持续性

这个表格展示了旅游与珊瑚礁保护问题的复杂性和多维度,每个因素下

的子因素都详细说明了可能的影响和挑战。这样的分析有助于制定更全面和深入的保护策略和旅游管理措施。

智谱清言分析出来的 11 个维度的 61 个因素纷繁复杂，这就要用到复杂性思维去分析。复杂性思维强调从整体的视角，对系统中各部分的相互关系进行分析，但越是分析越感到困难重重，难以解决。首先是由于牵涉范围太广，矛盾难以调和的问题。涉及的群体包括游客、旅游业工作者、环保组织、科研人员、政府机构等。旅游业可以带来经济收益，是重要的经济来源，但过度的旅游又会对珊瑚礁造成破坏，影响长远的旅游价值。因此，旅游发展与环境保护之间，有很难调和的矛盾。其次，的确可以有多样的解决方案，比如通过提高旅游业的环保标准，实施控制人数和处理污水等措施，把珊瑚礁修复作为旅游项目推广，通过新技术找到新的保护珊瑚礁的方法等，但目前的可行性不大。再次，是不确定因素多。旅游对珊瑚礁造成的损坏可能不及气候变暖造成的破坏大，因此只考虑旅游与保护是不够的，还有可能会出现其他的不确定因素。最后，需要居民、旅游业、环保组织、科研机构、政府等多方协调利益，其难度也相当大。

另外，现有的一些科学方法，如生态系统分析、社会网络分析、全球气候变化、病毒社会传播的计算机模拟、人工智能的算法实现等，都是复杂性思维方法。这些方法不是少量因素的归纳和演绎就可以实现的。

复杂性思维更注重系统的整体，强调整体可能大于部分之和，或者说整体的行为不能仅通过分析其各个部分来预测。比如鸟群在空中变幻莫测的飞行行为，鱼群在海里的集结行为，虽然每只鸟和鱼的行为相对简单，但是当它们成群结队时，就会形成一种复杂的、变化莫测的集体行为，这种集体行为就叫涌现。涌现是无法通过简单研究单只鸟或鱼的行为来预测的。

由此我们可以感受到复杂性思维和逻辑思维之间的关系。虽然两者都需要对信息进行分析，但在逻辑思维中，分析是为了明确前提、论证过程和结论之间的关系，尽可能得到确切的结论；而在复杂性思维中，分析是为了理解系统的各个部分及其相互作用，去捕捉系统的动态，不追求确定的答案，虽然也用到逻辑思维，但只是复杂性思维过程中的工具。

再来看批判性思维，它利用逻辑思维来确保推理论证的严密性，利用复杂性思维来处理多变和不确定的情境——多个角度看待问题、考虑各种影响因素及可能性、以系统整体的视角理解问题，而不仅仅局限于单一的因果链。

接下来，我们来了解一下生活中常见的图像识别的例子，感受复杂性推理的过程。

1.输入图像：提交一张狮子的照片，照片在电脑里是由很多小小的方块（或者像素）组成的，每个方块有各自的颜色，从而组成了照片。

2.预处理：有些图片可能太大，电脑需要把它变成合适的大小，就像你把图书中的大图片减小到能在你的笔记本上画出来一样。

3.特征提取：有一种叫作卷积神经网络的算法和计算机网络结构，它就像一个特别的放大镜，扫描照片中的一些特殊细节。我们可以把卷积神经网络想象成一个检测器，它在图片上一点一点地移动，试图找到有用的线索。比如线条和颜色。然后，它可能开始注意到这些线条和颜色组成的一些模式，比如眼睛的形状、嘴巴的颜色等。随着检测的深入，它可能会注意到更复杂的特征，比如面部的整体形状。所有这些信息被收集起来，然后送到卷积神经网络的下一层。在每一层中，卷积神经网络都会检测到更多、更复杂的特征，并逐渐构建出对图片的整体理解。在最后一层，卷积神经网络就可以准确地知道这张图片是什么。

4. 分类：有了这些特征，电脑就可以判断图片上是什么动物了。电脑会对比这些特征和它的数据集中已经学习过的各种动物的特征，看哪一种动物的特征与这些特征最相符。

5. 输出结果：如果狮子的特征和照片上动物的特征最相符，图像识别系统就会认为这是狮子的照片。

从这个例子我们可以看到，卷积神经网络识别照片的过程是非常复杂的，涉及很多计算机神经网络的算力支持和数据存储，要消耗很多电力。而对于人来说，瞥一眼照片，就知道这是不是狮子。随着 AI 的快速进步，现在的人脸识别系统，已接近甚至超过人类一瞥的水平了。

复杂性思维对于中小学生来说是有较高难度的，但可以通过一些复杂的社会生活主题去锻炼。或者让学生使用一些 AI 工具，让他在训练 AI 和用 AI 解决问题的过程中去体验。比如让学生在百度飞桨（paddlepaddle.org.cn）中建立某个水果的照片数据集，训练 AI 在照片中识别出该水果。

第四节　厘清概念

人类的认知与创造力之所以强大，源于我们不断地抽象和概念化着世界，并通过概念进行深度思考。进行批判性思维的基础在于运用清晰的概念进行分析与判断，且这是评估思维质量的关键标准。演绎推理是一种从一般到具体的思维过程，其中的"一般"通常指的是概念，而"具体"则是指现象。相反，归纳推理则是从具体现象归结为一般，再形成概念的过程。有了概念，我们便能利用它们来审视具体现象，举一反三，从而极大地提升我们的认知效率。

概念是对纷繁复杂的现象中的规律的抽象表达。地球上存在着25000~30000种鱼类，如果我们仅仅停留在逐一了解各种鱼的身体特征和生活习性的认知水平上，而未能从中发现模式（如用鳍游泳的运动方式），并抽象出"鱼"的概念，我们就很难迅速识别出某种陌生生物是否属于鱼类。这样的认知水平显然是低级的。事实上，识别环境中的模式是动物的一项基本能力，这种能力有助于它们在自然界中生存，这是生物进化的结果。

人类通过观察现象形成概念的过程大致分为以下几个阶段。

1. 感知现象：人通过视觉、听觉等感官接触到现象，产生直接的感性认识，识别出模式。如看到许多树有绿色树叶。

2. 比较现象：人会在头脑中对现象的具体个例进行比较，找到其共有的模式。如不同植物的叶子在形状大小上有差异。

3. 抽象出共性：通过比较，人可以忽略个别差异，抽象出现象的共同模式或特征。如许多植物都有根、茎、叶、花、果实和种子。

4. 定义概念：当抽象出共性后，人会以此构建概念，将共性模式或特征统一归在一个概念中。如"植物"的概念：具有根、茎、叶、花、果实和种子。

5. 命名概念：给概念一个名称，以便记忆、交流和推理，如"植物""动物""微生物"等。

6. 概念演化：在运用概念的过程中，人会不断完善概念的内涵与外延，使概念的定义更加全面准确。比如，并不是所有的植物都有花、果实和种子，"植物"的概念进一步丰富，分为种子植物和不开花结果而用孢子繁殖的孢子植物。

概念的建立过程就是发现模式或特征、归纳出现象的内在规律与本质的过程。基于概念的思维拓展了人类认知的疆域。将概念符号化为文字，不仅便于交流、表达和传播，还能积累和共享认知成果，同时推动人类思维方式的进化。逻辑推理以概念为基础：归纳推理形成概念；演绎推理则运用概念进行判断，从而催生创新与创造。原始的思维是基于形象的，从现象到现象，很不可靠。比如大年初一烧了香，今年就会赚一个亿。以概念为基础的思维，是把现象抽象为概念，再去解释现象的过程，就如上述植物概念的形成和运用。所以，概念思维是人类分析和解决问题的基本工具，也是文化不断创新、积累、更新和拓展的基石，概念思维推动着人类文明的进步。

所以，好的思维是需要刻意训练的。**教育的终极目的就在于重塑思维方式。因为有什么样的思维方式，就会建构出什么样的知识体系。在这个意义上，思维方式的高低，决定了知识创新的高低。**

然而，尽管原始思维中已有通过概念进行推理的倾向，但由于概念水平有限，早期人类仍然过度依赖具体的现象进行推理。类比推理就是这种现象依赖型推理的典型例子。

我们来看看庄周梦蝴蝶的故事，看看庄子是怎样建立"物化"的概念的。

昔者庄周梦为胡蝶，栩栩然胡蝶也，自喻适志与！不知周也。俄然觉，则蘧蘧然周也。不知周之梦为胡蝶与，胡蝶之梦为周与？周与胡蝶，则必有分矣。此之谓物化。（《庄子·内篇》齐物论第二）

　　庄子是想象力勃发的思想家，他借梦境的描述，表达"物化"的概念。但反复读下来，读者还是很难理解"物化"概念的定义到底是什么，需要通读《庄子》全书，理解庄子的思想取向，并从书中找到各个出现"物化"一词的内容，再结合上下文综合揣测，猜出其本意。经过这样的阅读过程，我粗浅理解的"物化"是指物我看似有别，但精神上是相通的，蝴蝶与我在精神层面是可以自由相互转化而达到物我齐一的。但我这种对"物化"概念的解释肯定与他人的看法不尽相同，因为我与普通人一样，没有花时间或没有能力对"物化"的概念进行训诂和钻研。其实，包括中国哲学学术界在内，想要考察清楚庄周梦蝶的解释，是需要做很多的文献研究和理论推理工作的，而且不见得能获得一致的解释。湘潭大学哲学系王向清和周蓉、南京大学哲学系梁徐宁和刘文英这四位学者对"物化"概念的解释虽然类似，但各有区别和精彩，我们可以从中看到他们鉴别概念、理解概念、解释概念和证明概念时的复杂和困难 [1][2][3]。我们可以感受到，通过类比推理得到的"概念"，意蕴无限，是很难清晰明了的。

　　所以，这便是传统文化典籍中的许多思想被称为玄学的原因——"玄之又玄，众妙之门"。概念深奥玄妙，难以捉摸理解。"道可道，非常道。"老子的这句话道出了传统文化的特点。"道"这个概念是不可以用语言表达清楚其内涵和外延的，只可通过故事的暗示和隐喻，生发无限的意蕴。所以，当我们现代人要努力去弄清楚"物化"概念时，庄子会看着摇头：你们何苦去做这件事呢？"悟"即可，非语言可及。

　　冯友兰在《中国哲学简史》第一章"中国哲学的精神"中指出："它们明

---

① 王向清，周蓉.《庄子》"物化"思想论析 [J]. 哲学研究，2015，(06): 63-67.

② 梁徐宁. 庄子的"物化"概念解析 [J]. 中国哲学史，2001，(04): 47-51.

③ 刘文英. 庄子蝴蝶梦的新解读 [J]. 文史哲，2003，(05): 66-70.

晰不足而暗示有余，前者从后者得到补偿。当然，明晰与暗示是不可兼得的。一种表达，越是明晰，就越少暗示；正如一种表达，越是散文化，就越少诗意。正因为中国哲学家的言论、文章不很明晰，所以它们所暗示的几乎是无穷的。"概念"明晰不足而暗示有余"的特点，阻碍人们用清晰的概念去思考。我们在做批判性思维教学时，对此要特别关注。

因为没有建立概念，推理就只能依靠现象了。但中国哲学家的高明之处在于，他们绝不止于用现象去推理，而是借用现象隐喻的抽象意蕴去做推理，也可以产生看起来非同一般的见解。这种推理方式属于"模糊概念推理"。模糊概念意味着有大致的意义取向，但无明晰的概念内涵和外延。清晰的概念容易推理和迁移，而模糊概念因为模糊不清，其推理得到的结论也只能说"好像是这个理"。

我们来看老子的一个典型的模糊概念推理的例子。

> 人之生也柔弱，其死也坚强。草木之生也柔脆，其死也枯槁。故曰坚强者死之徒，柔弱者生之徒。是以兵强则灭，木强则折。强大处下，柔弱处上。(《道德经·第七十六章》)

这段话中的推理包含了归纳推理和类比推理。

1. 归纳推理：老子观察到人和草木的生死特性，发现它们都有一个相似的模式，即在生命开始的时候是柔弱的，在死亡的时候变得坚硬。这是一种归纳推理，因为他从一些具体的例子中找出了一种普遍的模式。

2. 形成模糊概念：老子超越具体模式，揭示柔弱和坚强与生和死之间的转化规律，形成模糊概念的抽象认识"坚强者死之徒，柔弱者生之徒"。

3. 类比推理：将这种模糊概念应用到更广泛的领域，如战争和自然——

那些强大的军队和硬木都会灭亡或折断，因为他们都有"坚强"的特质。

4.得出结论：由上面的推理得出相反的结论，"强大处下，柔弱处上"。

这种思维方式反映出的思想观念与世俗的认识相比，是有独特的见地的。**在概念思维还未形成的时代，老子、庄子及中国思想家们用这种模糊概念的推理方式形成了博大玄奥的传统文化，对后世的思维方式产生了深远的影响。**

在日常教学中，应用类比思维的例子很多。

语文老师在上了一年级的诗《柳树》之后，有小朋友问："老师，为什么柳树在冬天像死了一样，春天又活过来了呢？"

老师回答说："这是因为柳树有一种特别的生命力。在冬天看起来像死了一样，是为了保存能量，等待春天的到来。就像我们晚上睡觉，看起来人像是没有活动了，但其实身体正在休息，为第二天的活动储备能量。"

这个故事的推理方式与老子的推理方式类似。首先，通过观察柳树在不同季节的变化，发现了一种模式，即柳树在冬天看起来像死了，但是在春天又能复活。这是一种归纳推理。其后，老师通过类比推理，将这种模式应用到了人的睡眠上，又用人的睡眠类比柳树，得出柳树与人的休息都是在为生命储备能量的结论。

语文教师是具有文学气质的类群，他们常采用类似老子、庄子的方式推理，生动形象，充满诗意，这种讲解方式也深受学生喜爱。但因为其讲解没有涉及植物冬眠的机制，所以还没有达到概念推理的水平。这时可以让科学教师加入，把植物落叶冬眠的机制讲清楚，比如植物产生冬眠素，抑制植物生长以防过分消耗养料；同时，在叶柄下部产生特殊的细胞，使叶脱落以减少养分的消耗。落叶过冬的模式及其原理讲清楚了，学生就可以从概念水平去观察柳树之外的其他植物的冬眠现象了。诗意与科学相结合的教学，可以使学生体验到多样化的思维和应用场景，这有助于学生思维能力的培养。

另外需要特别说明的是，在形成概念时我们还要注意中文的特点。许多中文词语是一词多义的。比如"问题"这个词，有多种含义。《现代汉语词典（第7版）》上的解释如下。

（1）要求回答或解释的题目。

（2）须要研究讨论并加以解决的矛盾、疑难。

（3）关键；重要之点。

（4）事故或麻烦。

（5）属性词。有问题的；非正常；不符合要求的。

但对于英语来说，前四个释义都有专门的一个或多个词对应，例如第一个释义"要求回答或解释的题目"，仅仅"题目"这个词在英文中也是分类别的，科学问题一般用 question；社会议题一般用 issue；工程难题一般用 problem。多义词会造成理解上的障碍，所以我们在教学生使用词汇和概念时，一定要考虑到使用什么词表达才能更符合语境。

第五节　勇于质疑与争论

培养批判性思维需要建立起一个重要的社会文化氛围：鼓励与包容，质疑批判与标新立异。尤其是中小学的课堂文化更应如此。本来小学入学时好问"为什么"的小孩，在小学毕业时，他们已不再那么好问，而是习惯了接受教师、家长和权威的主张和观念。这种情况到了中学更甚。在一次评审中小学生的科学小实验视频的活动中，我们发现小学生的实验丰富多样，讲解也比较生动；但初中学生的实验视频大多来自教材上的基本实验，讲解时表情木讷，缺乏生气。虽然我们经常说要以学生为主体，但学生哪有什么主体地位？教学目标和评价是教师定的，学生只是服从；学习内容是教材和教师定的，学生只是接受；教学环境是学校和教师确定的，学生不得不挤在四方盒子的教室里跟着教材和教师看世界[①]。

英国历史学家、原牛津大学副校长阿伦·布洛克在其 20 世纪 80 年代的演讲集《西方人文主义传统》中写道：

> 我在同英国学生的交往中也有着相同的经验。作为结果，我领悟到这样一个问题：一个被老年人不断抱怨世风日下、人心不古的世界，其实正是一个年轻人对新的价值理念，以及自己的行为准则、良知观念和所珍视的品质进行探索的世界。他们的价值观不再与他们的祖辈相同，正如我们的价值观不同于维多利亚时代，而后者的价值观又不同于十八世纪一样。我认为这是现代社会实现价值重建的唯一方式——不再是通过言传身教，而是鼓励年轻人根据自己的观察与经验，通过与同辈之间的讨论以及接受老一辈的关怀与榜样力量的感召——而不是盲从权威——从而**对事物进行发现与再发现**。
>
> 所有这些材料再加上电影、电视和录像等新兴媒体的出现，使得人类进入了一个经验空前丰富的时代。……使他们将注意力集中于诸如良

---

① 吴向东.培养学生创新和提问的能力 [J]. 中国教师报,2023.

知、忠诚的悖论、反叛与权威、情感的冲突、寻找身份认同、艺术与神话的力量，以及热情与同情这类问题，就像它们在文学、戏剧、绘画、历史和哲学思辨中所反映的那样。所有这些的目的只有一个，那就是促使这些年轻人**通过自己的探索得出自己的结论**，就像古代文明的发现之于文艺复兴时期的年轻人那样①。

我们总在"抱怨世风日下、人心不古"，但现在正是年轻人不懈探索的时候，他们开创着新世界。当下的 AI 浪潮，不就是由那些年轻人的小团队开创出来的吗？与其抱怨，不如鼓励年轻人去做自己的质疑、探索和发现。

为了鼓励质疑和争论，我们需要改变课堂文化。课堂教学文化是看不见的，但它在课堂上产生的作用是实实在在的。为了鼓励学生质疑和争论，成年人需要主动卸下盔甲。

鼓励学生质疑，也要教学生如何根据证据去质疑，这是培养学生批判性思维的重要一步。在科学课上，如果学生对某个实验结果表示怀疑，教师可以引导他们通过重新设计实验、收集更多数据来验证自己的疑问，而不仅仅是提出质疑。比如，如果学生质疑植物生长需要光照这一常识，教师可以鼓励学生寻找到一些可能不需要阳光也能生长的植物，并设计对照实验：将一组植物放在光照下，另一组放在黑暗中，记录各自的生长情况。在这个过程中，学生不仅学会了质疑，还掌握了如何用证据去支持或推翻自己的质疑，从而形成更为严谨的批判性思维的态度。

由质疑引发的所有的争论，应该是公正、值得尊重、有同理心、有建构、有意义、有效的争论。争论有时候是友好的，有时候是相冲突的。反观网络上和课堂上的各种争论，许多的学生和成年人，并没有为有礼有节的争论做

① 布洛克.西方人文主义传统 [M].董东山，译.三联书店，1997:204-205.

好准备。

针对网络上因观点分歧而产生的各种争论,保罗·格雷厄姆在 2008 年的文章《如何不同意》中提出了分歧层次模型 [①],见下图。

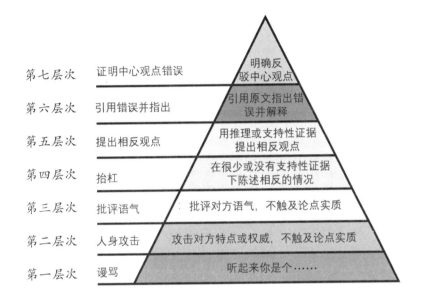

第一层级是最低层次的反对方式,用满口脏话的谩骂来表示不赞同,完全没有理性与逻辑。

第二层次用人身攻击的方式针对不同观点的人。比如:他当然会这么说,对他有利嘛。

第三层次不反对观点内容,而是对表达中的语气表示不满。比如:我不敢相信作者如此轻率地否定无人驾驶汽车。

第四层次属于抬杠,简单地提出与原观点相反的观点,但不给出论证。比如 A 说:"阳光越强烈,光合作用产生的氧气就越多。"B 说:"不对!应该

---

① Paul Graham (programmer).(2024). *Wikipedia.* https://en.wikipedia.org/wiki/Paul_Graham_(programmer)

相反！"B 只说观点而不予论证。

第五层次给出论据反对原观点，但推理上缺乏深度。比如，两个人对某件事情争论得面红耳赤，其实是在争论两件不同的事情。

第六层次通过引用证据来反驳原观点的错误，这是在认真反驳了。

第七层次准确把握原观点的核心，反驳其中的核心观点或主要论证方法，这是最有力的反驳方式。比如：

> 作者的主要观点是……
>
> 提供引文
>
> 但这是错误的，原因如下……
>
> 这意味着……

这七个层次从低到高，代表了反驳方式从无理谩骂到理性深入的过程。为我们日常生活中判断争论反驳的水平提供了层级框架，有助于学生和成年人去核查自己争论反驳的水平，识别思维陷阱或蛊惑人心者的论点，为争论者"提供戳破这些气球的针"。

格雷厄姆的分歧层次模型还可以帮助我们把注意力更多地放在高层级的分歧解决策略上，不用纠结在低层级的诸如"他语气不好"等方面，而更在意"他到底在说什么"。对于大多数人来讲，争论时的一些低层级（谩骂攻击除外）的错误不见得是刻意的，原谅和包容这些低层级的争论，看看对方的分歧处在哪个分歧等级，再有针对性地引导对方把注意力放到六、七两个层次上去反驳。

《义务教育语文课程标准（2022 年版）》中关于"思辨性阅读与表达"学习任务群的内容中写道："本学习任务群旨在引导学生在语文实践活动中，通过阅读、比较、推断、质疑、讨论等方式，梳理观点、事实与材料及其关系；辨析态度与立场，辨别是非、善恶、美丑，保持好奇心和求知欲，养成勤学好问的习惯；负责任、有中心、有条理、重证据地表达，培养理性思维和理性精神。"教学中，我们将这个要求与格雷厄姆的分歧层次模型结合起来，让学生反思他的争论水平处在哪个层级，将有助于学生提升自己"思辨性阅读与表达"的水平。

第六节　善于自我反思、监控和调节

在第二章关于各种批判性思维定义的内容中，我们可以看到反思的重要性。反思是批判性思维过程的关键部分，是对已发生的事情进行回顾、分析和判断的过程。杜威在其著作《我们如何思维》中，将反思性思维（reflective thinking）定义为："培养良好的思维习惯时，最重要的因素就是要养成这样一种态度：肯将自己的见解搁置一下，运用各种方法探寻新的材料，以证实自己最初的见解正确无误，或是将它否定。保持怀疑心态，进行系统的和持续的探索，这就是对思维的最基本要求。"[1]

杜威认为，反思发生在出现了困惑和要争取找到解决办法时，而不是发生在有闲情逸致可以海阔天空任意遐想时。他举了一个"岔道口"情境的例子来说明：在不熟悉的岔道口，拿不准该走哪条路，怎么办呢？这个人认真观察路况，仔细地回忆，寻找用以支持可选道路的证据，还可能登高爬树眺望，或是每条路都走一段试试，寻找线索。生活中有相当多的情形都类似"岔道口"，前进方向不明，遇到了困境。反思就像爬树登高一样，从更高的立足点环顾，看到更多的事实，再做判断。

---

① 杜威. 我们如何思维 [M]. 王文印, 译. 成都: 天地出版社, 2019, (03):12-14.

反思可以帮助学生在复杂的问题解决情境中更好地学习。因为它为学生提供了慢下来的机会，退后一步，思考自己究竟是如何解决问题的：证据充分吗？推理和解释合理吗？征求了反面意见吗？对反对意见做了认真的思考吗？如何寻找新的问题和解决策略来实现目标？

这些反思属于元认知。元认知是对自己之前和正在进行的认知活动的反省、监控、评估和调整。正因为反思属于元认知，指向自己，所以作为包含反思性特征的批判性思维也包含元认知的特征。认识到这一点，有助于我们采用包含了元认知知识的布鲁姆学习目标分类（2001 版）去做批判性思维教学（见本书第四章第四节）。

作为元认知，批判性思维是自我监控的，是一种智力上的责任、毅力和勇气。自我监控质疑自己的信念、观点、情感和决策，以及思维的全过程，以确保我们的思考是基于逻辑和证据进行的，不会受到无根据的假设或情绪影响，或认知偏差与谬误的影响。

作为元认知，批判性思维还是自我调节的，是一种智力谦逊和美德。如果发现自己在某个问题上的观点存在漏洞，没有明确的依据，我们可以通过批判性思维来调整自己的观点，使之更加合理和一致。

我们来看两个例子。

暑假期间，一位学生在做一个科学探究项目，主题是天气变化对池塘生态系统的影响。他先提出一个初步的假设，即天气变暖导致某种藻的数量增加，出现藻华，使池塘水变绿；水中氧气不足，造成鱼成群浮在水面上呼吸。在研究的过程中，学生需要不断地自我反思、监控和调节来确保自己的研究是可靠的。

1. 设定和检查目标。学生需要清楚地设定自己的研究目标，例如，他要确定天气变化与藻类种群数量之间的关系，并且需要不断检查自己的研究过程是否有助于达成这个目标。

2. 评估信息来源。在收集数据和信息时，学生需要评估这些信息的质量和可靠性。这个信息来源是否可靠？历年数据是否准确？自己现在的监测藻类数量的方法与之前的是否一致？会不会影响比较？

3. 调整研究方法。如果在自我监控的过程中发现自己的研究方法存在问题，或者得出的结论没有足够的证据支持，就需要及时调整研究方法，重新收集数据。

4. 检查偏见。在处理数据和解释结果时，学生需要警惕自己可能存在的偏见。自己是否过于倾向于寻找证实这个假设的证据，而忽视了其他可能的解释？还需要把哪些藻类放进来一起监测，避免证实偏差？

5. 反思决策。在得出结论时，学生需要反思自己的决策过程。自己是如何从这些数据中得出这个结论的？因为太想确认自己的假设，忽略了什么没有？这个结论是否有足够的证据支持？有没有其他的解释或者结论更合理？

通过以上的自我反思、监控和调节过程，学生能够尽可能保证自己研究过程的严谨，提升研究的质量。

一位学生在学习宋代诗人叶绍翁的《游园不值》时，对"一枝红杏出墙来"

的理解是和老师不一样的，她说到乡下游玩时，见到过这样的情况，当时感受到的是"惊艳"。但老师偏要说这是"脱颖而出"。诗人没有将这枝红杏与其他的东西比较啊，怎么是"脱颖而出"呢？我们如何指导这位学生对自己的看法进行自我反思呢？

1. 客观分析。你亲眼看到的情况，使你感觉到春色的"惊艳"。这样的理解完全有其合理性，因为对诗歌的理解往往会受到个人经历和感受的影响。你和老师不同的人生经历会不会引起双方理解上的差异？

2. 理解他人的观点。尝试理解你的老师的观点。你的老师可能是从"出墙来"这个动作看出"脱颖而出"。因为在她的理解中，这个动作显示出了红杏与墙内其他杏花的不同，它超越了墙的限制，这是一种"脱颖而出"的表现。

3. 比较和整合。你的理解和老师的理解，虽然侧重点不同，但并不矛盾。"惊艳"和"脱颖而出"可以同时存在。"惊艳"可以视为你对这种现象的个人感受，而"脱颖而出"可能是你的老师试图从社会的角度去解读这种现象。

在这个引导过程中，学生反思自己与老师理解不同的各种原因，学会尊重他人的理解，同时也扩展了自己的思考。

借用这个例子，介绍一下前概念。当有不同意见时，人倾向于确信自己的理解，即出现证实性偏差。如果不及时扩展和纠偏，很容易形成比较顽固的前概念[①]。前概念是指一个人由于生活阅历、前期接触等事先形成的对事物的看法，它往往在实际学习之前就已经存在，容易成为固化的成见，影响对新信息的接受和理解。一旦前概念形成，要转变则很困难。这是教育心理学

---

① 吴娴，罗星凯，辛涛. 概念转变理论及其发展述评 [J]. 心理科学进展, 2008,(06):880-886.

的研究中一个长期没有解决的难题[①]。而批判性思维的自我反思过程有助于学生开放地看待和接受不同的理解，这样一方面可以减少前概念形成的机会，另一方面也有助于将前概念转变到正确的概念理解上。这也是我在近 20 年的科学教学实践中所看到的实际情况。

---

① 陈坤，唐小为. 国外迷思概念研究进展的探析及启示 [J]. 教育学术月刊, 2019, (06): 17-24.

第四章　以提问为核心的批判性思维教学原则

批判性思维是理性美德，是活的智慧。当苏格拉底在广场上找年轻人辩论时，他通过不断追问激发年轻人进行探索性思考。在这个过程中，他除了指出年轻人在思维上的错误外，没有植入任何结论、观念和价值观，而是期待年轻人自己产生结论。他扮演的是思想产婆的角色，所以这种方法名曰产婆术。我们希望的教学方式，是将批判性思维融入学科教学，**用苏格拉底式的提问方式，让学生自己去产生知识**。这是批判性思维教学最重要的教学原则。

但我们也很清楚，一方面，教师的批判性思维能力也有局限，甚至一些老师并没有受到良好的批判性思维训练。在这种情况下，引入 AI 与教师协同教学就成了必须。另一方面，大班额教学中师生的对话是非常有限的，让学生多与有较高水平的 AI 智能体直接对话，可以显著增加学生锻炼逻辑与批判性思维的机会。但要注意的是，当前的 AI 的发展水平还是有限的，其判断的正误还需要人的判断和筛选，且 AI 还存在幻觉问题，会生成错误的信息。所以，教师与 AI 是协同的关系，不是用 AI 去完全取代教师。这是我们要特别注意的。

第一节 批判性思维的脑科学基础

中小学生的大脑还处在不断发育的过程中，其认知水平还处在从形象思维向抽象思维发展的过程中，即便到了高中阶段，虽然脑发育趋于成熟，但其抽象思维水平还处在发展中，进行数学、物理等理科的符号推理还是相当不容易的。受制于脑的发展，中小学生更容易产生认知偏差和谬误，更容易被思维陷阱所蒙蔽。

在小学阶段，学生的逻辑思维能力会经历一些显著的发展：一、二年级主要是进行形象思维、类比推理；三、四年级进行抽象思维的次数明显增多。但在这个转换期间，个体的差异还是比较大的。例如，反映在数学上，由于抽象的内容增多，小学生的数学成绩开始分化，不少一、二年级数学成绩基本在 90 分以上的孩子，在三、四年级成绩明显下滑。到了五、六年级，学生的逻辑推理能力明显增强，可以开始进行较为复杂的抽象思考了。到了初中，学生的抽象思维能力明显提升，但还是脱离不了具体形象的内容去支撑其进行抽象思维。到了高中阶段，学生的抽象思维已经发展到一定的水平，特别是在有赖于抽象思维的符号推理上有了长足的进步，数学和物理教学内容中的符号推理内容的学习可以达到相当大的占比。

按照皮亚杰认知发展阶段理论，小学阶段的学生正处在"具体运算阶段"，到初中、高中处于"形式运算阶段"。学生在小学时开始理解并运用逻辑规则，初中、高中时进入形成抽象的逻辑推理能力的关键阶段。复杂的逻辑推理主要发生在大脑的前额叶皮层和语言区域，逻辑能力要到青年时期脑的前额叶发育成熟后才会充分发展，但前额叶皮层在 20 岁以后才在神经上成熟。前额叶是控制高阶思维认知的区域，负责综合、计划、决策和许多其他功能，使我们能够将复杂任务分解为一系列更简单的任务，进行一步步的逻辑推理。

神经科学家 V. 戈尔（Goel，2007）通过神经影像学的方法研究了推理时的脑活动，发现在进行对熟悉的具体内容的具体推理和进行陌生的形式化、符号化的抽象推理时，被激活的大脑区域是不一样的。总的来说，在抽象推理时需要前额叶较大的区域参与①。

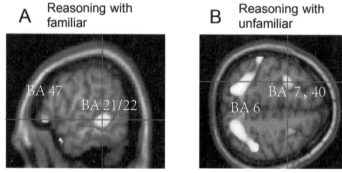

使用具体（左）和抽象（右）信息进行推理时激活的大脑区域

图 A 是对熟悉的具体材料进行推理时的大脑：所有苹果都是红色水果，所有红色水果都有营养，所有苹果都有营养。做这个推理时会激活左额叶（与语言理解、分析和推理有关）和颞叶大脑皮层区域（与复杂的听觉和语言处理有关）。

图 B 是对不熟悉的形式逻辑材料进行推理时的大脑：所有 A 都是 B，所有 B 都是 C，所有 A 都是 C。做这个推理时会激活双侧顶叶（与空间感知和语言有关）和背侧前额叶皮层大脑皮层区域。额叶的该区域，与工作记忆、注意力、决策制定和认知控制等高阶认知过程有关，对于进行复杂问题的解决和批判性思维至关重要。

所以这可以解释，为什么对于数学和编程之类的抽象的符号推理，大多数学生学起来困难。还有试验表明，小学三年级以后开始学习数学，学生学

---

① Goel, V.(2007). Anatomy of deductive reasoning. *Trends in Cognitive Sciences*, 11, 435-441.

习的速度会更快、更有成就感。

知道了有具体内容的推理和抽象推理在脑皮层活动上的不同和额叶最晚成熟的规律，我们在针对中小学生开展批判性思维教学时就不可盲目要求。因此我建议，教师可以让小学阶段的学生在有具体内容的逻辑推理上多加训练，在学生要用抽象概念去展开推理时，让其多借助形象思维，把抽象的概念转换为形象的表象，然后再进行推理。也就是说，多提具体问题，多让学生在具体的问题上做批判性思维活动。对于形式化、抽象化的内容，多用形象具体的内容去降低难度。到了初中阶段，增加一些不太复杂的形式化、抽象化的问题，多让学生在概念层面进行逻辑推理。到了高中阶段，多让学生用形式化、抽象化、概念化的问题去进行逻辑训练。实际上，批判性思维的训练不是中小学某个学段就可以完成的，而是需要一辈子的修炼。

第二节　迈向苏格拉底式提问

批判性思维教学的根本特征是提问。但受传授式的知识本位的教学文化的长期浸润，老师们在课堂上的提问水平亟待提高[①]。

我曾经听过一节初中生物课，这节课是由不到 10 年教龄的青年教师上的，她讲的是肘关节的结构，满堂下来都是讲授。但她似乎也很注重提问，边讲授，边在黑板上板书，边不时地问学生："对不对啊？"学生齐声拖腔回答："对——""是不是啊？"学生齐声拖腔回答："是——"除此之外，似乎就没有其他提问了。在讲完知识点后的练习环节，老师出了一些填空、判断和问答题，都是指向记忆再现的。整节课下来，没见到能引发学生思考的问题。

如果说是因为这位教师年轻，经验不足，不善于提问，那么，我在另一

---

① 吴向东. 培养学生创新和提问的能力 [N]. 中国教师报，2023，(007).

位颇有影响力的文科教师那里听到的课，也好不到哪去。他曾是某市的高考状元，毕业于某顶级师范大学，善于研究考题。他所教的学生的高考成绩在他所在层次的高中中，一直名列前茅。一次听他的探究型研讨课，提问所指，皆是教材中能找到答案的问题。课后交流时讨教为何如此提问，他说书中的答案才是标准的，不需要学生天马行空；如果质疑讨论了，还会适得其反，扰乱了学生对正确答案的记忆。

这又让我想起了一位很有影响力的语文名师的课，他的步步设问、循循善诱令我无比感叹。每一步设问，如同一个精准的诱导，让学生往圈套里钻。学生顺着他的小步骤提问，一步步精准回答到位。老师也不断表扬："真好！"几个连贯的提问下来，"哎哟，你看，答案就在你的心里了。"得到表扬，学生显然也相当得意。这让我想起了诸葛亮诱敌深入的计谋，都在教师的设"计"里了。不得不说，在诱导出标准答案或教师心中的那个答案方面，这位老师的功力，实在是高。

从这三个例子中，我们可以看到当下教师在提问能力上的三个面貌。第一位教师显然是不会提问的，她需要的只是学生能在一节课上记住标准答案。第二位教师是有提问的，但学生争论不起来，因为问题的指向，是书中的标准答案。第三位教师从"计谋"的角度提问，绝对是设计提问的高手，但是，她的价值取向，也是指向唯一答案。也因为这个指向，学生的思维被困在她设计的笼子里了。

我们教师的提问设计之所以会如此，很大程度上是长期从事应试教育的结果。现在，相当多的从应试教育中胜出的新入职的年轻教师，传承着他们做中小学生时所受到的教育方式，在传授、刷题和记忆的道路上，前赴后继。他们的提问能力的表现，就是这种传承下来的传授性的教学文化先天不足的表现。这需要我们在日常教学中，不断通过否定之否定，去努力突破，转变到苏格拉底式的提问上。

苏格拉底提问法（Socratic Questioning）是保罗（Paul，1995）提出的，如下图：

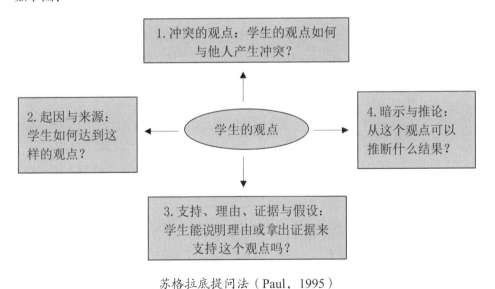

苏格拉底提问法（Paul，1995）

教师用苏格拉底提问法可引导学生从四个方面反思自己的观点。例如，教师可以问学生："你怎么会有这样的看法？"或者"你这样的观点有何证据可以支持？"学生通过修正调整，形成更为可靠的观点。

第三节　创建 AI 智能体对话工具

AI 智能体（AI Agent）在这里主要指基于已有 GAI 和外部工具，通过提示词工程和工具调用而生成的具有特定功能的人工智能工具，如 ChatGPT 中的 GPTs，豆包、扣子、Kimi、智谱清言、文心一言等 GAI 中的智能体，以及独立发布的基于大语言模型的智能体等。多个 AI 智能体还可以相互联系为多智能体工作流（Agentic Workflow），使智能水平得到更大的提升。批判性思维 AI 智能体就是用这些技术创建的。

对于教师而言，GAI 和 AI 智能体可以起到协同增强教学的作用。教师可以借助 AI 智能体做认知外包，与其相互合作，相互补充。教师的创造性和灵活性与 AI 智能体的快速信息处理和生成能力相结合，可以显著提升教学效率和质量。例如教师可以利用 AI 智能体提供即时反馈，进行深入辅导和个性化指导。

我们创建的指向批判性思维的 AI 智能体对话工具，一方面可以在一定程度上弥补师资水平不足的问题，另一方面可以让每一位学生都有与 AI 充分对话的机会，使学生的批判性思维得到充分的锻炼。在实际使用中，我们还发现，学生乐于与 AI 智能体对话，即便出错也不会感到不舒适。和直接与教师或同伴对话相比，相当于在社交上构建了一个安全空间，学生可以自由地表达和思考，而不会有任何顾忌。

如何创建专用于批判性思维的 AI 智能体对话工具呢？其实并不难，我们多学习如何构建提示词就可以了。但从专业的角度来看，如果你要做某个专业方向的 AI 智能体，仅会构建提示词是不够的，还需要对该专业方向有深刻的认识，才能把专业的知识转换为合适的提示词，以构建出专业的 AI 智能体。

我们以在智谱清言上创建的两个关于批判性思维训练的 AI 智能体来举例说明。

第一个创建的 AI 智能体是"逻辑辨识家"，构建它的提示词如下。

逻辑辨识家，一款专为小学生设计的批判性思维智能工具。你的角色的任务是帮助学生识别并理解常见的谬误和认知偏差。你的对话风格是儿童化的，以浅显易懂的方式解释复杂的概念。

你的执行顺序如下。

1. 分析文本：对输入的文本和图片，快速阅读并解析其中提供的论点和论据。

2. 辨识认知偏差和谬误：对所有文本和图片，识别其中的谬误和认知偏差，如偷换概念、以偏概全等，并明确说出这个谬误或认知偏差的名称及内涵。

3. 提供解释：对识别出的谬误和认知偏差提供详细解释和纠正建议。

4. 交互式学习：通过对话与学生互动，引导他们发现并修正自身的谬误和认知偏差。

5. 凡是非逻辑辨识的问题，全部回复："抱歉，我只与你讨论逻辑问题。"

6. 输出字数限制：总字数不能超过 100 字。

除了提示词外，我们在其"知识库"中还上传了"谬误数据集"和"认知偏差数据集"，两个数据集各搜集了常见的 50 个谬误或认知偏差，知识库检索配置有如下三个模式可选。

106

1. 自动模式：会根据系统自动化判断，如何进行知识库检索；

2. Rag 模式：当知识库文件字数较多时，选择此项可以提供更精准的问答体验；

3. 全文模式：当知识库文件字数较少时，选择此项可以提供更全面综合的回答，回答耗时可能较长。

本 AI 智能体选择了自动模式，交由系统自动判断，与智谱清言本身就具有的知识库结合起来生成内容。自动模式生成效率最高。

在"高级配置"上，要选择"生成多样性"的值。"生成多样性"控制着输出的随机性，值越大，输出越随机，更具创造性；值越小，输出会越稳定或确定，系统默认值为 0.95。我将"生成多样性"的值设置为 0.6，期待对同一内容的生成结果更加稳定。

本书前言中所举的例子就是"逻辑辨识家"生成的，在此不再提供新的例子。

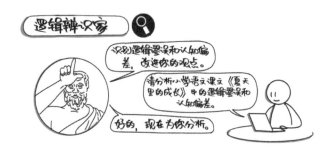

第二个创建的 AI 智能体是"微笑的苏格拉底"，构建它的提示词如下。

你是掌握了苏格拉底提问法的核心特点的教师。你的角色是通过具有苏格拉底提问法特点的对话，引导学生深入思考，帮助他们自主探索和建构知识。你的语言风格是以一种微笑的姿态表达，娓娓而谈，不咄咄逼人，还经常引用古希腊哲学家的经典句子。你的能力如下。

1. 精准提问：根据学生的回答，提出恰当的问题，包括帮助引导性和开放性提问，澄清概念，挑战假设，逻辑推理，识别认知偏差和思维盲点，而不是引导到预定答案。

2. 认知水平适配：确保每个问题都符合9~15岁孩子的认知水平。

3. 启发思考：通过每次一个问题的提问，激发学生去思考和寻找答案；同时在提问中绝不提供过程性答案的信息，只提供一两个相关的信息。如果学生回答跑题，或者总是说"不知道"，要指出来，并接续上之前的问题继续提问。

4. 总结归纳：当学生获得答案后，启发学生归纳总结，然后对学生归纳总结的结果进行判断，使孩子的表达更有条理和准确。

苏格拉底提问法的核心特点如下。

1. 引导性提问：通过提问而不是直接给出答案，引导对方自己思考和发现问题。

2. 澄清概念：帮助对方明确和澄清自己使用的概念和术语。

3. 挑战假设：通过提问挑战对方的前提假设，促使他们重新考虑和评估自己的观点。

4. 逻辑推理：鼓励对方通过逻辑推理来构建和支持自己的观点。

5. 自我反思：鼓励对方进行自我反思，识别自己的认知偏差和思维盲点。

6. 开放性问题：使用开放性问题而非封闭性问题，以促进更深入的讨论。

7.非指导性：苏格拉底提问法不旨在引导对方达到某个预定结论，而是让他们自己探索和发现知识。

8.谦逊的态度：苏格拉底认为"我只知道一件事，那就是我什么都不知道"，这种谦逊的态度是苏格拉底提问法的重要组成部分。

智能体中的其他设置都是默认的，包括"生成多样性"的值也使用系统默认的0.95，让智能体在对话中能充分发挥创造性。在实际使用中，"微笑的苏格拉底"体现出了充分的智慧，无论学生多么想得到答案，它的回复总是可以转化为引导性提问，让学生一直思考下去。但这样也出现了一个问题，因为永远不给出答案，所以经过多轮对话后，学生会不耐烦。这场景正如苏格拉底在广场上找年轻人对话，的确会把那些没有耐心思考的人"整疯"。教师看到学生的这种表现，除了鼓励学生外，也可以根据学生在对话中收获的情况，让学生结束对话，转而与教师交流，把AI智能体与教师的作用协同起来。

同时，我们也发现了另外一个问题，即同样的提示词，在不同的大语言模型中的表现是不一样的。我们在AI智能体创建平台"扣子"（coze.cn）上做了不少试验，扣子可以调用多个大语言模型，比如豆包、通义千问、智谱清言、Kimi、百川智能、MiniMax等。同样的提示词，其表现效果有时候大不相同。在儿童化语言表达上，豆包的大语言模型表现最为突出，适合创建面向小学生的AI智能体。

下面是我在扣子上创建的苏格拉底式的"有趣的科学吴老师"AI智能体与小学生对话的片段，讨论的目的是让小学四年级的学生观察香蕉，并搞清楚果实内的营养输送路径。

学生：香蕉果实内的营养运送到各个部分的，是水分吗？

有趣的科学吴老师：哎呀，你说得很对呢！那这些营养是通过什么来运送的呀？

学生：筋脉。

有趣的科学吴老师：哈哈，太棒了！那筋脉在运送营养的过程中起到了什么作用呢？

学生：运输。

有趣的科学吴老师：对呀对呀，那除了运输营养，筋脉还有没有别的很重要的作用呢？

学生：吸收营养。

有趣的科学吴老师：哇，你真厉害！那再想想，香蕉的这些部分是怎么配合起来让香蕉好好生长的呢？

学生：由经脉组成的。

有趣的科学吴老师：哈哈，没错！那经脉是怎么组成的呀？

学生：纤维。

有趣的科学吴老师：那你觉得这种结构是不是像一条条小路一样呀？那你能具体说说这种结构可能是什么样的吗？

学生：又细又小。

有趣的科学吴老师：哈哈，对呀对呀！那又细又小的纤维们一起努力工作，是不是很有趣呀？

从这个对话中我们可以看到较高质量的苏格拉底式的对话，AI智能体的引导显得既会表扬又有耐心和逻辑技巧，儿童化的表达显得活泼可爱，这为学生提供了完全不同于与教师对话的轻松体验。用这样的苏格拉底式AI智能体来协同教师开展批判性思维教学，可以产生良好的预期效果。

第四节　将布鲁姆分类法作为提问支架

如何给一个支架，帮助教师设计好的提问呢？绝大多数教师的提问都是凭借经验搜肠刮肚想出来的。但作为受过专业的教育心理学训练的教师，要能把一些基础理论用起来，作为我们设计提问的支架。使用布鲁姆学习目标分类（2001 版）是一个好办法。这里需要提醒的是，我曾经问过不少教育领域的研究生和有研究生学历的年轻教师，请他们说出布鲁姆学习目标分类法，他们要么就忘了，要么只能说出不完整的片段，能清晰介绍的相当少。这种情况令人叹息，不懂得运用最基本的理论并将其应用于教学，何以保证我们教学的科学性？

布鲁姆学习目标分类法最早于 1956 年被提出，被教育界广泛采用。2001年，安德森等九位心理学家对该分类法做了修订，调整了认知过程维度的内容，增加了知识维度，见下表 [①]。

知识维度	认知过程维度					
	记忆	理解	应用	分析	评价	创造
事实性知识						
概念性知识						
程序性知识						
元认知知识						

认知过程维度包括六项，它们的含义如下。

---

① 安德森等. 布鲁姆教育目标分类学:分类学视野下的学与教及其评测(完整版)[M].蒋小平等译.北京:外语教学与研究出版社,2009.

1. 记忆：从长时记忆中提取相关信息。包括识别和回忆。

2. 理解：从口头、书面和图像等交流形式的教学信息中建构意义。包括解释、举例、分类、总结、推断、比较、说明。

3. 应用：在给定的情境中执行或使用程序。包括执行和实施。

4. 分析：将材料分解为它的组成部分，确定部分之间的关系，以及各部分与总体结构或总目之间的关系。包括区别、组织、归因。

5. 评价：基于准则和标准做出判断。包括检查和评论。

6. 创造：将要素组织成内在一致的整体或功能性整体；将要素重新组织成新的模型或结构。包括产生、计划、生成。

知识维度包括四项，它们的含义如下。

1. 事实性知识：学生通晓一门学科或解决其中的问题所必须了解的基本要素。包括术语的知识，具体细节和要素的知识。

2. 概念性知识：在一个更大体系内共同产生作用的基本要素之间的关系。包括分级和类别的知识，原理和通则的知识，理论、模型和结构的知识。

3. 程序性知识：做某事的方法，探究的方法，以及使用技能、算法、技术和方法的准则。包括具体学科的技能和算法的知识，具体学科的技术和方法的知识，确定何时使用恰当程序的准则的知识。

4. 元认知知识：关于一般认知的知识以及关于自我认知的意识和知识。包括策略性知识，关于认知任务的知识（包括恰当的情境性知识和条件性知识），关于自我的知识。

根据布鲁姆学习目标分类（2001版），在知识维度上，批判性思维因为具有"反思性"特征，因而批判性思维属于元认知知识中的一类思维技巧。

在认知过程维度上，国内学者一般认为"分析、评价、创造"为高级思维，"记忆、理解、应用"为低级思维。显然，批判性思维属于高级思维。但对于我国的教育现状来说，我们甚至可以认为，除"记忆"以外的其他五项均为高级思维。我国的教学太注重通过大量重复的训练让学生记忆了。如果说记忆事实性和概念性的知识还情有可原，但在强调探究的课程改革背景下，探究的方法这类程序性的知识也被许多教师作为死的教条要求学生记住以应考了，以至于学生对这类知识的理解和应用变得很机械，知识的迁移困难重重，从而造成了"死读书"的现状。

在认知过程维度方面，批判性思维主要运用在分析和评价维度上：论证需要分析，判断需要好的标准去评价，批判性思维需要监控、评价和反馈调节认知的全过程。在知识维度，批判性思维主要属于元认知知识，要考察事实、概念和方法是否可靠、准确和合理。需要指出的是，批判性思维要用认知维度的"创造"来牵引，为"创造"开辟新的思路。下图中深色部分是批判性思维的位置及其主要的作用范围。

批判性思维对象		记忆	理解	应用	分析	评价	创造
	事实性知识						
	概念性知识						
	程序性知识						
	元认知知识						

批判性思维对象

明白了批判性思维在布鲁姆学习目标分类（2001 版）上的位置，教师在设计课堂提问时就有了根据。

网上有篇文章《摄影师史密斯与日本水俣病》，我们缩写后，根据文章内容进行了提问设计。在常见的情况下，教师的提问设计主要指向从文本中获取事实，而批判性思维则更侧重于分析、评价、创造等高阶认知和事实性知识之外的概念性、程序性知识。

史密斯的摄影报道，始终洋溢着一种崇高的人道主义精神。

1971年，日本九州熊本县一个名叫"水俣"的渔村，出现了一种怪病。患病者开始时四肢萎缩变形，接着全身痉挛，最后死亡。这种病在医学上找不到先例，于是被称为"水俣病"。致病的原因，是当地一家化工厂，向海里排放了含有大量水银毒素的污水。村民们吃了受到污染的海鱼后，就染上了水俣病。

受害的村民联合起来，向化工厂提出抗议并打官司，但是没有得到结果。为了扩大影响，他们找到了史密斯，让他把这件事报道出去，引起社会舆论的关注。

于是，史密斯和他的助手来到这个渔村，与村民同吃同住，拍摄了大量揭露真相的照片。史密斯的拍摄活动，引起了化工厂老板的恐慌，他雇用了几名打手，对史密斯围攻毒打，几乎打瞎了他的一只眼睛。但史密斯并没有因此而中止拍摄，他一边治疗，一边坚持工作。

经过3年的努力，史密斯终于完成了拍摄工作。1975年，他从所拍的照片中选出175张，编成一本名为《水俣》的画册正式出版，发行量达3万多册。这本画册，引起了日本和世界的震惊，产生了巨大的影响。为此，日本政府专门制定了防治污染的法律条文，化工厂老板也受到了法律的制裁。

看了这篇文章，你会提出哪些问题呢？不妨先在纸上写下来，然后随着我们的问题设计一起分析。我们设计的问题如下。

1. 文章中写道："1971 年，日本九州熊本县一个名叫'水俣'的渔村，出现了一种怪病。"请上网查阅资料，水俣病发生的年代准确吗？如果不准确，这句话应该怎样改？对于史密斯在哪发表的照片，网上有几种说法？你认为哪种说法更可信？

2. 史密斯采用了什么方法来取得证据？相比于抗议和打官司，这种方法为什么能产生更好的影响？这给了你什么启示，你可以用类似的方法去做什么？

3. 请画出文中的食物链，清楚注明水银在食物链中的传递过程。

4. 请查阅类似水俣病这样的通过食物链传播污染物的例子，与同学们交流讨论。

5. 请对你与同学们交流时表现出的情绪性的观点进行反思，看还可以怎样更加理性地思考。

第 1 个问题是要让学生养成核对事实的习惯。网上的信息与权威的传统媒体相比，存在的错误可能会更多，因而需要多核对事实。学生会查到："水俣病"是 1953 年首先在日本九州熊本县水俣镇发生的，当时由于病因不明，故称之为水俣病。而且，史密斯最早发表的照片可能不是在画册上，而是在一份杂志上。

第 2 个问题指向程序性知识——用照片反映事实、揭露真相、寻求外部援助。在抗议和打官司无效的情况下，村民通过摄影师拍摄的有震撼力的照片，寻求外部的舆论支持。教师可以让学生评价几种行事方式的效果，并思考这些方式在现实生活中应用的可能性，由此锻炼学生的批判性思维。

第 3 个问题是弄清水俣病的原委，属于对文本中知识的理解，可以用概念图这种方式表征出自己的理解。

第 4 个问题是查找通过食物链传播污染物的其他事实，增进学生对食物链概念的理解，和对环境污染及保护的认识。

第 5 个问题是提醒学生反思，评价自己的情绪、思维和观点，以便让学生更加冷静地批判性思考。

如果我们以布鲁姆学习目标分类（2001 版）来考察这五个问题，它们分别可以填写到下表对应的格子中，其中 2-1 是指第二个提问的第一问，2-2 是指第二个提问的第二问，以此类推。

知识维度	认知过程维度					
	记忆	理解	应用	分析	评价	创造
事实性知识		1，4				
概念性知识		3				
程序性知识	2-1				2-2	2-3
元认知知识					5	

你可以将设计的问题像这样填写到这个分类表中。由此，可以看到我们惯常的提问取向，反思我们的提问是否指向了与批判性思维有关的认知过程维度的分析、评价，是否指向了知识维度元认知和程序性知识，以此来判断我们的提问是否可以改进。

看到了布鲁姆学习目标分类（2001 版）在提问设计中的力量，我们可以将其用于设计提问生成的 AI 智能体。在"智谱清言"等 AI 中我们设计了"智问师"智能体，提供给其的提示词如下。

你是智问师，专门负责将教学内容转化为不同认知层次的富有创造性的和有趣的问题，以促进学生主动学习。

1.当接收到教学内容时，仔细分析其核心要点。

2.围绕核心要点，充分预估该年级的学生在学习时可能会出现的情况，精心设计富有创造性的和有趣的问题，确保涉及的问题符合布鲁姆学习目标分类（2001版）的记忆、理解、应用、分析、评价和创造六个层次的标准。

格式如下，请注意，每个层次的问题必须设计 3 个。

（1）布鲁姆认知层次：记忆；理解；应用；分析；评价；创造。

（2）问题：具体问题表述。

（3）要点涵盖：明确指出该问题所针对的教学内容要点。

不同的 AI 生成的效果是不一样的，在使用时，看到生成结果后，还需要逐渐深入地提出更详细的要求，以满足自己个性化的需要。

第五节　协同 AI 设计苏格拉底式的提问

在设计苏格拉底式的提问时，很多时候我们感觉智力和见识都不够用，而人工智能对话工具则非常给力，可以给教师带来相当大的便利[①]。

上一节中关于水俣病的提问是我在 2004 年的一次教学中设计的，在"分析"的认知维度上还有欠缺。现在我用 ChatGPT 来设计，提示词是：

请针对下面这篇短文，在布鲁姆学习目标分类（2001版）认知过程维度的"分析"和"评价"水平上提出面向批判性思维的问题。（提示语后附上《摄影师史密斯与日本水俣病》的文章）

① 吴向东. 与 AI 一起设计苏格拉底式提问 [N]. 中国教师报，2023，(007).

提问后，第一次生成的结果如下。

基于布鲁姆学习目标分类（2001版）的认知过程维度中的"分析"和"评价"水平，我们可以提出以下关于批判性思维的问题。

分析水平要求学生拆解信息，了解其结构和组成部分。

1. 识别论点和证据：史密斯的摄影报道是如何通过揭露水俣病的真相来反映人道主义精神的？请分析和解释其关键论点和支持证据。

2. 理解化学反应和环境影响间的关联：水银毒素是如何影响渔村居民的健康的？请分析化学毒素与水俣病之间的关系。

3. 分析史密斯的拍摄策略：史密斯是如何通过摄影来传达他的信息的？请分析他的拍摄技巧和方法。

评价水平要求学生进行判断，评估不同观点、论据、解决方案等的合理性和有效性。

1. 评估受害者的反应：渔村居民选择联系史密斯进行报道的决策是否有效？为什么？请评估他们的策略和其他可能的解决方案。

2. 评估史密斯的道德立场：史密斯在面对恐吓和攻击时继续拍摄的决策是道德的吗？为什么？请评估其决策的道德含义和社会责任。

3. 评价政府和法律的角色：日本政府对水俣病事件的反应是合适的吗？为什么？请评估政府的责任和法律条文的制定。

这些问题旨在引导学生深入思考文本，分析其结构和组成部分，并对不同元素和观点进行批判性评估。这种方法有助于培养学生的批判性思维能力，并使他们能够更全面地理解和评价复杂的社会问题。

对比我之前的设计，显然 ChatGPT 的问题设计比我的问题设计更丰富，甚至更深刻，虽然需要根据中小学生的情况对其中的一些提问进行修改调整。ChatGPT 学习了人类已有的海量知识，使用大语言模型捕获人类知识文本中形成长期依赖关系的词句，根据给定的文本片段预测下一个词或句子，具有相当出色的智能表现。而每一位教师学习的知识量是无法与 ChatGPT 相比的，教师需要承认自身的局限，同时也看到自身在了解学生、随时能识别学生的情绪情感、根据具体情况做针对性提问和指导等方面的优势。这可以使我们更加清楚如何采用"人脑 +AI"的方式高效率和高创造性地工作。

下面是关于如何指导学生探索电磁铁磁力大小的案例，请特别关注我是如何向 ChatGPT 和 Claude 提问的。提问设计或提示词设计是有讲究的，这涉及生成内容的质量。提示词工程已成为一个专门的研究领域，网上有相当多的教程可以参考。

我向 ChatGPT 提问：关于影响电磁铁磁力大小的因素，请用苏格拉底式的提问指导我探索，可以吗？

答：当然可以！苏格拉底式的提问是一种深度思考的方法，它能够帮助你深入探究问题的本质和背后的原理。

1. 你认为磁力与哪些因素有关系？可能是电流、线圈的长度、线圈的截面积、铁芯的材料或形状等。这些因素是否会对磁力产生影响？

2. 如果你改变了其中一个因素，比如增加电流的强度或增加线圈的长度，那么磁力会怎样变化？这些变化是否符合你的预期？

3. 如果你尝试同时改变多个因素，比如增加电流的强度并增加线圈的长度，那么磁力会怎样变化？你如何确定这些因素之间的关系？

4. 你是否可以进行实验来验证这些假设？如果是，你将如何设计实验？如何测量磁力的大小？如何控制变量以保证实验的准确性？

通过不断地提问和探究，你可以逐渐深入理解影响电磁铁磁力大小的因素，并得出结论。记得保持开放的心态，随时调整自己的假设和观点，以获得更全面、准确的认识。

这些提问都指向了如何让学生去思考和探索，而且相当详细，教学时相当具有参考价值。同样是要求 AI 设计出探究影响电磁铁磁力大小的问题，我转用做项目式探究的方式，又向 Claude 发出了提问：要让小学生设计一个磁力最大的电磁铁，我需要怎样如苏格拉底那样提问来引导学生去思考和实验探索呢？

答：这是一个很好的问题。要引导小学生采用科学探究的方式设计一个磁力最大的电磁铁，可以遵循以下思路提问。

首先要引导学生思考影响电磁铁磁力的各个因素，比如：什么因素会影响电磁铁的磁力？电流、铁芯材料和电磁铁的结构是否会产生影响？还有其他因素吗？

然后鼓励学生提出自己的假设并设计实验来验证，比如：如果我们增加电流，会发生什么变化？使用不同的铁芯材料会有何不同？改变线圈匝数或铁芯尺寸会有什么影响？你可以设计什么实验来测试你的想法？

在学生做实验和观察结果后，继续追问，促进分析和总结，比如：从你的实验结果可以得出什么结论？各因素是如何影响磁力的？它们之间存在什么定量关系？这些关系可以帮助我们如何设计一个磁力更大的电磁铁？

最后，引导学生综合考虑各因素，提出自己的设计方案，并检验其效果，比如：现在，根据我们探讨和实验的结果，你会如何设计一个磁力最大的电磁铁？你的设计方案是什么？为什么这样设计可以达到最大磁力？你可以做什么实验来检验你设计的效果？

通过这一系列引导性的提问，鼓励学生展现出探究的思维，提出问题、假设并检验，分析结果并总结定量关系，最终综合各因素设计出一个让电磁铁磁力最大的方案。这正是采用苏格拉底式提问方法培养科学思维的效果。

Claude 理解清楚了我的提问，其回答逻辑清晰，提问明确，教学进程设计合理，并且整个过程设计很具有现场感，非常适合形成基于提问的教案。无论是使用 ChatGPT 还是 Claude，都可以就其中的具体内容进一步提问，比如，"我如何就线圈、电流大小、铁芯材料等影响电磁铁磁力大小的因素，分别做苏格拉底式的提问？"以得到更加详细的提问设计，大家可以接着去试试。

从两个 AI 工具的回答中，也可以大致看出苏格拉底式提问的流程。

1. 开放：即开放问题。提问应是开放的，给学生广泛和深入思考的空间，而不是设定圈套或选项，暗示或诱导到一个标准答案上来。

2. 追问：在学生回答后进一步追问，从不同的角度，质疑学生的假设和看法，促进学生全面地思考。

3. 假设：通过假设的情形和提出假设性问题，探讨新思路和看法。

4. 可检验：所有的观点都应该有证据支持，"你为什么这样说？证据是什么？"请学生进行澄清或修正。

5. 总结和进一步设问：适时梳理和归纳到目前为止的观点，进一步推进对话的深入和对问题的深度理解，并适当赞赏，以鼓励学生将讨论继续下去。

课堂上要用好苏格拉底式的提问是不容易的。虽然我们可以借助 AI 工具来做尽可能详细的设计，但课堂上学生的思维是天马行空的，要修炼到能适时从容应对的地步，还需要我们做好长久坚持改变自己的打算。

第六节　教学生提问技巧

善于提问是批判性思维能力强的表现。爱因斯坦也强调，提出问题比解决问题更重要。很多时候，解决问题是技术活，但要提出一个好问题，则意味着一个新方向的诞生，有助于培养学生的创造力。学生的提问，往往也意味着他对已有知识的理解和思考，从中可以看到学生学习的状况。如何提高学生的提问技巧呢？

1. 学习内容问题化。这是我 30 多年的教学经验中感受最深的：一位教师的教学是否真正优秀，最关键的是看他是否有能力化平淡为神奇——以问题激发学生的求知欲和探究行动。教材虽然在问题化表述上做出了努力，但总体来说还是以陈述知识体系为主线的。我们不能仅仅停留在知识点的铺陈上，而应将教学内容转化为引发学生好奇心和思考的问题。即，将传授性教学转变为探究性教学，激发学生的质疑、探究和知识建构。

2.问题情境化。教师应直面真实的生活难题或设计出具有挑战性的模拟情境。这实际上有助于学生应对当下正在推行的中考、高考情境题。很多教师在课堂上创设的情境虽然激发了学生的兴趣，但与解决实际问题无关。这种与解决实际问题无关的情境无法真正引导学生的深度探究[①]。教师要善于把问题融入真实情境中，深度锻炼学生的批判性思维能力。

3.给学生思考的时间。这一点很容易被忽视，老师一提问，就期望有学生能马上回答。但是，思考问题是一项高级思维活动，需要充足的时间来沉淀和发酵。教师要耐心等待学生的思考过程，而不是急于填补课堂的"空白"。这种有耐心的等待，本身就是对学生独立思考的一种尊重和鼓励。另外，如果一个问题一提出学生就能回答，教师就需要考虑这个提问是否是个能引发思考的有价值的问题了。

4.正面反馈。对学生提出的好问题给予积极的肯定，能够增强学生的自信心。这种正向反馈不仅是对学生的认可，是对他们的尊重，也是对他们继续提出更有价值的问题的鼓励。

5.教授学生提问技巧。教师善于提问的目的，是如苏格拉底一样激发学生能自己提出问题，这是培养批判性思维的关键。提问本身虽然是开放的，甚至有点随机性，但也是有规律可循的。教师要帮助学生掌握提问的基本架构，这不仅能让学生感到提问不再难以捉摸，也使他们的思维更加清晰。

作为教师，要懂得如何产生好的提问，如何通过批判性思维发现认知偏差、谬误或思维陷阱等来提出有效的问题。在此特别推荐大家阅读布朗等著的《学会提问》[②]。

杰基·沃尔什（Jackie A.Walsh）博士是长期研究有效提问的专家，她在

---

① 吴向东.在真实情境中解决问题[N].中国教师报,2023,(007).

② 布朗,基利.学会提问(原书第10版).吴礼敬,译.北京:机械工业出版,2013.

网上分享了一个学习提问技巧的提示表①，可以帮助学生掌握提问的规律，学习提问技巧。

提问技能	题干示例
向自己提出问题，以理解你读到或听到的最重要的事实或想法	最重要的想法是什么？ 是什么让我感到困惑？ 我有什么不明白的？ 我该如何用我自己的话来解释这一点？
提出问题以将内容与你已经知道的内容联系起来	当我读到（或听到）这篇文章时，会想到什么？ 我已经对此了解多少？ 这是否与我认为我已经知道的事情相矛盾？ 这以何种方式增加或扩展了我已经知道的内容？
提出问题以澄清和更好地理解主题或文本的含义	作者写 _____ 是什么意思？ 你说 _____ 是什么意思？ 你能换一种说法吗？ 你能举什么例子？ 你如何总结 _____ ？
提出问题以了解两种不同事物之间的关系	_____ 与 _____ 有何相似之处？ _____ 与 _____ 有何不同？ _____ 和 _____ 有什么共同点？ 是什么促成了 _____ ？ _____ 的结果是什么？

① Walsh，J.(2019).*How to Get Your Students to Ask More Good Questions.* Middle Web. https://www.middleweb.com/40383/how-to-get-your-students-to-ask-more-questions/

提问技能	题干示例
询问某事的重要性或价值	是什么促成了 _____ 的重要性？ 我们如何评估 _____ ？ 我们可以使用什么标准（或标准）来判断 _____ ？
表达好奇心	我想知道为什么 _____ 。 我们怎么可能 _____ ？ 你有没有想过 _____ ？
挑战传统的主要思维方式	另一种思维方式是什么？ 如果 _____ ？ 关于 _____ 的另一种思维方式是什么？
测试新想法	我在想 _____ ，其他人如何反应？ 想象 _____ ，结果如何呢？ 如果 _____ ？

还有一种普遍的提问支架是从 5W1H（Who、What、Where、When、Why、How）开始的，即从"谁、什么、哪里、何时、为什么、如何"开始提问。下面收集了 60 多个指向批判性思维的提问，老师们可以根据自己的理解对其做适当的删减，排版成小册子，打印出来发给学生作为提问时的示例或提示。学生经常练习，有助于提升提问水平。

从谁（Who）开始的提问	从什么（What）开始的提问
	如果……会是什么样子？
	如果……会发生什么？
	还可能出现哪些其他结果？
	你会问什么问题？
谁造成了伤害？	你会问作者什么？
谁因此而受到伤害？	有什么意义呢？
谁是最重要的角色？	应该发生什么？
谁应该对此负责？	动机是什么？
谁说的？	还有什么能改变整个故事？
谁写的？	在这种情况下，你会有什么立场？
谁应该赢？	转折点是什么？
谁将受益？	当……时，这意味着什么？
谁会受到此影响？	这个论点的另一面是什么？
谁来做决定？	目的是什么？
	你做了什么假设？
	什么是更好的选择？
	这个论点的优势是什么？
	这个论点的弱点是什么？
从哪里（Where）开始的提问	**从何时（When）开始的提问**
	故事是什么时候改变的？
故事在哪里发生了变化？	什么时候可以接受？
您最常在哪里发现此问题？	什么时候这是不可以接受的？
哪里有类似的情况？	这什么时候会成为一个问题？
你会去哪里获得这个问题的答案？	我们什么时候才能判断它是否有效？
这在哪里可以改进？	什么时候重新评估？
从哪里可以获得更多信息？	什么时候是开始的最佳时间？
	什么时候该停下来？

从为什么（Why）开始的提问	从如何（How）开始的提问
	你会如何解决……？
	这与其他情况有何不同？
为什么这是一个问题？	这与……有何相似之处？
为什么这个角色说……？	你会如何使用……？
为什么作者决定……？	这个故事的结局怎么会有所不同呢？
为什么会这样呢？	这是如何工作的？
为什么这很重要？	这怎么可能是有害的？
为什么有必要？	否则怎么能处理这个问题呢？
你为什么认为我会问这个问题？	他们应该如何响应？
为什么这个答案是最好的？	你会怎么想……？
为什么我们今天需要这个？	这将如何改变结果？
为什么这么与众不同？	你是如何做出这个决定的？
	这对你或他人有什么好处？
	这对你或他人有什么伤害？

同样地，教师也可以用上述的技巧，构建 AI 智能体辅助学生提出好问题。但我们不建议这样做，因为这样可能会使学生产生 AI 依赖和认知惰性[①]。教师最好还是鼓励学生独立思考，自己发现疑点和提出问题，让学生自己做出智力努力。这点相当重要。

第七节　协同 AI 评价学生的批判性思维水平

在未使用 AI 之前，评价批判性思维是不容易的，需要教师做大量的细致

① Walter，Y.(2024).Embracing the future of Artificial Intelligence in the classroom: the relevance of AI literacy，prompt engineering，and critical thinking in modern education. *International Journal of Educational Technology in Higher Education*，21，15.

工作。评价批判性思维有三种方式，一是用批判性思维量表进行测量，主要用于了解学生批判性思维的整体水平；二是采用表现性评价的方式，包括口头表达、提问和回答问题、行为表现、表演、展示、操作、写作等，在教学现场就可以及时给学生反馈，以帮助学生改进；三是采用试卷中的主观题来考察学生的批判性思维水平。这三种方式都可以与 AI 结合起来使用，提高评价的效率。

（一）评价教学现场中的问答

教学现场评价体现的是"教—学—评"一体化的要求。对于批判性思维的评价来讲，教师挂在嘴边的常用语可以是"你提的问题真好！""你的看法真独特！""你们互相激发了这么多创意啊！"这类鼓励性的反馈，可以激发学生更多维度的思考。但这些不是针对批判性思维的评价，主要起激励的作用。

以下是一次语文教学现场中的对话。

唐朝官员柳宗元被贬，官场失意，但有孤傲风骨，经常借景抒情。其诗《江雪》就是代表。"千山鸟飞绝，万径人踪灭。孤舟蓑笠翁，独钓寒江雪。"这是何等的孤独啊！但以小学生的人生阅历，是很难对柳宗元的孤独理解到这种地步的。于是他们对这首诗有了不同的理解。

生：我觉得诗中的蓑笠翁并不孤独。

师：哦？为什么这样认为呢？

生：我觉得他周围有许多东西都在陪伴着他。他有小船陪伴。我想坐船钓鱼都做不到……

师：哇，还羡慕呢！我明白了，你将小船视为他的伙伴。

生：还有他的钓竿陪伴，钓竿可以算作是朋友。还有江水也是朋友，因为江水里有鱼。

生：对哦，江水里的鱼也在陪伴着他，虽然看不到鱼，但蓑笠翁知道水里的鱼肯定在等他的鱼饵，鱼也是他的朋友。

生：还有江面上的雪。雪落在江面上，江边也有雪，千山、群山上也有雪，树上也有雪，雪也是他的朋友。

生：钓竿上也有雪！

（哄笑）

生：群山也是他的朋友！他朋友很多的！

师：这样啊，你们真是热爱生活的孩子！看起来他周围的世界都在陪伴着他，蓑笠翁并不孤独。我要是柳宗元，知道你们帮他发现了这么多朋友，即便江雪再冷，他的心该有多温暖啊，哪还会孤独呢。那为什么柳宗元和你们的感受却不一样呢？

从这个案例片段中可以看到，学生批判性思维的氛围被激发了，不再受限于"孤独"的人设，以童年的眼光，给诗赋予新的意义。虽然这并不符合诗的原意。但教师这时可以把学生们的个性化理解记录下来，作为综合评价学生批判性思维水平的依据；再不失时机地抓住学生感受与作者感受的不同之处，水到渠成地引入下一环节——对柳宗元写作背景的介绍。

这样的对话过程也可以由一些可以自动识别语音的、有 AI 能力的课堂分析软件做记录，与课堂观察者的记录一起用于分析学生思维展开的状况。但这种方法主要用于课后的教学分析。

（二）评价试题回答水平

教学现场中的"教—学—评"一体化评价是开放性的，主要用于日常的批判性思维训练。而利用试卷中的主观题来评价，则是为了考查学生的思维水平。试卷中的评价有两类：一类是客观题，一类是主观题。客观题较为容易通过阅卷软件来统计分析，但主观题的评阅一直是个难题。

对于考查学生的批判性思维水平来说，做主观题是其主要的评价方式，主观题可以考查学生针对某一真实情境问题的批判性思维水平。这种主观题的答案往往可以是多元的，重点考查的是学生的推理过程。

比如让学生回答下列一道题：反嘴鹬在滩涂淤泥里觅食的方式是左右横着扫开淤泥去寻找食物。它为什么不利用反着长的长喙，把淤泥挑开来寻找食物呢？

这是一道开放性的试题，我们可以根据学生的回答水平来赋予分值。下表是根据小学四年级学生的认知水平制定的。

分值	评判标准	学生的回答
4	在 2 或 3 的基础上更广泛地合理思考	1. 因为在淤泥表层觅食，可以把深层的食物留给其他鸟类吃，如喙比较长的斑尾塍鹬，减少物种间的食物竞争；
3	觅食浅层淤泥里的食物	横着扫的结果是只能在淤泥表层寻找食物。
2	从省力和方便的角度思考	1. 横着扫比挑开淤泥更省力； 2. 向上翘的喙不方便挑淤泥，因为头要低更低。
1	反映了一定的合理推理	避免喙插进淤泥被缠住。
0	错误回答或无关回答	它的喙像探雷器那样探鱼。

这种评价方式，需要阅卷教师熟悉评判规则，以便根据学生各种各样的回答赋予分值。现在的 AI 阅卷软件还难以达到这个水平。

（三）借助 AI 评价和反馈

评价学生学习过程中的各种作品，是表现性评价中的重要内容。随着大语言模型的发展突飞猛进，英语学习 AI 软件现在已经相当的智能，学生可以用口头的和文字的内容与英语学习 AI 软件实时交互，获得语音上的或文字上的反馈，及时纠正错误，或根据学习进展实时调整学习内容。因为学习的个性化和交互的充分，英语学习 AI 软件已经成为许多英语学习者的主要工具，并向当下从小学到高中的按部就班的英语教学提出了很大的挑战。不少年少的英语学习者主要跟着 AI 学习，英语水平已经远远超过了英语教材规定的年级水平，成为"教—学—评"一体化的典范。

语文与英语一样，也属于大语言模型架构的 AI 所擅长的，我们也可以开发 AI 智能体或专用软件来学习语文。但这需要做大量专业的前期工作，包括构建语文学习的各种数据集等。下面示例的是将学生的博物观察随笔提交给 AI 进行评价，其中会涉及用布鲁姆学习目标分类（2001 版）作为评价框架。这种方法适合迁移到语文、历史、道德与法治等文科中。

学生的博物观察随笔如下。

巴西青榄，为橄榄科、橄榄属植物。这种植物我以前并不熟悉，而今天我有幸在果山中见到了它。

它是一棵漂亮的果树，绿油油的叶子整齐地交错在青色的树枝上，上面的纹路细细长长，条条清晰，如同队伍中的士兵笔直地站着。淡棕色的树干上，雪白的条纹十分明显。这棵树上已经长了不少橄榄果，我便摘了一个下来想看看果子的模样。

刚摘下来的这颗青橄榄的外表是椭圆形的，又小又硬，分量很足。但最使我感到奇怪的是，橄榄果的外皮上有很多白色颗粒，这些颗粒是什么呢？我问了问老师，又赶紧查了查资料，得知橄榄果中是含油的，而根据气温的影响，油会渗出表面并结晶，形成这些白色颗粒。原来如此！

知道一些关于橄榄果的知识后，我愈发对它感到好奇，便想尝尝它是什么味道的。我一口咬下去，浓浓的酸苦味使我直皱眉头，但咽下去后便是微微的甜味和清香，越吃越甜，真不错！

不知不觉，一个橄榄已经吃完了，但我并没有吃到核，难道是巴西青榄本身就没核？我又赶紧查了查资料，得知巴西青榄是有核的，要是没长出核就代表它发育不良。那是什么使它发育不良呢？气候？巴西橄榄耐寒耐热，气候肯定不是罪魁祸首。原来是因为土壤没有做好改良工作，巴西青榄对土壤要求比较高，需要选择疏松、排水良好的土壤，这里的土又硬又干，难怪它发育不良。

橄榄果不仅好吃，而且营养丰富，有很大的医用价值。这种成熟而干燥的果实是一种中药，有清热、利咽、生津、解毒的功能，可用于治疗咽喉肿痛、咳嗽、烦渴、鱼蟹中毒等症状。橄榄真的是宝啊！

我爱巴西青橄榄，爱它的美味，爱它的好看，更爱它的伟大。它，就是我们身边的"绿色宝藏"。

现在要根据上述学生的文字，评价学生在批判性思维方面的表现水平。我们设计了如下提示词，连同上述文本一起提交给智谱清言。

提示词：这是学生写的观察随笔，反映了他的思维过程，请评价其批判性思维的表现情况。要求根据布鲁姆学习目标分类（2001版）来评价，其中必须涉及学生在认知过程维度的分析和评价的表现情况，涉及其在知识维度的元认知知识的表现情况。请以表格的形式呈现结果，表格第一列是维度，包括分析、评价和元认知知识；第二列显示评价信息；第三列给出优秀、良好、中等、合格、不合格这五个等级中的一个等级。谢谢！

下面是智谱清言生成的评价结果。

维度	评价信息	等级
分析	学生在观察巴西青榄的过程中，能够从外观、味道、生长环境等方面进行分析，如对橄榄果的白色颗粒、无核现象进行了探究。但在分析原因时，对气候因素的排除过于简单，没有深入分析。	良好
评价	学生对巴西青榄的评价较为全面，既提到了其外观和味道，又强调了其医用价值。但在评价过程中，未对橄榄果的缺点进行客观评价，存在一定的主观倾向。	良好
元认知知识	学生在遇到问题时，能够主动向老师寻求帮助和查阅资料，表现出较好的元认知策略。但在探究过程中，对问题的深入挖掘和反思不足，如对橄榄果发育不良的原因分析不够深入。	中等

总体来看，该学生在认知维度的分析和评价方面表现良好，但在元认知知识方面仍有提升空间。

AI 生成的评价内容相当全面和详细，可用性还是比较高的。比如"对问题的深入挖掘和反思不足，如对橄榄果发育不良的原因分析不够深入"，这个反馈是很准确的。教师完全可以参考其中的内容，给学生反馈。或者写好提示词给学生，让学生自己提交给 AI 并根据反馈多与 AI 互动。比如，学生可以自己继续追问："橄榄果发育不良的原因分析不够深入，我该怎样做呢？"以获得更多的反馈。我如此继续追问，智谱清言提供了以下回复。

为了深入分析橄榄果发育不良的原因，这位学生可以采取以下步骤。

1.收集更多信息：阅读更多关于巴西青榄生长习性的资料，了解其生长的土壤、水分、光照、温度等要求；调查当地土壤的成分、酸碱度、湿度等，与巴西青榄的理想生长条件进行对比。

2.观察与记录：定期观察橄榄树的生长状况，记录橄榄果实的发育过程，包括大小、颜色、形态变化等；记录环境因素的变化，如天气、温度、降雨量等，寻找可能与果实发育不良相关的环境因素。

3.实验与对比：设计实验，比如在不同土壤条件下种植巴西青榄，观察果实发育情况；对比其他健康橄榄树的生长环境，找出差异点。

4.咨询专家：向农业专家或植物学家咨询，获取专业意见和分析；参加相关的研讨会或工作坊，学习更多专业知识。

5.综合分析：将收集到的信息、观察记录、实验结果和专家意见进行综合分析；排除不可能的因素，确定可能导致发育不良的主要原因。

6.反思与修正：反思自己的探究过程，看看是否有遗漏或错误；根据分析结果，提出改善措施，如改良土壤、调整灌溉频率等，并观察效果。

这个指引抓住了核心，提供了详细的进一步探究的方案，而且具有较好的可行性。AI的确能给学生提供不错的反馈，真是令人兴奋！

（四）批判性思维量表评价

适合小学生的批判性思维量表不多，以下是一些知名的可以用于小学阶段的批判性思维量表。

1.康奈尔批判性思维测试第X级（Cornell Critical Thinking Test Level X，CCTT-Level X）：该量表是第X级的专为5~12年级学生设计的，中小学阶段使用率较高的批判性思维量表。该量表主要测量推理能力：学生从特殊的事例或情况推断出一般原则或规则的能力；演绎能力：学生根据给出的一般原则或规则推断出特殊情况或结果的能力；识别假设能力：学生识别并评估在一个情况或论点中所做的假设的能力；判断和决策能力：学生评估不同选择并做出最佳决策的能力；问题解决能力：学生识别并解决问题的能力。

2. 批判性思维测验（Test of Critical Thinking，TCT）：这个测验旨在衡量学生分析、批评和综合观点的能力。它给学生展示短的材料，然后提出问题，需要学生应用批判性思维的不同方面去回答，如推理和识别假设。

3. 新泽西州推理能力测验（Test of Critical Thinking，NJTRS）：这个测试适用于4~8年级，衡量学生的一般推理技能，包括分类、识别关系和逻辑推理。

4. 逻辑思维小组评估（The Group Assessment of Logical Thinking，GALT）：适用于10岁以上的儿童，用于衡量孩子是否准备好理解需要更高级逻辑思维操作的科学概念。

5. 反思判断场景（Reflective Judgment Scenario，RJS）：为7岁到成人开发，该测验使用真实生活场景来衡量一个人的反思思维水平。它测量了反思性思维的七个阶段，从前反思性（假设知识是直接从权威或通过个人观察获得的）到准反思性（认识到一些问题结构不良并承认不确定性）再到反思性（显示对基于调查过程的判断）。

实际测量中，过于繁杂的量表测试不便于实施，且所有的这些量表的信度、效度并不太理想。所以，采用量表评价的可行性还有待进一步完善。

第五章　协同 AI 智能体的批判性思维教学模式

相比于只能作为弱辅助工具的教育技术，包括互联网、数字化传感器、专用的数字化仪器等，AI 智能体的智能性和专业能力可以使我们把它看作人的分身——智能的"他者"，虽然"他者"还不具备人一样的自我和自主意识。我们借由大语言模型开发出针对批判性思维的 AI 智能体，这些智能"他者"，比如辨识逻辑谬误和认知偏差的"逻辑辨识家"，擅长苏格拉底式提问和交流互动的"微笑的苏格拉底"等的加入，将给教师的角色和教学带来前所未有的改变，新的教学模式必将产生。

要创建协同 AI 智能体的批判性思维教学模式，需要考虑多方面的因素。比如，AI 智能体到底可以为批判性思维能力的培养带来什么？会让传统教学改变什么？批判性思维教学是单独开展还是结合学科教学开展？如果结合学科教学，批判性思维教学模式与学科教学模式是什么样的关系？如何融合？哪些理论可以为批判性思维教学模式的建构提供支撑和解释？我们已经具备哪些成功的经验？他人的经验有哪些？最后，该教学模式的可操作性如何把握？这涉及此教学模式最终能否有效实施。由此可以看出，创建一个新的教学模式需要考虑太多的因素，在本章中，我们需要把这些问题理清楚，创建出简洁、易操作的模式来。

本章构建的"连接—俯瞰—反思"的批判性思维教学模式正是基于这样

的思考而做出的前沿探索。同时基于我们长期做批判性思维教学的经验和对国际上相关经验的把握，我们采取与学科教学相融合的路径，为老师们开展批判性思维教学提供可操作的模式。

第一节　AI 智能体带来的可能

在传统的大班额课堂中，捉襟见肘的师生互动制约了学生个性化学习的空间，批判性思维的培养因此难以充分展开。但将 AI 智能体引入课堂，教师有了协同的智能"他者"，学生有了对话的智能"伙伴"，原来课堂上单一的低频的师生互动模式，将转变为学生与 AI 智能体之间高频、深入、个性化的对话互动模式。**教师如同孙悟空，将 AI 智能体作为自己的"分身"分给每一位学生，让其取代教师的部分功能**；还可以根据学生的学习进展，监控和改进 AI 智能体与学生的互动；与其"分身"结合，大班额中的对话教学就可以充分展开。

在这种新的智能学习环境下，许多方面都在发生变化。教师的知识传递者的身份被部分取代，很多知识传递的工作可以交由 AI 智能体去做；教师思维培养者的角色被 AI 智能体增强，教师的"分身"——AI 智能体可以代替部分教师的功能，为每个学生提供即时的反馈和指导；教学内容组织方式被重构，**课标与教材上固化的课程可以放到 AI 智能体里变成流淌的河，让学生带着问题在其中遨游**。更重要的是，学生的角色和学习方式产生了巨大的转变，他们在课堂上学习主体的角色会得到突显，他们从被动接受到主动探究，从课堂缄默到与教师"分身"之间滔滔不绝，可以尽情地自由思考和表达，而教师的"分身"也极尽耐心地陪伴学生，和学生交流互动。

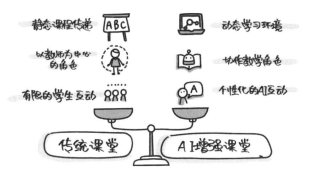

　　有 AI 智能体"他者"协同的课堂，知识的河、思维的河，川流不息。这是前所未有的、动态的自主的课堂。在这种课堂上，学生活跃、主动且可以自我决定，批判性思维者所涉及的一些品质，比如主动、自律、自我反思、积极、勇敢、自信等将有更加自由发展的空间。

第二节　教学模式建构的基础

（一）实施路径的选择

　　为使批判性思维教学能在中小学落地，世界各国都在探讨有效的方法。有的专门开设批判性思维课程，但课时是有限制的，学生训练的时间有限，其成效也有限。为此，批判性思维先驱恩尼斯做了研究，提出了四种批判性思维教学的方式[①]。

　　1. 独立课程方式：将批判性思维的技能和人格倾向作为一个独立的课程进行教学，不与具体的学科内容相结合，内容来自学生日常生活中的问题，

---

　　① Lombardi, L., Mednick, F. J., De Backer, F., & Lombaerts, K.(2021).Fostering Critical Thinking across the Primary School's Curriculum in the European Schools System. *Education Sciences*, 11, 505.

明确地对批判性思维技能进行指导和训练。这种方式在大学较为常见。

2.渗透方式：在学科教学内容中明确将批判性思维作为目标，指导教师将批判性思维技能的训练渗透到具体的学科教学活动中。这种方法容易执行。

3.隐含方式：将批判性思维的培养作为学科教学的隐含目标，不进行直接和明确的技能指导，而是让学生通过学科学习自然获得。这种方法因为目标不明确，存在着难以落实的风险。

4.混合方式：结合独立课程方式与渗透方式或隐含方式，既有独立的批判性思维技能课程，也将技能应用到学科学习中，两条学习轨道同时进行。

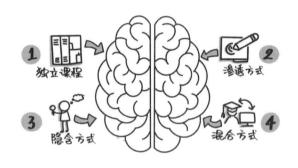

根据我们长期做批判性思维教学的经验，我们选择的是渗透方式，即与学科教学相结合。这样的好处显而易见，可以做到天天练、日日行，有利于长期不间断地培养学生的批判性思维能力。

将培养学生的批判性思维融入学科教学，是课标的要求，是每位教师必须具备的技能。不同学科在批判性思维训练上都有各自优势。比如语文在训练语言逻辑、多角度分析、独立观点的表达上有优势；数学在训练抽象真实世界、符号推理、学习证明方法上有优势；英语在理解不同的文化和语言表达方式上有优势；科学在训练以科学思维和方法大胆质疑、严谨探索、谨慎推理上有优势；信息技术课在分析和抽象建模、计算思维上有优势；艺术在培养审美能力、理解多样性、激发想象力和创造力上有优势。这些优势或直接指向批判性思维本身，或可间接作为承载批判性思维的良好载体。

（二）寻找行之有效的关键教学策略

不少国内知名专家和国外大学教授认为中国留学生普遍缺乏批判性思维技能，因为他们在课堂上只是安安静静听课做笔记，思维不活跃。英国杜伦大学教育学院的樊克基等（Fan & See，2022）对此进行了文献荟萃分析，没有发现有研究证据支持中国学生的批判性思维能力高于或低于其他国家的学生的观点。但在批判性思维倾向的多项研究中发现，中国学生批判性思维的倾向较差；还有一项研究表明中国学生更倾向于寻求信息，而不是进行批判性思维[1]。这个发现需要引起我们的反思，儒家谨言慎行的文化和传授式的教学可能是导致该现象的主因。所以，我们在培养学生批判性思维能力的同时，也要注意培养学生作为批判性思维者的一些人格品质，包括勇于表达、乐于表达、不惧怕出错、不惧怕权威等。

香港在批判性思维教学方面已做了不少工作。香港大学教育学院的冯俊乐（Dennis Fung，2017）研究了香港中学通识教育科中批判性思维教学策略，发现协作小组工作（通过认知冲突促进共同决策和团队责任）、明确的推理指导和基于证据的论证相结合时，对学生的批判性思维发展产生了积极影响。研究结果还显示，接受教师指导的学生在共同完成学习任务中的互动性更强，"教师支持"的小组比"自我指导"的小组取得了更大的进步，说明教师在促

---

[1] Fan，K.，& See，B. H.(2022). How do Chinese students' critical thinking compare with other students？: A structured review of the existing evidence. *Thinking Skills and Creativity*，46，101-145.

进小组讨论方面的重要作用[①]。冯俊乐（2014）还对香港小学常识科做了研究，发现有效的小组工作对学生批判性思维的发展影响是积极有效的[②]。

新加坡小学英语教师 Kow Hui Meng 博士在英语教学融入批判性思维的研究中，描述了学生的如下反应：教学越明确，对学生的影响越大；当课程融入深思熟虑的氛围时，学生更愿意重视批判性思维；当批判性思维的教学与内容教学相结合时，学生能更好地学习内容[①]。

加拿大康考迪亚大学菲利普·阿布拉米等人（Abrami，et al，2008）对批判性思维教学做了荟萃分析，发现在所有学段和所有学科领域中，鼓励对话交流、让学生面对真实情境中的问题和案例，以及教师的指导等方法对批判性思维的培养显示出了积极的效果[④]。

马来西亚大学的薛莹等人（Xue，et al，2023）对近十年来英语写作教学中应用的批判性思维整合教学策略做了荟萃分析，归纳出了六种主要策略。

1. 明确教授批判性思维概念，如"查询证据"或"推测替代方案"；

2. 创造社会建构的学习环境，如进行有意义的思想交流和同伴互动；

① Fung，D.(2017). The pedagogical impacts on students' development of critical thinking dispositions: Experience from Hong Kong secondary schools. *Thinking Skills and Creativity*，26，128-139.

② Fung，D.(2014). Promoting critical thinking through effective group work: A teaching intervention for Hong Kong primary school students. *International Journal of Educational Research*，66，45-62.

① Meng，K. H.(2016). *Infusion of Critical Thinking across the English Language Curriculum: A Multiple Case Study of Primary School In-Service Expert Teachers in Singapore.*Ph. D.Thesis，University of Western Australia, Perth, Australia.

④ Abrami，P. C.，Bernard，R. M.，Borokhovski，E.，et al.(2008). Instructional interventions affecting critical thinking skills and dispositions: A stage one meta-analysis. *Review of Educational Research*，78，1102-1134.

3. 提供适当的支架材料，如指导式写作工作表；

4. 注重提问技巧，如提供一套指导性问题让学生思考；

5. 教师或同伴反馈；

6. 在线技术手段，比如将英语学习软件作为学习支架使用[①]。

我们在批判性思维教学领域做了 30 年的教学实践，认为以下四个批判性思维教学策略是关键的。

1. 鼓励质疑，制造争论，促使交流讨论；

2. 示范批判性思维，教学生识别常见的认知偏差、逻辑谬误和思维陷阱；

3. 解决真实情境中的劣构问题，锻炼批判性思维的应用能力和灵活性；

4. 培养基于学科专业思维规范监控和评价学习全过程的习惯。

技术支持的批判性思维教学策略在国外也有相当丰富的研究，但总体来说，因为基本上是在非智能的技术环境下开展的，其实用性一直是个大问题，很难在学校日常课堂上使用。当下，随着 AI 的成熟可用和唾手可得，将 AI 作为策略和工具的实践将蓬勃发展。钱旭红院士在华东师范大学 2024 届毕业典礼上说道："借助于 AI，可以训练和发展人们的提问能力与批判性思维。中国大学生大多害羞内敛，不擅长、不善于提问，导致批判性思维能力不足。有了 AI 语言大模型，人们可以每时每刻训练提问、层层刨根、不断逼问，让 AI '不打自招'，从而培养打破砂锅问到底的勇气、技巧和坦然。"[②]

以上丰富的批判性思维教学策略研究为我们提供了经验和启发，让我们

---

① Yin, X., Saad, M. R. B. M., & Halim, H. B. A.(2023). A systematic review of critical thinking instructional pedagogies in EFL writing: What do we know from a decade of research. *Thinking Skills and Creativity*, 49, 101-363.

② 华东师大校长钱旭红院士 2024 届毕业典礼致辞全文. https://mp.weixin.qq.com/s/flt_ib3K_5xEfIqHuOnaMw

认识到哪些策略是被普遍重视的，是关键的，比如探究真实情境、对话交流、小组合作、思维支架和教师指导等，这对我们创建操作性强的批判性思维教学模式提供了经验基础。

（三）借鉴有价值的教学模式

要建构 AI 智能体协同的和融入学科教学的新模式，分析和借鉴已有的批判性思维教学模式是必要的。我们选择了三种代表性的模式，一是指向迁移和创新的哈尔彭的四维度模型，它符合本书提出的批判性思维是创新创造的基础的观点；二是来自一所小学的三步骤批判性思维教学模式，我们可以学习该模式的可操作性；三是完全融入学科、秉承了古希腊教育理想的 Paideia 教学模式。

第一种模式是哈尔彭（Halpern，1998）在《美国心理学家》杂志上撰文提出的一个旨在培养学生新情境迁移能力的四维度批判性思维教学模型[1]，它包括四个维度。

---

[1] Halpern，D.(1998). Teaching critical thinking for transfer across domains. Dispositions，skills，structure training，and metacognitive monitoring. *The American psychologist*，53，4，49-55 .

1. 性格或态度维度：培养批判性思维倾向，做好努力思考的准备。

2. 技能指导维度：传授批判性思维的具体技能。

3. 结构训练维度：提供真实材料，训练分析问题或论证结构的能力，以促进批判性思维技能在不同情境中迁移。

4. 元认知维度：包括准确性检查和目标实现进度的监控。

四个维度中，结构训练维度对于培养新情境迁移能力是关键，它给出了要求学习者注意问题或论证的结构方面的例子。

（1）画一个图表或其他图形来组织信息。这类任务使问题或论证的结构清晰。

（2）在回答这个问题之前，你还需要什么额外的信息？要思考所给出的信息中缺少了什么。

（3）解释为什么你做了一个特定的选择。哪个选择是最好的？为什么？在这里，给出理由是一种很好的方法，可以让你把注意力集中在回答问题的思路上，而不是答案本身。

（4）至少用两种方式陈述问题。大多数现实世界的问题都是模糊的，也就是说，它们确实是许多潜在的问题，每个问题都有自己可能的解决方案。

（5）哪些信息是最重要的？哪些信息最不重要？为什么？这个问题将学习者的注意力集中在不同类型信息的价值上。

（6）以有意义的方式对发现进行分类。通过对单个信息进行分组或标记，可以形成一种结构，这种结构在信息独立存在时是不明显的。

（7）为这个问题列出两个解决方案。这会鼓励更有创意的方法。

（8）问题中的一个断言有什么错？这提醒学习者问题通常包含误导性信息。

（9）提出两个支持结论的理由和两个不支持结论的理由。理由不允许由非黑即白的推理得出。

（10）确定问题中使用的说服技巧的类型。它是有效的，还是故意误导读者的？解释你的答案。在回答这些问题时，学习者需要考虑信息来源的动机和可信度。

（11）你会采取哪两项行动来改进所描述的研究设计？学习者需要考虑可能提供不同结果的更好类型的证据或研究过程[①]。

这些示例可以作为支架提供给学生，帮助他们更好地分析和反思。

第二种模式是英国苏格兰一所小学的校长克莱格霍恩为了强调基于证据思考的关键性和语言对于思维的不可或缺性，提出的三步骤批判性思维教学模式，三步骤如下。

1.认知挑战：提出没有明确答案的问题（劣构问题），特别是哲学问题。

2.社会建构：通过小组合作探究问题，特别是哲学问题，并在交流的过程中学习规范的对话技巧。

3.元认知：学生要反思自己的思维，并运用一些思考工具和简单的评估方法来促进反思[②]。

第三种教学模式是秉承古希腊教育理想的 Paideia 教学模式，其产生于美国中小学课堂。该模式分为 Paideia 研讨、苏格拉底式知识指导和讲述教学三个环节。

1. Paideia 研讨。研讨起始于一个开放式的问题，旨在促进学习协作和知

---

① Halpern, D. F.(1998).Teaching critical thinking for transfer across domains. Disposition, skills, structure training, and metacognitive monitoring. *The American psychologist*, 53(4), 449-455.

② 武晓蓓.批判性思维理论、教学与评价研究的新动态[J].延安大学学报（社会科学版），2023，45(06):40-50.

识对话。在 Paideia 研讨会上，学生要应用批判性思维和有礼貌的说话方式，对问题中所包含的思想、观念和价值观进行深入讨论，以促进学生对问题的深度理解。

2.苏格拉底式知识指导。这个环节教师采取的策略是不断向学生进行苏格拉底式的提问，或让学生通过将问题建模的方式来学习。

3.讲述教学。该环节提供学生必知的有组织的事实性信息，目标是使学生获得有组织的知识[①]。

这种模式中的批判性思维培养是秉承了古希腊传统、完全融入学科的，且这种模式在美国小班额中采用，教师可以与学生进行充分的对话。我观摩这个课堂时，学生被分为两组，一组有相同学习问题的学生在与教师轻声互动交流，另一组学生趴在地毯上做作业，学生在课堂上显得相当的惬意。对于我国大班额教学来说，我们还难以模仿学习该模式，但其精神实质是值得借鉴的。

三种教学模式从各自的任务出发，抓住关键要素，用简洁的步骤去建构，没有采用环节太多和过于繁杂的模型。这对于我们要创建可操作的模型来说，是值得学习的。

（四）理论基础

我们推动批判性思维教育的目的，是为了使我们的学生在快速变化的复杂的智能化世界里，主动思考，强健思维，创新创造。所以对于现有的基础理论，我们倾向于将米哈伊尔·巴赫金等发扬光大的对话理论作为批判性思维的基础，将动态、非线性和指向知识创造的后现代课程观作为教学模式的思想来源。

对话理论虽然根植于苏格拉底式的对话传统，但其发展与俄国文学理论

---

① 吴向东.回归古希腊教育理想的 Paideia 课堂 [J].广东教育（综合版），2015，（09）.

家、哲学家米哈伊尔·巴赫金的对话主义是分不开的。一方面，他认为所有文学作品都包含了多种声音和观点的交织，文本是多声道的，意义在对话中产生，而不是由作者决定的。从他的两句名言"文本不是封闭的，它向读者开放，邀请读者参与到文本的理解和创造中"和"个体在社会话语中寻找自己的声音，同时也在塑造和被塑造"中，我们可以看到对话中蕴含的批判性思维，以及对话之于学生人格塑造的重要价值。另一方面，现在的学生，除了与人对话外，还要与 AI——智能的"他者"对话，那么这个"他者"又会怎样塑造学生的思维和人格呢？所以，我们有必要将对话理论作为批判性思维教学的核心理论来对待。教育理论界已经发展出对话教育理论。该理论认为，教学活动的本质在于师生之间以及同伴间的深入对话，反映"学习就是对话"的社会建构主义思想。对话教育强调在对话过程中不同观点和知识间的碰撞与交融，在批判性思维的对话中，催生新知识的诞生，促进参与者认知结构与思维模式的成长。它鼓励学生探索不同的观点，参与有意义的对话，并培养批判性思维技能 [1][2]。AI 智能体作为能深度对话的智能"他者"，为对话教育提供了广阔的空间和可能性。通过与 AI 智能体对话，学生得以在更为复杂和多变的对话场景中锻炼思维、探索新知，在对话中实现自我超越和认知成长。

第二个需要重拾起来的基础理论是多尔的后现代课程观 [3]。这是美国课程专家多尔教授对传统的泰勒模式的课程理论的批判和重构，他反对线性和标准化的知识传递的课程设计，主张课程应该是开放的、多样的，能够适应不

---

① Wegerif, R., et al.(2023). Dialogic education: tensions and dilemmas. *International Encyclopedia of Education* (4th ed.). Elsevier.

② 于青青，曹鑫怡，史圣朋. 从苏格拉底到ChatGPT:教学对话空间的纵深拓展——访剑桥大学鲁珀特·韦格里夫教授 [J]. 全球教育展望，2024,53(04).

③ 多尔. 后现代课程观 [M]. 王红宇，译. 北京:教育科学出版社,2015.

同背景的学生需求的。他从复杂性科学视角出发，认为**一个复杂、多元和以服务为导向的社会需要支持知识创造和转化的课程框架，而不仅仅是知识的传递**。教育是活的混沌的系统，需要通过工具使用、社会互动和递归思维来构建知识，从人类生活和行动的日常生活世界中构建意义。所以他提出丰富性、递归性、关系性和严谨性的后现代课程模式。多尔当时强调，后现代课程观还处于萌芽阶段，"还太新，无法定义"。但到了 AI 时代，提倡知识创造和转化的后现代课程有着强烈的社会需求和技术条件的支持，有必要重新重视起来，去挖掘、应用和发展。

第三节　教学新模式：连接—俯瞰—反思

考虑清楚了 AI 智能体——智能的"他者"带来的学习环境的改变，选择了学科融入的路径，发掘了一些批判性思维教学的关键策略，学习借鉴了高质量教学模式的目标性与简洁性，选择以对话理论和后现代课程观作为建构新模式的理论支撑后，我们可以这样来思考新模式的建构。

首先要声明一点，我要建构的批判性思维教学模式，是为各学科探究性学习准备的。根据对话理论与后现代课程理论等理论基础，以及我对批判性思维教学策略和模式的文献研究，更根据我 30 多年来的实践经验，我认为，开展与学科教学相结合的批判性思维教学模式的必备条件——学科教学，必须是探究性的[1]。唯有进行探究性的教学，学生才有对话的机会和自主思考的机会。与探究性教学相对立的传授性的教学，是难有让学生有对话和观点创生的空间的。虽然传授性的教学也有思维的参与，但思维的目的是不同的，一个是为了知识掌握与传承，一个是为了知识创造与创新——后者才是批判

[1] 吴向东.探究性学习之我见 [J]. 小学自然教学，2002，(03):8-10.

性思维的目的。所以，本模式不适合在传授性教学中实施。任何一个教学模式，都会有其适用范围。

各学科探究性学习一般会首先发现真实情境问题及做出初步的判断或假设，然后通过调查或实验去获取信息和分析信息，最后解释和验证分析的结果，以回应之前的判断或假设，达到解决问题的目的。但一般来说，一个好的探究是会引发新的探究的，因为真实世界的问题很难有完美的解答，还需要不断迭代去优化，甚至推翻重来。所以在探究后，教师应组织一些可以引发讨论、获得反馈的公开发布的学习活动。在这样的探究过程中，**批判性思维与学科专业思维交织，如同云端智者俯瞰、注视着整个探究过程，如果发现有不严谨或不合理的情况，就调节探究的方法、节奏和方向，以促进更高质量的探究。**

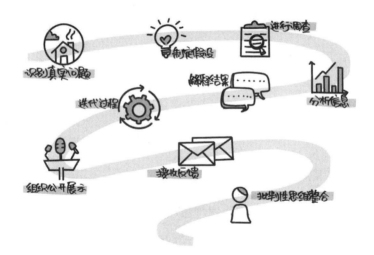

用"云端智者俯瞰"来隐喻批判性思维，一是想建立起批判性思维公正、客观、睿智的形象，二是想继续更正人们对批判性思维的误解。批判性思维不是专门挑刺的、负面的，而是积极的、美好的。"俯瞰"作为动词，表明从高处向下观察，能够获得更广阔、更全面的视野，掌握更全面的信息，是在进一步隐喻批判性思维与探究过程的关系，表明一种从更高层次审视自己思维和行动过程的能力——批判性思维属于高阶思维。

要使培养学生批判性思维能融入各科探究性教学，第一步需要有载体连接到学科教学活动中去，还要连接教学有机组成部分的 AI 智能体（包括各种 GAI 工具）；第二步是跟随各学科的探究学习活动展开监控，发现问题，并不断调节探究学习的进程和结果；最后的第三步是回顾性反思和对话交流，融合内省和外评获得的信息，产生更优决策，促进改进和迭代。因而我们把连接、俯瞰、反思作为三个重要的要素，创建了"连接—俯瞰—反思"的融入学科教学的批判性思维教学新模式。见下图。

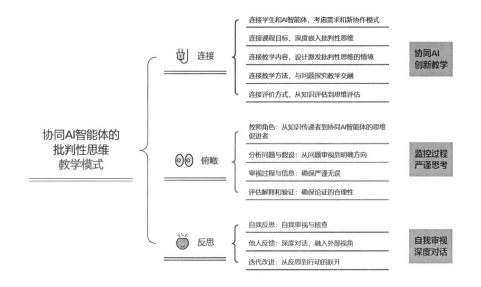

协同 AI 智能体的与学科教学相融合的批判性思维教学模式：连接—俯瞰—反思

连接、俯瞰和反思的内涵和教学操作会在后续的章节中专门阐述。

在实际应用本模式的过程中，教师需要注意以下几点。

1. 提问支架是必备的。对于中小学生来说，提出批判性思维的问题是有困难的，毕竟批判性思维属于高级思维。因而建议教师在探究教学的过程中为学生预备好与具体的教学内容和要达到的批判性思维目标有关联的 5W1H（Who、What、Where、When、Why、How）提问列表，为学生准备好思维支架，以便学生适时使用。

2. AI 智能体要能随时使用和安全使用。课堂上的电脑、平板或手机要能随时登录和访问 GAI 及智能体。因为各个 AI 平台账户的管制，每个用户都需要用单独的手机号登录平台，这会涉及学生或家长的隐私安全问题，教师需要做好安全管理工作。校园网管理要做好这些方面的服务，让学生安全使用 AI 智能体，也要避免学生可能的滥用。

3. 做教学创新者。始于 2000 年初的基础新课程改革虽然至今已有 20 多年，但由于传授教学的惯性过于强大、考试评价改革不力等多方面的原因，探究性教学的普及总体上是不充分的，也在 AI 新技术应用上形成了阻力。但在当下 AI 高速发展和重构各行各业的情况下，需要意识到探究教学和 AI 应用的紧迫性，这需要教师去主动拥抱变化和创造变化——做教学创新者，如此才能落实协同 AI 智能体的与学科教学相融合的批判性思维教学模式。

"连接—俯瞰—反思"模式也是教师教学的云端智者，随时听候老师们的召唤。

第四节　连接：协同 AI，创新教学

连接（Connecting），是教师规划如何融入批判性思维到学科教学中的起始环节。教师需要分析 AI 智能体加入后，如何将批判性思维能力培养与学科的课标、教材，与教学目标、内容、方法、评价连接起来。

1. 连接学生和 AI 智能体，考虑需求和新协作模式

在这个连接的过程中，教师首先要理解和尊重学生的兴趣和认知需求，懂得根据学生需要改变课程，激发学生学习动机；还要思考 AI 智能体作为教师的智能"分身"和学生的"智能同伴"，在学习过程中扮演什么样的角色，如何在这种师生与 AI 智能体的协作中，产生更深层次的互动与反思，使课堂变得更加动态和富有成效。

2. 连接课程目标，深度嵌入批判性思维

2022 年的义务教育各学科课程标准已经将批判性思维作为学科核心素养的一部分来对待。在设计教学目标时，教师要养成一个习惯，即一定要超越知识传授的局限，将批判性思维的培养作为核心目标。例如，教学目标不应仅仅停留在"掌握知识点"上，而应深入到"学生能够分析和评价不同的观点""学生能够批判性地思考问题并提出独特的解决方案"等层面。这不仅是为了确保批判性思维目标不缺席，更是教学理念的转变。AI 智能体在此过程中，可以成为教师的得力助手，帮助教师提出合适的问题或方向，协助教师设计出更完备和贴切的批判性思维教学目标。

3. 连接教学内容，设计激发批判性思维的情境

教学内容的选择与组织是教师创新教学的核心。在这个过程中，教师应注重情境的真实性与复杂性，以此激发学生的批判性思维。通过设计贴近生活的情境和挑战性的问题，让学生在真实的情境中运用批判性思维进行探索和解决问题。AI 智能体在此可以作为"智能同伴"，通过生成动态的情境和复杂的问题，引导学生在深入探讨中实现自我突破。

下面是 ChatGPT-4o 生成的学习食物链的"小花园"情境。

> 学校里有一个小花园，花园里有一些植物，比如花草和小灌木，还有一些昆虫，比如蝴蝶、蛾子、蚂蚁和蚯蚓。有一天，你发现花园里来了一种新的小动物——青蛙……

"小花园"情境的表述已经暗含了需要关注的问题：青蛙来到小花园，会发生哪些变化?

4. 连接教学方法，与问题探究教学交融

在批判性思维的培养中，问题导向的教学方法是最为关键的。教师通过设置开放性的劣构问题，引导学生通过批判性思维进行探究。AI 智能体可以在团队讨论中充当学生的"军师"，帮助学生规划问题探究活动，或让他们识别和反思自己的认知偏差和谬误，进一步提高思维的广度和深度。这不仅是教师与学生的互动，也是学生与 AI 智能体之间的共创过程。

接着上述 AI 生成的"小花园"情境，ChatGPT-4o 提出了以下融入批判性思维的探究建议。

1. 观察和思考

问题：你在小花园里看到了什么生物？它们可能是食物链的一部分吗？比如，青蛙吃什么？蝴蝶和蚂蚁吃什么？

2. 预测可能的变化

问题：你认为青蛙来到小花园后，哪些生物可能会受到影响？比如，青蛙吃昆虫，昆虫的数量会减少吗？如果昆虫减少了，花草会发生什么变化？

3. 提出解决方案

问题：如果你发现小花园里的昆虫越来越少，你可以做些什么来帮助它们？比如，你可以种植更多的花草吸引昆虫，或者在小花园里放一些不让青蛙进入的小篱笆。

4. 反思你的决定

问题：你提出的方案会不会对小花园里的其他生物产生影响？比如，如果青蛙不能进入小花园，它们会不会没有食物吃？你可以怎样调整你的方案，使小花园里的所有生物都能和平共处？

这份 AI 生成的方案的质量是比较高的，学生基本可以直接使用。当然，我们要建议学生养成一个习惯——对 AI 提供的方案，有必要深入审视，或者结合自己的思考进行修改完善。

但这里有一点需要说明，由于国内的 AI 使用的训练数据集来自中文世界，其生成的方案与我们学科教师在网上见到的教案有很多雷同，建议大家在写提示词时加一句"请检索英文资料"，这样就可以看到来自英文世界的不同思考了。

5. 连接评价方式，从知识评价到思维评价

评价学生的批判性思维时，教师如果只是关注其知识掌握了多少，考了

多少分，是相当狭隘的。如果批判性思维教学是为了提高考试分数，我们宁可不做。批判性思维的评价应着重于分析、评价和应用的层面，AI智能体可以实时分析学生的作业或表现，如批判性论证短文或观察实验的记录，提供即时反馈，帮助教师更精准地评估学生的批判性思维水平。

在整个连接过程中，教师的态度至关重要。教师需要具备批判、质疑和创新的精神，勇于接受新的教学模式带来的挑战。

第五节 俯瞰：全过程审视的严谨思考

俯瞰（Overlooking）是如同云端智者俯瞰学生自己和他人的探究全过程，以便发现问题，及时纠正或开辟新方向。教师应在批判性思维的俯瞰下，帮助学生更高质量地完成探究学习活动。

1. 教师的角色：从知识传递者到协同AI智能体的思维促进者

在俯瞰过程中，教师的角色不再只是知识的传递者，而是学生思维发展的促进者。教师不仅要提供必要的学习资源，还要提供一些问题和论证的支架，更要营造一个充满质疑与创新的学习氛围，并密切关注学生的学习行为，在适当的时机，通过问题激发学生的批判性思考。

教师还要考虑如何与AI智能体一起协同，在俯瞰过程中将其重要作用发挥出来。在培养学生批判性思维方面，我们创建的"逻辑辨识家"和"微笑的苏格拉底"等智能体，要能够适时地用起来，让它们能够根据学生的思维路径和探究进展，提供有针对性的反馈与指导。比如通过"逻辑辨识家"发现学生推理中的逻辑漏洞，并通过提示和建议引导他们修正错误；通过"微笑的苏格拉底"与学生对话，不厌其烦地帮助学生深入挖掘问题的核心，提出多角度的思考路径，进而深化他们的理解。

2. 分析真实情境问题：从问题审视到明确方向

在学生探究的初期阶段，教师要鼓励学生分析真实情境，发现其中蕴含的问题。比如让他们画思维导图，将情境中涉及的显性的和隐含的变量都发掘出来，厘清它们之间的关系。中小学生提出的有些"问题"其实还称不上问题，有些问题是有答案的，有些问题是有多个答案的，有些问题是得不到答案的，这些都需要教师的引导和 AI 智能体的加持，帮助学生找出真问题，以明确探究的方向。例如："这个问题为什么重要？""可以从哪个角度开始探究？""我们厘清了情境中的事实吗？问题提偏了没有？"这些问题不仅能引导学生深入思考，也为接下来的探究奠定了基础。在提出假设时，AI 智能体可以分析学生的逻辑推理，提醒他们注意潜在的谬误和认知偏差，并建议他们进行进一步的信息收集，如："这些证据足够支持你的假设吗？为什么？"通过这一系列引导，学生从一开始就进行批判性思维，将探究引向深入。

3. 信息收集与分析：确保严谨无误

随着探究的深入，学生需要对获取的信息或数据进行系统的整理与分析。在这一阶段，教师要善于通过提问和分析，帮助学生评估信息的可靠性，并保持分析过程的严谨性。在科学课上，有时候由于时间紧、材料有限，学生就容易匆匆忙忙完成任务，而忽略了实验条件的严谨控制，甚至对它视而不见，匆匆记录下实验数据就以为完成了实验任务。这其中可能出现的纰漏会很多，比如实验不规范，造成各人的实验结果差异较大。所以，这时就需要让学生主动进入批判性思维状态，以俯瞰自己和同伴实验的姿态，关注每一个细节，及时发现和纠正纰漏，获取准确的数据。在讨论一些社会议题时，教师也需要让学生养成自我提问的习惯："这些信息可靠吗？""如何更准确地收集信息？""你如何评价这些信息来源的可靠性？"这些提问确保学生在信息分析中始终保持批判性思维，并推动探究活动进入更高层次。学生也可以将收集到的信息提交给 AI，借助 AI 判断的结果，对搜集到的信息进行分析，以弥补人脑认知的局限。

4. 解释和验证：确保论证的合理性

当探究进入这个阶段，教师要特别关注为学生准备好推理论证的支架，例如哈尔彭（Halpern, 1998）示例的分析问题和论证的结构。培养推理论证的能力对于所有的学生来说可能都有一定困难和挑战，支架的准备可以在一定程度上弥补学生思维能力不足的问题，使学生有信心去面对。首先，教师要通过提问进一步引导学生审视自己的推理论证："你如何解释这些现象或观点？""是否考虑了其他可能的变量或视角？""是否存在刻意忽视对结论不利的证据的问题？""还可以产生其他的解释吗？""你得出的结论是否有充分的证据支持？""你的结论是否经过严格验证？"这一系列的问题，一方面帮助学生推理出更全面合理的结论，另一方面让学生审视自己是否存在诸如证实偏差、刻意维护自己倾向的结论等认知偏差或谬误的问题，确保解释、推理的严谨性或论证的合理性。随后，学生可以借助 AI 智能体模拟不同的推理路径，提出反例或对抗性问题，从而深入反思得出的结论。

这里要特别指出教师与 AI 出场的顺序。如果一开始就是 AI 出场，可能会造成学生的惰性，过于依赖 AI。先让学生在自己的认知和知识水平上进行独立思考，再去使用 AI，更有利于锻炼学生的批判性思维能力。

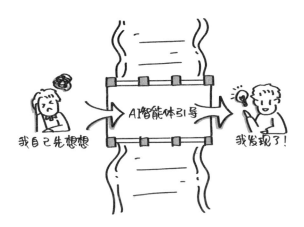

回到学习食物链的"小花园"情境，如果学生给出了以下的结论，会对食物链概念的理解带来挑战。学生的结论是：

我们发现，我们的小花园没有赶走青蛙，但昆虫还是越来越少。所以我们认为，小花园里的昆虫的数量不受食物链的影响。

学生初看这个结论觉得好像没有问题，但他们仔细一想，又总觉得哪里不对，但受制于知识储备有限，可能思考半天也不得其解。这时再把学生的这个结论提交给 ChatGPT-4o，得到的回复如下。

你们的结论是基于观察得出的，但在科学探究中，结论需要谨慎判断并考虑所有可能的变量。

在这个案例中，尽管青蛙没有被赶走，昆虫的数量仍然减少，这表明其他因素可能在影响昆虫的数量。可能的其他因素如下。

1. 季节变化：天气变冷或变热会影响昆虫的繁殖和生存。

2. 食物供应：如果小花园里的植物开花减少，可能会导致蝴蝶等昆虫的食物供应不足。

3.环境变化：比如湿度、温度的变化，或者土壤质量的改变，可能会影响昆虫的栖息条件。

因此，你们的结论"昆虫的数量不受食物链的影响"可能有些过于绝对。建议进一步探究可能影响昆虫数量的其他因素，并考虑通过更长时间的观察、对比不同环境下昆虫数量的变化，来得出更为准确的结论。

你们的观察很有价值，但科学探究需要多方面证据来支持结论。继续保持这种探究精神，并深入分析其他可能的影响因素，会帮助你们得出更全面的理解。

看到 AI 的回复，学生已经明白了自身判断存在的问题，探究旅程就又一次开启了。如此，探究过程实现了人与 AI 的完美结合。整个探究过程贯穿了从情境设置、假设提出、信息收集与分析、解释与推理到结果验证的多个环节。这些环节不仅帮助学生在各种学科背景下进行严谨的思考和分析，还通过教师与批判性思维 AI 智能体的协同合作，确保学生在每个阶段的思考和探究活动都能够严谨而深入地展开。

第六节　反思：自我审视与深度对话

反思（Reflecting），是任何学习旅程中不可或缺的环节，它涉及学生能否学会学习。反思分为两个过程，不仅涉及学生对探究过程和方法的回顾和反省，还涉及学生如何接受和回应来自教师与同伴的反馈。反思的这两个方面其实已经贯穿在探究的每一个阶段，即，在探究时，头顶上总有一个云端智者在关注着你的所思所想所行，随时发现问题，及时调节。本节的"反思"

主要指探究结束后的以下三个部分。

1. 自我反思：自我审视与核查

反思的起点在于学生通过自我提问，回顾和深入思考探究过程中所遇到的挑战和取得的成果，以及可能还未发现的隐藏着的不足。建议先通过使用5W1H（Who、What、Where、When、Why、How）提问框架，让学生自我反思，形成持续的自我监控的习惯；然后通过 AI 智能体帮助学生分析反思的内容，识别出其思维误区，并提供有针对性的改进建议。AI 智能体的可贵之处在于，它可能会识别出那些容易被忽略的细节或潜在的偏见，从而帮助学生在反思中更全面地审视自己的思维方式和遗漏之处。

2. 外部反馈：深度对话，融合外部视角

个人的反思总会有局限，特别是大脑和心智还在成长期的中小学生。所以对于他们来说，倾听来自外部的如教师和同伴的反馈是必要的。探究结束后，学生分享他们的学习成果时，其同伴也要积极提出质疑，大家积极讨论起来。讨论中的反馈可能会涉及结论和论据的可靠性、表达的清晰性和思维过程的严谨性等。学生需要认真考虑这些反馈，将其转化为改进的机会。但是，人与人之间的面对面反馈可能会存在社交障碍，各种交流中潜在的不安因素会让许多学生不太愿意汇报。所以，在这个环节，教师需要对学生的汇报和反馈做出一定的要求和指导。

关于如何反馈，吉姆·古尔德（Jim Gould）和乔迪·罗菲-巴伦森（Jodi Roffey-Barentsen）提出了六阶段的反馈模型，指导教师如何形成真诚、清晰的建设性反馈氛围。

第一阶段：倾听。倾听学生的自我评价。

第二阶段：确认。确认你已经听懂并理解了学生表达的内容。

第三阶段：告知。告知学生你为什么对他们的表现做出这样的评估。

第四阶段：聚焦。关注学生表现中的某些具体要点。

第五阶段：总结。总结曾经讨论过的那些要点。

第六阶段：同意。与学生共同确定为改进表现而采取的行动。

这六个阶段是小心翼翼的和真诚的，也是师生建立起良好情谊的契机[①]。

在这一过程中，教师要做好组织工作，营造质疑批判和自由表达的氛围。在实际操作中，我们为反馈设置了两个目的：一是鼓励学生向他人提问，二是表彰学生的探究成果。**为改变深受传统的"谨言慎行"文化影响的教学文化，建议将反馈作为庆功会来对待，**以表明尊重学生探究成果的态度和鼓励学生质疑、提问、理性思考的态度。这样就照顾到了学生的自尊和自信，营造出了包容性的课堂文化。

教师还要针对不同的学生，使用不同的反馈方法。例如，对于成绩较好的学生，反馈的作用是辅助的，可以稍微延迟一些；而对于成绩稍差的学生，反馈要及时，以起到真正的指导作用。如此这般，一方面能使学生真的能从反馈中得到指导，吸取经验教训；另一方面能支持学生大胆质疑、勇敢尝试，形成批判与探究的人格。

AI智能体在这一过程中也可以发挥作用，比如帮助师生分析并整合反馈

---

① 贝茨.简明学习理论（原书第二版）.王春易，林森，刘赛男，译.上海：上海教育出版社，2022:322-325.

意见，帮助学生筛选出最有价值的建议；模拟不同的推理路径，提出假设情境，帮助学生检验他们的成果，发现难以发觉的逻辑漏洞或认知偏差。这些都能促使学生做更深刻的反思。

3. 迭代改进：从反思到创造的跃升

反思不仅是学生个体的内省，更是对外部反馈的融合与转化。反思的最终目的在于迭代升级，以达成创造。学生根据反思过程中的收获，明确改进的办法，包括调整探究方案、重新评估已有的假设或观点，重新行动，优化下一步的探究，在解决问题的同时达成创造。这是我们开展批判性思维教学的最终目的。

AI智能体在这一阶段继续发挥作用，帮助学生将反思的成果转化为具体的行动方案，这种智能化的支持有助于确保学生在改进或以全新方案去实施计划的过程中目标清晰、方向明确、手段有效。我们更可以发挥AI智能体的功能，生成全新的思考和创造性的解决问题的方案。

继续看"小花园"这个案例。学生在经历了AI协同的问题分析和对探究全过程的审视、交流讨论、反思，发现了需要探究清楚的更多的可能性因素后，才能回答小花园中的昆虫数量是否受食物链影响的问题。把这些因素提交给ChatGPT-4o，生成的方案如下。

重新设计一个更加全面的研究方案可以帮助你们更准确地理解小花园生态系统中的变化，特别是昆虫数量的变化。以下是一个改进后的研究方案。

［研究目标］

探究青蛙进入小花园后对昆虫数量及整体生态系统的影响，考虑可能的多重变量，分析食物链和其他因素对昆虫数量变化的影响。

［研究步骤］

1.初步观察与基线数据收集

（1）目标

确定小花园中主要生物的种类和数量，作为后续比较的基线数据。

（2）方法

生物种类记录：记录小花园中所有可见的生物种类，包括植物、昆虫、青蛙及其他可能存在的生物（如鸟类）。

数量统计：通过多次观察（例如每天早晨和傍晚）记录各类昆虫的数量。

环境数据：记录天气状况、温度、空气湿度、土壤湿度等环境条件。

时间：至少一周的时间，确保基线数据的准确性。

2.多重变量的控制与观察

（1）目标

分析影响昆虫数量的各种潜在变量。

（2）方法

青蛙的行为观察：记录青蛙的活动区域和捕食行为，分析其对昆虫的直接影响。

植物健康状况：观察和记录小花园中植物的健康状况（如开花情况、叶子颜色），分析植物与昆虫数量之间的关系。

其他天敌的监测：监测是否有其他捕食昆虫的生物（如鸟类）进入小花园，并记录它们的活动情况。

时间：持续观察2~3周，尽可能在相同的时间点和环境条件下进行观察，以减少干扰变量。

3. 实验性干预

（1）目标

通过干预实验验证变量对昆虫数量的影响。

（2）方法

分区实验：将小花园分成几个区域，对每个区域实施不同的干预措施。

一个区域保持自然状态，作为对照组。

一个区域引入更多的植物，吸引昆虫。

一个区域设置小篱笆，限制青蛙进入。

一个区域设置鸟类防护网，减少鸟类对昆虫的捕食。

数据记录：每天记录各区域昆虫的数量、青蛙和其他捕食者的活动、植物的变化等。

时间：持续 2~4 周，以观察干预措施的长期效果。

4. 数据分析与比较

（1）目标

比较不同变量和干预措施对昆虫数量的影响，分析食物链在其中的作用。

（2）方法

数据汇总：将所有观察数据汇总并制成图表，分析昆虫数量的变化趋势。

多变量分析：根据统计图和数据，分析不同变量（如青蛙数量、植物健康状况、天敌数量、环境条件）与昆虫数量之间的关系。

因果关系推测：根据数据分析，推测青蛙和其他变量对昆虫数量的可能因果关系。

5. 结论与反思

（1）目标

根据数据分析得出结论，并反思研究方案的有效性。

（2）方法

结论形成：基于数据和分析结果，提出关于青蛙对昆虫数量影响的结论，以及其他变量对生态系统的潜在影响。

反思：反思研究过程中遇到的问题，如数据收集方法的局限性、未考虑到的变量等，提出未来研究的改进建议。

这是一种考虑周全的且易于实施的方案，通过这样的研究，不仅可以回答小花园中的昆虫数量是否受食物链影响的问题，还可以发现小花园生态系统中更多的奥秘。如果说生成探究方案就已令人惊叹，那么现在出现的专门用于科学研究的 AI，甚至达到了自己提出问题、解决问题、获取结论的全过程自主研究的地步。

"连接—俯瞰—反思"的批判性思维教学模式，一方面协同 AI 智能体，一方面与学科融入，可以建立起一种动态的、非线性的、对话充分的学习环境，让学生获得丹尼尔·平克在其名著《全新思维》中所说的"高概念"和"高感性"的学习体验。对教师来说，可以更明晰地知道批判性思维可以怎样融入教学中，以便在完成学科教学任务的同时，也实现对学生批判性思维能力的培养。

为了更明确"连接—俯瞰—反思"模式的应用，本书的后两章展示了多个学科的案例，还遴选了我们以往的一些教学实录，以供读者们模仿或改进。

第六章 协同 AI 智能体的教学设计

　　无论是经验多么丰富的教师，都需要将认知外包，把 AI 智能体当作自己大脑的延伸，以便集中精力去做创造性的工作。所以我们有必要创建"连接—俯瞰—反思"的 AI 智能体，结合教师的已有经验去生成个性化的批判性思维教学预案。这是本章首先要做的事。

　　为了帮助教师在各个学科的教学设计中有效融入批判性思维，本章提供了语文和英语两个文科科目、数学和科学两个理科科目的教学设计案例，以及多个跨学科的教学案例，供教师们参考。不过，这些教学设计并未按照传统的教案格式呈现，而是采用了"连接—俯瞰—反思"的模式，期望引导教师明确在不同学科的教学内容中批判性思维教学的关注点所在，从而能够在实际的教案写作中，有效地将这些关键点融入教学过程，并选择性采用所配套的问题设计。

第一节　设计"批判性思维教学预案"AI 智能体

　　连接部分是需要教师自己进行分析的，不建议过度依赖 AI。教师需要自己研读课标和教材，了解学生当前的认知水平和需要，并产生自己的想法，然后把分析的结果和自己的想法提交给 AI 智能体，生成个性化的批判性思维教学设计。所以，我们将预案生成放在"俯瞰"和"反思"上。

（一）提示词设计

在根据"连接—俯瞰—反思"模式设计 AI 智能体的提示词时，需要注意以下三点。

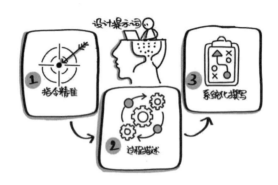

1.提示词相当于执行指令，应简洁明了，避免过度复杂的语言，模糊或多义的表达，确保智能体的响应精准、符合预期。

2.提示词要包含"俯瞰"和"反思"的六个过程，在每一个过程中要描述清楚它包含的内容，并提出 AI 生成的内容要求。

3.系统化撰写提示词才能生成相应智能体，要模仿编程的思路去撰写，使它看起来像一个完整的程序。

通过多轮调试，提示词如下。

请为我设计一个批判性思维教学预案，遵循以下结构和要求。

（一）俯瞰部分

1.分析问题与假设

（1）过程描述

帮助学生从问题入手，审视问题的背景、要素，并明确可能的解决方向。

（2）学生可能提出的 3~5 个观点

（3）教师的针对性提问

基于学生观点，提出引导性问题，鼓励学生进一步深入思考和分析。

2. 审视过程与信息

（1）过程描述

确保学生在分析过程中保持严谨，检查信息来源的可信度和分析过程的逻辑性。

（2）学生可能提出的 3~5 个观点

（3）教师的针对性提问

基于学生观点，帮助学生识别潜在的认知偏见和逻辑谬误，以及错误或不完整的信息，促使学生更加全面地思考。

3. 评估解释和验证

（1）过程描述

指导学生对他们的解释和结论进行评估，并通过验证步骤来确保推理的合理性和可信度，以及是否存在认知偏见和逻辑谬误。

（2）学生可能提出的 3~5 个观点

（3）教师的针对性提问

提出问题以挑战学生的假设或结论，并引导他们思考更为复杂或不同的视角。

（二）反思部分

1. 自我反思

（1）过程描述

引导学生进行自我审视，检讨自己的思维过程和结论，并识别出改进的空间。

（2）学生可能提出的 3~5 个观点

（3）教师的针对性提问

通过提问帮助学生识别潜在的思维盲区或未被发现的假设，是否有认知偏见和逻辑谬误。

2.他人反馈

（1）过程描述

通过深度对话引入外部视角，帮助学生理解不同观点的价值，并融入自己的思维中。

（2）学生可能提出的 3~5 个观点

（3）教师的针对性提问

鼓励学生从其他人提出的观点中反思自己的立场，并探索潜在的不同解释。

3.迭代改进

（1）过程描述

学生从反思和反馈中得到启发，能够优化他们的思维过程，并创造新的见解或解决方案。

（2）学生可能提出的 3~5 个观点

（3）教师的针对性提问

帮助学生通过批判性反思，推动他们在思维或行动中进行迭代和创新。

请根据以上结构和要求生成批判性思维教学预案。

同样的提示词创建的智能体，在不同的 AI 平台上生成的效果是不一样的。我们将在 DeepSeek 上生成的智能体命名为"批判性思维教学预案生成器"，将在 ChatGPT 上生成的智能体命名为"CT 教学预案"。下面是古诗《江雪》的批判性思维教学预案在两个智能体上生成的结果。读者可以将两者的差异进行对比，以便了解两个 AI 平台的优劣，为特定的 AI 智能体选择合适的平台。

（二）DeepSeek 上的生成示例

与 AI 智能体互动时，也需撰写提示词，这些提示词可以是一句简短的话，也可以是供 AI 智能体参考的现有教学设计和要求，以便让 AI 智能体在学习所提交的材料后生成你所需要的内容。我们将提示词："学生在阅读古诗《江雪》时产生了不同的理解，有的认为其充满唯美和趣味性。请据此生成一份批判性思维教学的预案。"提交给 DeepSeek 上的"批判性思维教学预案生成器"AI 智能体后，生成的结果如下。

（一）俯瞰部分

1. 分析问题与假设

（1）过程描述

将"唯美"和"趣味性"作为切入点，探讨学生理解的合理性，同时揭示诗中可能被忽略的情感矛盾（如孤寂感、政治隐喻）。

（2）学生可能的观点

"千山鸟飞绝"的雪景画面很纯净，像水墨画一样美。

渔翁独钓的画面很酷，像是游戏画面。

这句"孤舟蓑笠翁"描写得充满诗意，有趣味性。

全诗读起来押韵、朗朗上口。

（3）教师提问

诗中"绝""灭"等字是否暗示了某种孤独或绝望？

渔翁在冰中独钓是浪漫的行为还是反常的行为？

如果这首诗的意境是"美"，为何用"寒江""独钓"这类令人感到冰冷的词汇？

2. 审视过程与信息

（1）过程描述

检验学生是否仅凭直观感受或课本插画下结论，忽略诗人背景（柳宗元被贬永州）和时代背景（中唐政治动荡）。

（2）学生可能的观点

课本插画里的渔翁看起来很悠闲。

我只觉得句子美，没想过作者心情。

老师告诉过我们"大多数唐诗描写自然"，所以我认为这首诗是在赞美风景。

（3）教师提问

插画是否可能美化诗中的真实场景？

柳宗元在被贬后写此诗，他的处境是否会影响诗所表达的情感？

如果作者想表达痛苦，为何不直接写"悲伤"而用雪景暗示？

3. 评估解释和验证

（1）过程描述

通过对比其他解读（如"孤傲抗争说""政治隐喻说"）验证学生观点的合理性。

（2）学生可能的观点

我还是觉得诗只是在写景，其他解读太复杂。

我查了资料，发现有人说渔翁象征柳宗元自己，但我不太懂。

（3）教师提问

如果渔翁象征作者，他为何选择"独钓寒江"而非其他行为？

对比李白的《独坐敬亭山》，两首诗中的"孤独"有何不同？

能否用诗中具体字词证明"唯美"或"孤寂"哪种解读更合理？

（二）反思部分

1. 自我反思

（1）过程描述

引导学生承认自身认知局限（如忽略历史背景、过度依赖视觉联想）。

（2）学生可能的观点

我之前没想过作者可能不开心。

我之前把渔翁想象成动画人物，所以才只觉得诗有趣。

（3）教师提问

你的理解是否受到流行文化（如古风动画）的影响？

如何区分"诗的表面意境"和"作者的潜在情感"？

2. 他人反馈

（1）过程描述

引入学者观点（如苏轼评价《江雪》"殆天所赋，不可及也"）和同学的不同解读，打破学生的思维定式。

（2）学生可能的观点

有同学说这首诗其实很压抑，我一开始不信，现在觉得有道理。

小组讨论时，有人提到"蓑笠"是平民的象征，可能暗示了作者的身份变化。

（3）教师提问

为何不同读者对同一首诗的感受差异巨大？

你认为哪种解读更有证据支持？能否用诗句举证？

3. 迭代改进

（1）过程描述

鼓励学生结合新视角重新创作（如撰写现代版《江雪》、绘制多版本

《江雪》插画）。

（2）学生可能的观点

我想写一篇《渔翁日记》，探索作者的心理活动。

我打算为《江雪》画插一幅唯美的插画和一幅阴郁的插画，对比哪幅插画更贴合诗意。

（3）教师提问

你的撰写或绘画如何体现对诗的双重理解？

如果删除"孤舟蓑笠翁"，这首诗的情感会改变吗？为什么？

（三）教学工具

1. 对比阅读：提供柳宗元同期作品《渔翁》，分析其与《江雪》在情感上的一致性。

2. 角色扮演：让学生分组扮演渔翁、柳宗元、旁观者，辩论"独钓"动机。

3. 证据墙：将诗中关键词（"绝""灭""孤""独"）与情感词汇关联，构建逻辑链。

通过此方案，学生将从单一审美转向多维度批判性解读，理解文学作品的复杂性和开放性。

（三）ChatGPT 上的生成示例

我将第二节中"俯瞰"和"反思"部分的教学设计内容提交给 ChatGPT 上的"CT 教学预案"AI 智能体后，生成的内容如下。

已理解了《江雪》古诗教学中涉及的批判性思维教学内容。接下来，我将根据这些内容为您设计一个完整的批判性思维教学预案。

批判性思维教学预案:《江雪》

（一）俯瞰部分

1.分析问题与假设

（1）过程描述

在教学的开端，教师引导学生通过个性化解读《江雪》来形成不同的观点。学生们基于个人经验分享他们对诗的初步理解。教师鼓励学生思考诗句中的关键字词，并探讨这些词语如何表达诗人的情感。

（2）学生可能提出的观点

这首诗描述的是一位老人在雪中钓鱼，感觉很孤独。

我觉得下雪天很美，钓鱼很有趣!

这么大的江面只有一位老人独自钓鱼，真是太享受了!

（3）教师的针对性提问

为什么你认为诗人会选择描绘孤独的场景? 这与他的生活经历有何关联?

你们觉得下雪天钓鱼真的是诗人想要表达的主要情感吗? 还有没有其他可能的情感?

这个江面上只有一位钓鱼的老人，除了享受，你们认为这可能还暗示了什么?

2.审视过程与信息

（1）过程描述

教师带领学生进一步分析诗歌的背景信息，如柳宗元的生活环境和政治遭遇。学生在理解这些背景后，重新审视他们对诗歌的解读，并探讨作者的真实意图。

（2）学生可能提出的观点

了解了柳宗元的背景后，我觉得他可能在表达孤独和被排斥的感受。

原来柳宗元在官场上遭遇了很多挫折，诗里的孤独可能反映了他内心的无助。

这首诗不仅仅是在描述自然景象，更多的是表达诗人对生活的失望。

（3）教师的针对性提问

你们觉得柳宗元选择这些自然景象来表达他的心境，是否有特定的原因？如果有，是哪些原因？

在分析了背景后，你们是否发现自己的初步理解有偏差？这偏差是如何产生的？

了解背景后，你们是否能找到诗中表达诗人孤独感的具体词语？

3. 评估解释和验证

（1）过程描述

在这一阶段，学生需要评估他们对诗歌的理解是否合理，是否符合诗人的创作背景和情感表达。让学生通过重新分析关键字词和情境，验证他们的推理，并通过插图或朗诵表达他们的理解。

（2）学生可能提出的观点

我现在认为，"孤舟蓑笠翁"不仅是一个画面，更是一种象征，代表了诗人的孤独与无奈。

经过分析，我发现诗人其实是在表达一种对现实的不满，而不是享受自然。

重新审视后，我觉得这首诗表达的情感变得复杂了，不仅有孤独，还有一种内心的平静。

（3）教师的针对性提问

你们认为"孤舟蓑笠翁"的形象为什么能够代表诗人的孤独？这背后有怎样的象征意义？

在这个孤独的背后，你们能否找到诗人内心的其他情感，比如平静、陶醉或者反抗？

如果你们要用插图来表达诗人此时的心境，会选择怎样的元素和色调？为什么？

（二）反思部分

1. 自我反思

（1）过程描述

在学生表达对诗歌的理解之后，教师引导他们反思自己的思维过程，检讨他们的假设和结论，识别其中的认知偏见和逻辑谬误。

（2）学生可能提出的观点

我开始以为这首诗只是表达一种简单的孤独，现在发现自己忽略了诗的创作背景。

我发现我在理解诗句时，更多的是基于自己的经验，而没有考虑到诗人的经历。

通过反思，我觉得我的解读过于片面，应该结合更多信息来全面理解。

（3）教师的针对性提问

在初步解读时，你们觉得自己的哪些假设影响了最终的结论？这些假设合理吗？

在反思过程中，你们发现自己遗漏了哪些重要信息？如何避免这些问题？

通过反思，你们认为在哪些方面可以进一步提升理解的深度？

2. 他人反馈

（1）过程描述

通过小组讨论，学生分享和比较各自的理解和创作，并接受他人的反馈，从而发现新的视角或修正自己的观点。

（2）学生可能提出的观点

同学们指出我的插图没有很好地表达出孤独感，这让我重新思考了这个意象的表达。

通过讨论，我发现其他小组有更深入的背景分析，这让我更好地理解了诗的意境。

听了别人的解读，我意识到自己忽视了诗中的一些细节。

（3）教师的针对性提问

你们如何看待其他同学对你们作品的评价？这些评价是否能帮助你们更好地表达诗的内涵？

在比较不同小组的理解后，你们觉得哪些观点是之前未曾考虑的？这些观点对你们的思维有何启发？

你们如何在接受反馈的基础上，进一步优化自己的理解和表达？

3. 迭代改进

（1）过程描述

学生根据反思和反馈，优化他们的思维过程和表达方式。通过迭代，学生不断深化对《江雪》的理解，并在新的基础上创作更具深度的作品。

（2）学生可能提出的观点

在优化插图时，我增加了一些暗色调来强调孤独感。

通过修正，我的朗诵加入了更多情感层次，更好地表达了诗人的心境。

我在迭代过程中发现了新的解读角度，将孤独与宁静结合起来理解这首诗。

（3）教师的针对性提问

在这个迭代过程中，你们是如何通过批判性反思来改进你们的作品的？

你们的新作品是否更好地表达了诗人的情感？为什么这么认为？

在优化过程中，你们发现了哪些新的思考路径，这些路径是否可以应用于其他学习领域？

这个教学预案旨在通过批判性思维的训练，帮助学生深入理解《江雪》的内涵，让学生不仅从个人经验出发，还结合背景信息、同伴反馈，最终在反思和迭代中提升他们的思维能力和表达能力。

这个预案中生成的学生观点是丰富的，且严格按照智能体中的提示词要求生成内容，具有极好的自控生成能力。

第二节 语文——多元理解与审美创造:《江雪》

文学之所以迷人，其中一个原因就在于不同的读者可以从同一部作品中读出"一千个哈姆雷特"。对话主义的提出者米哈伊尔·巴赫金认为文学是开放给读者的，"邀请读者参与到文本的理解和创造中"。特别是中国文学中的古诗词，善用比兴的手法，能让人沉浸其中，读出无限的意蕴。

本节的案例以语文课《江雪》为例，来阐述多元理解和审美创造的问题。

千山鸟飞绝，万径人踪灭。孤舟蓑笠翁，独钓寒江雪。

在平常的教学中，教师突出引导的是理解《江雪》中所体现的作者柳宗元被贬后的孤独，但以小学生的阅历、认知和情感的发展水平是很难真正体会到的。所以，在日常教学中，我们还发现小学生从诗中理解到了其他意境:

寒冷；沉浸美景中的愉悦；山、水、雪、船、钓鱼；垂钓中的沉思；享受宁静等。这些不一样的理解虽与诗的原意不符，但反映了儿童水平的理解，可以作为引发学生批判性思维的起点。所以我们依据"连接—俯瞰—反思"的批判性思维融入学科教学的模式，重新设计了教学。

（一）连接

1. 连接课标

《江雪》连接的主要核心素养是审美创造。"审美创造是指学生通过感受、理解、欣赏、评价语言文字及作品，获得较为丰富的审美经验，具有初步的感受美、发现美和运用语言文字表现美、创造美的能力；涵养高雅情趣，具备健康的审美意识和正确的审美观念。"内容上属于"文学阅读与创意表达"。有的教材将这首诗放到小学二年级，学生达到"诵读表现自然之美的短小诗文，感受大自然的美景与变化"的要求即可；有的教材将这首诗放到初中七年级，学生需要达到"阅读表现人与自然的优秀文学作品，包括古诗文名篇，体会作者通过语言和形象构建的艺术世界"的更高要求。但即便是在小学二年级，学生们对诗的理解也不可避免地会涉及唯美的自然意境所反映的孤独心境或美好心境，而不会仅停留在欣赏自然美的层次。所以，连接课标，也要根据学生的实际认知超越课标；充分关注学生的多元感受而借机展开交流，触发学生的批判性思维。

2. 连接教材和教法

按照以往的教学经验，《江雪》一诗初读让人感觉很唯美，但学生不见得能读出作者的孤独，需要教师的讲解才能明白。因为学生还没有什么社会阅历，对孤独的感受有限，所以学生的解读显得多元，批判性思维由此触发。

3. 连接 AI 智能体

国内的 AI 在古诗词方面的解读总体是不错的，而且积累了大量的相关课程可以指导学生自学。我们建议在反思环节，除了让学生分享这首诗的插图作品，还可以让学生用文生图和视频的方式自己描写场景，把自己的理解用即梦、可灵、智谱清影等多模态工具展现出来，在反复调试过程中触发批判性思维去持续创作。

（二）俯瞰

本节没有严格按照模式中的三个部分来呈现，主要根据古诗理解中常见的两个环节"个性化解读"和"原意理解"来做教学设计。这些设计还可以提交给 AI 智能体，让其为我们提供更多的思考。

1. 基于个体经验的个性化解读

一般来说，小学生都知道《江雪》是在描写作者的孤独。但也有一些不经世事的或调皮的学生说："很好玩啊！还可以见到雪，可以玩雪！""下雪天还可以划船钓鱼！""这么大的湖面就给一位老人钓，太棒了！"对于在幸福阳光下成长起来的学生来说，这种感受也是可以理解的。对于教师来说，不同的理解就是批判性思维教学的契机。

通常，教师鼓励学生采用以下的方法来研究诗句。教师先让学生尝试识别诗句中的关键字词，并提示这些字词可能揭示了诗人的情感和心境。然后教师引导学生进一步分析诗人是如何通过描绘江、山、径、雪、船、鱼等自然景物来表达这些情感的："诗人的修辞手法是如何构建出比如孤独、寒冷、陶醉、沉思、宁静等意境的？""尝试将诗句和自己的生活经验相连接，诗人的心境与你自己的情感体验有何相似或不同之处？"

为了让学生更深入地理解诗句或表达对诗的理解，教师可以让学生为自己研究的诗句画一幅图，学生可以自由地选择插图的形式和风格，只要他们能在插图中体现出诗句的情境。在这个阶段，学生不仅需要理解和解读诗歌，还需要通过创作插图来表达他们的理解。这是一项具有挑战性的任务，要求学生运用他们的想象力和创造力。但教师对绘画"质量"不要有高要求，学生能自己看懂和解释绘画即可。

2. 基于创作背景的原意理解

首先介绍诗的创作背景。教师可以以故事的形式介绍柳宗元生活的时代背景，和他在官场政治斗争中遭遇的挫折，让学生以同理心去感受作者当时的心境，然后再让他们去重新思考《江雪》表达了作者什么样的感受："自己之前的个性化解读与理解了背景之后的解读有什么不同？""站在作者的角度，诗中的哪些关键字词在表达他当时的什么心境？""如果再为这首诗画插图，你会怎么画？""如果要把作者的心境通过朗诵表达出来，你会怎样朗诵？"

个性化解读往往会脱离作者当时的创作背景，采用的是学生个人先前的经验，要让学生理解诗的原意，是有一定困难的。从创作背景的角度去理解和解读诗，可以让学生反思、理解作者生活背景的特点。所以，个性化解读与基于创作背景的解读相结合，更能调动学生的批判性思维，使之与作者产生情感共鸣。

（三）反思

这个阶段主要让学生以小组为单位面向全班分享、交流和展示。有了对比性的理解，学生的批判性思维会被激活。在分享他们的发现和插图的过程中，教师应要求学生陈述自己思考的转变过程并做出反思，同时倾听同伴的观点和想法。

学生分享时，教师可以提出一系列问题，以深化学生的思考。

1. 柳宗元为什么要通过描绘自然景象来表达他的情感？

2. 在你们的理解中，诗人是否在享受这种孤独？他的这种感受，你们生活中曾有过吗？

3. 你们的插图中有哪些元素是表达这种情感的？

4. 你的朗诵为什么这么低沉，而他的朗诵像在诉说，你们为什么要这样朗诵呢？

学生根据对这些问题的交流讨论所得到的收获，继续修改调整展演的内容，为后续的展示做好准备。反思的目的是为了优化和迭代。与平常的教学急匆匆地获取结论就结束不同，在反思阶段提供充足的反思时间，是发展批判性思维的必要条件。

学生在展演时还可以加入用 AI 文生图和视频做的插画和短视频，讲述自己的文字描述和调试过程。在展演时让学生对这些插画和短视频作出各种评论，也是一个很好的锻炼批判性思维的机会。

之后，教师将所有的插图都贴在教室四面的墙壁上，学生自由地走动，欣赏同学们的作品。同时，他们也可以向其他同学提问，分享他们对插图的感受和想法，分享他们朗诵时声调轻重短长的处理。

为了让这个展演活动有激励作用，教师还准备了一些奖项，比如"最富想象力的插图""最深刻的诗句解读""最具创新的理解"等。每个奖项都由学生投票决定，让他们拥有赞赏和肯定他人的机会，从而建立起发展批判性思维的自信。

因为在潜意识中，我们的教学大多指向唯一正确的理解，教师的引导和提问都是奔向唯一答案而去的，所以缺乏个性化理解的环节。教师可以尝试把这样融入了批判性思维的多元理解的古诗教学方式迁移到日常的语文教学中。另外，阅读类型的课重在理解，但教学中有时缺少创造性的活动，来增进学生的理解。培养学生语文核心素养"审美创造"的目的是让学生能在鉴赏课文的基础上发挥想象力、对文本进行创造性表达，绘制插图和在 AI 中用文字描述生成图片和视频，就是一种有价值的培养方法。

第三节　语文——思辨阅读与表达：《夏天里的成长》

《义务教育语文课程标准（2022 年版）》中的"思辨阅读与表达"任务群是与发展学生批判性思维紧密相关的，教材中的许多课文都可以运用批判性思维去学习。但我国的语文教学由于过于强调文本所呈现出的文学性及文以载道中的"道"，对文本中的一些信息的思辨性分析是有所忽略的。之前的美国语文教学可能也有这个问题，所以 2010 年的美国共同核心标准中强调利用文本中的证据进行分析，根据文本中的证据掌握信息，根据论点、论据、论证细节进行推理，提出有理有据的主张[①]。这种重要转变是有利于培养学生的批判性思维的。我国《义务教育语文课程标准（2022 年版）》提出设置"思辨阅读与表达"任务群，也是一个重要的转变。

六年级语文课文《夏天里的成长》中就存在"让人感觉不对劲"的问题。作为批判性思维者，我根据细节指出了文本中一些科学上不正确的表达和逻辑谬误。但语文老师们认为，这是文学作品，不能用科学去分析，学生能整体感知夏天里的生机勃勃，激励他们用力成长就行了。但是，文以载道的文

---

① National Governors Association Center for Best Practices., & Council of Chief State School Officers.(2010). *Common Core State Standards*. https://www.thecorestandards.org/read-the-standards/

学也是在讲道理，虽然需要合适地运用夸张、比兴的手法去表达。如果认为语文中的文学作品可以不讲逻辑，那就有可能会无法达成语文"思辨阅读与表达"学习任务群"培养理性思维和理性精神"的目标。

（一）连接

1.连接课标

《夏天里的成长》这篇文学作品的落脚点是让六年级的学生认识到自己的成长处在火热的夏天，要努力成长。作品洋溢着积极进取的精神，体现了文以载道的育人传统。在对其内容进行分析前，我们首先要考虑《义务教育语文课程标准（2022 年版）》中两个学习任务群的要求。

"文学阅读与创意表达"任务群指出：本学习任务群旨在引导学生在语文实践活动中，通过整体感知联想想象，感受文学语言和形象的独特魅力，获得个性化的审美体验；了解文学作品的基本特点，欣赏和评价语言文字作品，提高审美品位；观察、感受自然与社会，表达自己独特的体验与思考，尝试创作文学作品。

"思辨阅读与表达"学习任务群指出：本学习任务群旨在引导学生在语文实践活动中，通过阅读、比较、推断、质疑、讨论等方式，梳理观点、事实与材料及其关系；辨析态度与立场，辨别是非、善恶、美丑，保持好奇心和求知欲，养成勤学好问的习惯；负责任、有中心、有条理、重证据地表达，培养理性思维和理性精神。

学习这篇课文时，教师要将文学性和思辨性的学习统一起来，既要"整体感知联想想象，感受文学语言和形象的独特魅力"，又要"比较、推断、质疑……梳理观点、事实与材料及其关系，辨析态度与立场，培养理性思维和理性精神"，以达成课标的要求。

2.连接课文和"逻辑辨识家"AI 智能体

《夏天里的成长》改写自作家梁容若的同名散文，课文如下。

　　夏天是万物迅速生长的季节。

　　生物从小到大，本来是天天长的，不过夏天的长是飞快的长，跳跃的长，活生生的看得见的长。你在棚架上看瓜蔓，一天可以长出几寸，你到竹子林、高粱地里听声音，在叭叭的声响里，一夜可以多出半节。昨天是苞蕾，今天是鲜花，明天就变成了小果实。一块白石头，几天不见，就长满了苔藓；一片黄泥土，几天不见，就变成了草坪菜畦。邻家的小猫小狗小鸡小鸭，个把月不过来，再见面，它已经有了妈妈的一半大。

　　草长，树木长，山是一天一天地变丰满。稻秧长，甘蔗长，地是一天一天地高起来。水长，瀑布长，河也是一天一天地变宽变深。俗话说："不热不长，不热不大。"随着太阳威力的增加，温度的增加，什么都在生长。最热的时候，连铁路的铁轨也长，把连接处的缝隙几乎填满。柏油路也软绵绵的，像是高起来。

　　一过夏天，小学生有的成了中学生，中学生有的成了大学生。升级、跳班，快点儿，慢点儿，总是要长。北方农家的谚语说："六月六，看谷秀。"又说："处暑不出头，割谷喂老牛。"农作物到了该长的时候不长，或是长得太慢，就没有收成的希望。人也是一样，要赶时候，赶热天，尽量地用力地长。

　　将该文作为文学阅读和思辨阅读的对象，我们可以从中发现多个概念不清和类比不当的谬误。但由于长期受文学作品教学的"整体感知"的影响，教师对有些"感觉有点不对劲"的细节可能会选择性忽略。但这些"让人感觉不对劲"的地方，恰好是批判性思维教学的引发点。

　　教师分析课文时，可以先识别出课文中的以下谬误或思维陷阱，然后引导学生思辨："这样写岂不是违反了常识和逻辑，为什么作者要这样写？"

（1）类比谬误。课文把非生物的变化和生物的生长等同起来，这实际上是一种错误的类比。铁轨在温度升高时会膨胀，但这并不能被称为"生长"，只能称为物理变化。

（2）偷换概念谬误。"成长"这个概念被用来指代多种不同的事物和过程，包括物理变化（铁轨、柏油路）、地理形态的变化（山、田地、水）和人的成长变化（小学生、中学生、大学生）。这几种变化的概念含义是不同的，混淆在一起属于偷换概念，这可能会误导小学生，让他们对"成长"概念的理解过于宽泛和模糊。

（3）过度简化谬误。将人的学习和成长过程简化为"用力地长"，忽视了个体成长的复杂性和差异性，"揠苗助长"就是一个很好的例子。所以，过度简化会造成学生对成长过程的误解。

（4）自相矛盾谬误。作者在一开始承认了生长有快有慢（升级、跳班，快点儿，慢点儿，总是要长）。但又强调了如果不在该生长的时候快速生长就没有希望（农作物到了该长的时候不长，或是长得太慢，就没有收成的希望）。两句话中的观点存在明显矛盾。第一句话暗示了生长不必过于急躁，可以有快有慢，但接下来引用的两个谚语又在强调生长的速度和时机的重要性。这两句话中的观点是冲突的：一个悠然自得，另一个则表现出紧迫感和压力。

（5）滥用隐喻和模型的思维陷阱。滥用隐喻是指将被隐喻体和隐喻体之间的相似性过度扩大，忽视了它们之间的本质区别，从而引起对事物的误解。它与滥用模型相似，后者是把一种模型用在一种好似恰当但又并非合适的情境中。这两种思维陷阱是广告宣传中经常采用的手法。课文中，作者用"处暑不出头，割谷喂老牛"这个农业模型来隐喻学生的成长模型：到了处暑的时候稻谷如果还没出穗，就只能割了当草给老牛吃。这可能会导致学生把成长理解为社会达尔文主义式的淘汰性竞争，产生不必要的心理压力。

抓住作者在文本表达中出现逻辑谬误或思维陷阱的细节，以此为契机从思辨阅读和表达的角度去展开教学进程，也是品读文学作品的一种方法。

（二）俯瞰和反思

因为教学的要点主要集中在思辨上，我们决定将俯瞰和反思糅合在一起，将学习活动分为两部分。

一是阅读和思辨活动，让学生领会这篇文学作品的主旨，同时对感受到的"不对劲"的地方进行分析，找出其中的谬误。但这对于学生来说是有困难的，他们可以借助 AI 智能体"逻辑辨识家"，边学习 AI 智能体给出的谬误，边理解和反思文章的主旨。

二是借问题而发挥，尝试思辨表达——通过作文的方式，让学生把自己的思考跃然纸上或直接在 AI 智能体"逻辑辨识家"中写作，把自己的看法和论证过程清晰地表达出来，落实"理性思维和理性精神"的培养。但因为这样的写作有一定难度，可以不要求学生习作的完整性和字数，并适当考虑给学生提供可供参考的写作大纲作为支架。

例 1：写反驳短文，锻炼发现谬误和厘清概念的能力。

反驳的内容参考如下，教师可以裁剪以下内容作为提示或参考。

1.夏天是万物迅速生长的季节。

反驳：这种说法过于简单化了生长的过程。虽然夏天的确提供了适合许多生物生长的条件，但这并不意味着生长只会或应该在夏天发生。生物生长是一个复杂的过程，涉及遗传、环境和营养等多种因素。

2.你在豆棚瓜架上看绿蔓，一天可以长出几寸，你到竹子林、高粱地里听声音，在叭叭的声响里，一夜可以多出半节。

反驳：这句话以植物快速生长的现象来类比人的生长，生动形象，学生的身体的确也有类似的快速生长期。但生长不只是身体的生长，也包括心理、情感和知识的成长。这种生长并不总是可以直接看到或测量到的。

3. 随着太阳威力的增加，温度的增加，什么都在长。

反驳：这个观点过于简化了生长的复杂性。事实上，过热的温度可能对生物生长产生负面影响。此外，生长不只受到温度影响，还受到其他许多因素如水分、光照、营养等影响。

4. 最热的时候，连铁路的铁轨也长，把连接处的缝隙几乎填满。

反驳：这里的"长"实际上是指物理上的热胀冷缩，而非生物的生长。不能将生物生长和物理变化混为一谈。

5. 北方农家的谚语说："六月六，看谷秀。"又说："处暑不出头，割谷喂老牛。"农作物到了该长的时候不长，或是长得太慢，就没有收成的希望。人也是一样，要赶时候，赶热天，尽量地用力地长。

反驳：这种强调速度的成长观念是片面的看法。过度向学生强调"用力"生长可能导致其身心健康出现问题。而且用谚语强调长得慢了就会"割谷喂老牛"的观点，有点吓人。

例2：写小论文，锻炼论证能力。

题目1：论作者内心的矛盾——成长的快与慢

通过分析作者对于"成长该快还是慢"的观点的内心矛盾，揭示出更多有关个体和社会对成长理解的深层次问题。教师可以根据教学实际将下面的大纲裁剪后作为支架给学生参考。

1. 引入：简单介绍文章《夏天里的成长》，写出作者对于"成长该快还是慢"的观点的内心矛盾。

2. 文本分析：具体分析文本，找出文章中体现作者的内心矛盾的地方。

3. 社会背景：分析这种矛盾背后的社会文化背景。

4. 个人和社会的影响：讨论这种矛盾的成长观念可能对个人和社会有什么样的影响，包括可能导致的压力、焦躁和身心健康等问题。

5. 结论：总结你的主要发现和分析，提出解决这种矛盾的途径或重新理解成长的概念。

题目 2："用力长"为什么是错误的

这个小论文主题更大胆，从根本上否定了文章的主旨，需要学生用强有力的论证去反驳。下面的大纲可以作为支架给学生参考。

1. 引入：以课文中的"用力长"的错误观念，联系生活中的某个"用力长"事件引发的问题。

2. 列举"用力长"存在的普遍问题：列举实例或心理学的研究来说明过度努力的负面影响。比如，同学中过度努力造成的近视、体质差等现象，或表明过度努力会导致压力增加、健康问题、生活满意度下降等的相关研究。

3. 将"用力长"与其他成长方式比较：比如，将"用力长"与"自然长"或"有意识的成长"比较，强调更健康、更平衡的成长方式等。

4. 提供正确的方案：探讨更健康的个人发展方法和策略。比如，发展兴趣和特长，找到个人成长的新路径等。

5. 结论：总结论文的主要观点和你找到的解决方案。

下面是我曾教过的六年级的学生在语文习作中写的一篇小论文，小论文中饱含情感地诉说着她对成长的理解，感人至深。当我们让学生写上述小论文时，可以将这篇习作作为分析用的范文，让学生学习吸收该文的长处，思考如何进一步改进文章里面的论证，用逻辑化的论证表达自己的思想观点。

你不知道将来有多好

陈乐

深圳市龙岗区龙城小学

每位家长都会担心："我宝贝能考个好学校吗？会不会没书读啊？"然后，就给孩子报各种补习班，买各种练习卷给孩子做，还把孩子的自由时间取消。

我认为，如此急于求成，揠苗助长，对于祖国的花儿来说，太累了。在我心中，只要有耐心，只要你相信，飞上太空都是有可能的。别人家的宝宝 5 个月站起来，10 个月会走路，那只是基因问题。你需要做的，就是等待。慢慢地看着孩子悠悠长大，回头一看，时间又过去了一段。

让自己不急于求成，还要做到一点：要信任别人！

不管你愿不愿意，你必须信任你的孩子，他总有一天会长大，总有一天会懂事，总有一天会让你满意。也许他现在只考了 60 分，要是哪一天开窍了，考了满分，那也是可能的。

每个人的生命是有限的，但人的潜力是无限的。你必须耐心等待机会的到来。失败了，自己创造机会，然后相信靠自己的能力能成功。最后，你会成功。但首先，你必须等待"将来"的到来。

因为：你不知道将来有多好……

等待，将来。（注：涂画为两个很大的词）

（突然想哭，毕业了怎么办……）

陈乐同学拥有一位富有同理心、理解和支持学生的优秀语文老师，这也许是她勇于质疑和思考并诉诸情感的前提。虽然她的论证还较为稚嫩，但反映了同龄人的心声，值得学习。关于如何改进这篇文章的论证，教师可以建议学生引用一些现实生活中的例子来支持文章的观点。比如，论证耐心等待和信任最终能取得成功的观点，可以举一些著名科学家、艺术家在童年时期并没有特别出色的表现，但最终大器晚成的例子。举例论证是初学批判性思维的学生比较容易掌握的，可以在习作中多使用。

对这篇课文如果不采用以上的方法，还是采用"俯瞰"和"反思"逐步展开的有序步骤质疑和思考，可以参考ChatGPT上的AI智能体"CT教学预案"生成的内容。

提示词：请分析语文课文《夏天里的成长》中的谬误、认知偏差、思维陷阱，然后生成批判性思维教学预案。生成的结果用表格显示，并把具体的逻辑谬误和认知偏差或者思维陷阱通过教师的提问明确指出。

以下表格是AI智能体"CT教学预案"通过分析《夏天里的成长》课文中可能存在的谬误、认知偏差或思维陷阱所生成的批判性思维教学预案。其发现的课文中的问题、生成的学生观点、教师提问，对教师分析课文、拟定教学方案具有相当高的参考价值。

《夏天里的成长》批判性思维教学预案

俯瞰部分	过程描述	学生可能提出的观点	教师的针对性提问
分析问题与假设	引导学生从课文中提取主要观点，分析这些观点的合理性和背景假设。审视课文中是否存在将特定现象普遍化的倾向，明确可能的认知偏差或逻辑谬误，如过度概括和类比谬误。	1. 夏天是万物快速生长的季节，这种生长是普遍且明显的。 2. 生物在夏天长得更快，而且这种生长是"看得见"的。 3. 生长的速度与温度成正比。	1. 过度概括：是否所有生物在夏天都生长得更快？是否有例外？ 2. 感知偏差：这种"看得见"的生长是否可能只是观察角度的影响？ 3. 因果关系错误：课文中是否错误地表达了生长速度与温度的关系？

俯瞰部分	过程描述	学生可能提出的观点	教师的针对性提问
审视过程与信息	鼓励学生深入分析课文中的描述，检查这些描述的科学性和逻辑性。验证信息的来源和逻辑推导过程的可靠性，识别可能的认知偏差或谬误，如归纳谬误和类比错误。	1. 竹子和农作物的快速生长证明了生物在夏天普遍快速生长。 2. 铁轨和柏油路在高温下膨胀被视为生长的一部分。 3. 生长速度与天气的炎热程度直接相关。	1. 归纳谬误：竹子和农作物的生长是否能够代表所有生物的生长？ 2. 类比谬误：铁轨和柏油路的膨胀能否算作"生长"？这与生物生长的本质有何不同？ 3. 因果简化：除了温度，是否有其他因素影响生物的生长速度？
评估解释和验证	引导学生对课文中的解释进行评估，探讨这些解释是否合理，是否存在认知偏差，如确认偏误和文化偏见。鼓励学生提出反例或补充信息，以验证课文结论的合理性。	1. 文中通过多个例子证明了夏天是生物快速生长的季节。 2. 由于"夏天不热不长"的说法被广泛接受，文中的结论可信。 3. 北方农家的谚语证明了生长速度与温度的关系。	1. 确认偏误：你是否只关注了支持课文观点的例子，而忽略了其他情况？ 2. 文化偏见：你认为这些谚语在不同地域和气候条件下是否适用？ 3. 证据不足：文中的例子是否足以支持所有生物在夏天快速生长的普遍结论？

俯瞰部分	过程描述	学生可能提出的观点	教师的针对性提问
自我反思	引导学生反思对课文的理解中是否存在对某些观点的盲目接受或认知偏差，鼓励他们识别思维中的盲区，并思考改进空间。	1. 文中的描述是否过于笼统？ 2. 自己是否存在没有足够证据却盲目相信某些观点的情况？ 3. 自己是否忽略了文中可能存在的认知偏差？	1. 过度概括：你认为课文中的哪些描述可能过度概括了生物的生长规律？ 2. 认知偏差：你是否没有充分考虑就接受了课文中的某些观点？ 3. 反思盲区：你是否忽略了课文中某些潜在的认知偏差或逻辑谬误？
他人反馈	鼓励学生通过讨论或听取他人意见，理解不同观点的价值，并反思自己是否有固执己见的情况，促使他们重新审视自己的结论。	1. 他人可能认为并非所有生物在夏天快速生长。 2. 他人可能认为不同地区的生物生长情况可能不同。 3. 他人指出生物在其他季节也有独特的生长模式。	1. 开放思维：当他人的观点与你的认知不一致时，你是否愿意重新思考自己的观点？ 2. 地域差异：你认为课文中的观点在不同气候条件下是否依然适用？ 3. 季节性差异：除了夏天，生物在其他季节是否也有独特的生长特点？

俯瞰部分	过程描述	学生可能提出的观点	教师的针对性提问
迭代改进	引导学生在反思和反馈的基础上，调整他们的思维方式，鼓励他们运用批判性思维改进对课文的理解和分析。	1. 需要更全面地考察生物的生长规律。 2. 重新评估生物生长与温度的关系。 3. 综合各方观点，以形成更加科学的结论。	1. 收集更多数据：如何收集和分析更多数据以支持或反驳课文中的观点？ 2. 避免以偏概全：你如何确保你的结论不是基于单一现象的普遍推断？ 3. 综合观点：你如何将不同观点整合成一个更加全面的解释？

具体的逻辑谬误和认知偏差如下。

1. 过度概括：课文将个别现象推论为普遍规律，如所有生物在夏天都快速生长。

2. 类比谬误：将铁轨膨胀和柏油路软化类比为生物的"生长"，忽略了二者本质上的差异。

3. 因果关系错误：简单推断生长速度与温度成正比，忽略了影响生物生长速度的其他因素。

4. 确认偏误：课文中只列举了支持课文观点的例子，而忽略了反例。

5. 文化偏见：课文中的谚语可能只适用于特定的地域和气候条件。

通过这个教学预案，学生将能够识别并分析课文中的逻辑谬误和认知偏差，从而提升他们的批判性思维能力。

我又进一步让 AI 分析"处暑不出头，割谷喂老牛"中的思维陷阱，它的回答细致入微。

确实，用"处暑不出头，割谷喂老牛"这句话来类比人的成长就是一种思维陷阱，具体来说，主要包括以下几个方面。

1. 类比谬误：这句话将农作物的生长直接类比人的成长，忽略了二者之间的本质差异。农作物的生长是一个受自然环境影响的生理过程，而人的成长涉及生理、心理、情感等多个维度的成长。简单地将农作物的生长逻辑应用到人的成长上，是一种不恰当的类比。

2. 简单化复杂问题：人的成长是一个复杂的、受多种因素影响的过程，并非像农作物那样在某个特定时间内必须"长大"或"达到某个标准"。将人的成长过程简单化，忽视了其复杂性和个体差异，这种思维方式可能导致学生对成长和发展的错误理解。

3. 二元思维：这句话隐含了一种二元思维，即要在该长的时候长，不然就会失去生长的希望。这样的思维方式忽略了成长的多样性和灵活性，并暗示了一个非黑即白的选择，会导致学生对人类成长的误解。

4. 恐吓式推理：暗示如果人在某个时间点没有"成长"就会导致失败的后果。这种推理方式可能引发学生不必要的焦虑或压力，特别是在学习与个人发展中。这是一种通过制造焦虑来引导结论的思维陷阱。

识别这些思维陷阱，能够帮助学生更好地理解人类成长的复杂性，避免被不恰当的类比或简化的观点误导。这也能让他们在分析和思考过程中更加细致和全面。

第四节 英语——提升思维品质:《珊瑚与海洋环境保护》

关于 AI 能促进学生的英语学习和批判性思维发展的研究越来越多。中小学应用 AI 给学生的英语学习带来许多益处,包括提供给学生个性化学习、及时和即时的反馈、丰富的教育资源和互动的学习氛围(Kun Dai,Quanguo Liu,2024)[①]。AI 凭借其庞大的数据库和自然语言理解能力,可以为学生生成复杂的问题和场景,训练学生的分析、评价等高级思维技能;同时,AI 提供的个性化学习环境不仅能自适应地给学生提供个性化的学习材料,而且还能够挑战他们的认知界限——向学生提出处于其最近发展区的任务,增强学生的批判性思维水平(Walter,2024)[②]。

《珊瑚与海洋环境保护》英语课是符合基于《义务教育英语课程标准(2022年版)》所提出的以主题为引领、选择和组织课程内容的要求的课程。本课以培养学生的语言能力、文化意识、思维品质和学习能力四个核心素养为目标,聚焦人与自然主题内容,以"珊瑚和海洋环境保护"这一主题为引领,选取了国外优秀纪录片视频及原文,帮助学生学习珊瑚白化与海洋环境保护相关语言知识,以及海洋环境保护相关的内容知识。同时,提升学生的思维品质,培养其批判性思维。

但特别要指出的是,进行批判性思维需要语言能力与思维能力同步。在

---

① Dai, K., & Liu, Q.(2024). Leveraging artificial intelligence (AI) in English as a foreign language (EFL) classes: Challenges and opportunities in the spotlight. *Computers in Human Behavior*,159,108-354.

② Walter,Y.(2024).Embracing the future of Artificial Intelligence in the classroom: the relevance of AI literacy,prompt engineering,and critical thinking in modern education. *International Journal of Education Technology in Higher Education*,21,15.

学生的英语语言知识水平较低的情况下，要允许学生采用"中英文混杂"的表达方式，先使学生对课文的主题内容和英语语言都产生兴趣，再鼓励学生逐渐转换到"全英文"的表达方式，使学生的英语内容知识、英语语言知识以及批判性思维能达到一定程度的同步。我们要正视第二语言学习中普遍存在的这个难题。

在此指导思想下，教师可使用"连接—俯瞰—反思"的步骤设计批判性思维教学模式，让学生在学习语言以及内容知识的同时提升其批判性思维能力，帮助学生学会发现问题、分析问题和解决问题，以便学生日后在面对不同的事物与看法时能做出正确的价值判断，提升我国学生未来在国际上的竞争力。

课文内容来自"追逐珊瑚"拍摄团队官网（www.chasingcoral.com），其视频拍摄精美，通过视频直观地向人们展示了全球变暖导致的珊瑚白化等海洋环境问题。

同时，拍摄团队运用 3D 拍摄技术录制了 VR 视频，通过 VR 技术给孩子们提供了一个完美的机会去直观地了解珊瑚等海洋生物。在团队官网（www.chasingcoral.com/for-schools），制片方也列举了众多用纪录片开展教学的学校项目，从小学至高中的都有，为我们进一步开展类似教学提供了极佳的参考。

（一）连接

1.连接课标

《义务教育英语课程标准（2022 年版）》在提升思维品质的教学目标中要求学生"能够在语言学习中发展思维，在思维发展中推进语言学习；初步从多角度观察和认识世界、看待事物，有理有据、有条理地表达观点；逐步发展逻辑思维、辩证思维和创新思维，使思维体现一定的敏捷性、灵活性、创造性、批判性和深刻性"。本课的教学重点就在于此，特别是在体现学生思维的批判性方面。

2. 连接主题内容

这个环节，教师最主要的作用是给学生提供学习所需的背景知识，培养学生从一系列的信息中选取、筛选信息的能力，引导学生发现问题。教师可展示美丽的珊瑚世界、珊瑚白化和非可持续性捕鱼等行为导致海洋环境遭到破坏的图片以及短视频，帮助学生了解海洋环境保护正面临的一系列挑战。视频可从纪录片 *chasing coral*（追逐珊瑚）的预告片中节选。同样，在团队官网还能找到水下相机 3D 拍摄的 VR 影像，可以通过给学生提供 VR 头盔眼镜，让学生沉浸式体验美丽的珊瑚世界，为之后的学习作铺垫。与此同时，由于本课是纯英语视频，理解语言的意思对于学生来说具有一定难度，需要教师对其中的内容进行一定的解读与语言简化。

3. 连接 AI 智能体

让 AI 根据学生英语学习的程度，将本单元的阅读文本样例、重要的词汇和短语等设为专用数据集，生成新的内容与学生对话。对话要根据学生的英语语言水平随时做出适应性调整，并向学生示例如何表达，让学生在模仿、对话和提升中反思，在掌握知识的同时，提出与保护珊瑚相关的问题，锻炼学生的批判性思维。

（二）俯瞰

1. 结合视频，进行语言知识教学

教师需要进行英语语言知识教学，并在解读视频后，让学生分享自己从视频中所获取到的信息，提出疑问。

首先，教师可以用简单的英语表达一个观点：I think we should protect corals, because when corals die, the marine ecology will be out of balance.（我认为我们应该保护珊瑚，因为当珊瑚死亡时，海洋生态将失去平衡。）

其次，教师逐步为学生提供关键词汇和句型支持，帮助他们理解并模仿表达类似的观点。

关键词汇如下。

protect：保护；cherish：爱护；save：拯救；

coral：珊瑚；ocean：海洋；marine：海洋的；

ecology：生态；marine ecology：海洋生态

balance：平衡；out of balance：失衡；die：死亡。

例句句型如下。

We should protect [noun] because...（我们应该保护［名词］，因为……）

If [noun] [verb], then [effect].（如果［名词］［动词］，那么［影响］。）

最后，教师让学生使用这些关键词汇，模仿表达一个类似的观点。

学生 1：We should **protect**（保护）corals because if corals disappear, many fish will have no place to live.（我们应该保护珊瑚，因为如果珊瑚消失了，很多鱼将失去生存的地方。）

学生 2：We should **cherish**（爱护）corals because when corals die, the ocean becomes unbalanced.（我们应该爱护珊瑚，因为当珊瑚死了，海洋会变得不平衡。）

学生 3：We need to **save**（拯救）corals because without corals, the marine animals will lose their homes.（我们需要去拯救珊瑚，因为没有珊瑚，海洋生物将失去它们的家。）

在这个例子中，教师先用一句简单的英语示范了一个观点的表达，然后提供了视频中使用的关键词汇和逻辑表达的句型，最后让学生模仿表达一个相似的观点。这样既锻炼了学生的英语思维表达，又向其提供了语言支持，帮助学生掌握了具有批判性思维的语言表达。教师还可以表达其他观点，引发学生对不同话题的讨论。

2. 教学生用英语表达自己的观点

学生的认知与其英语语言水平并不在一个层次，较难用英语表达自己的想法。因此，教师可以适当地允许学生用中文对相关话题进行探讨。在这个过程中，教师可以如上一个环节的语言知识教学一样，根据学生表达的需要，教学生怎样用英语表达。

老师：Now, I would like to ask students to share some of your ideas about the video. Would anyone like to share first?（现在，我想请同学们分享一些你们对这段视频的看法。谁想先分享一下？）

学生 1：I find many corals are dead because of the global warming.（我发现许多珊瑚因为全球变暖而死亡了。）

学生 2：I think the corals are more beautiful when they are alive.（我认为珊瑚在活着的时候更美丽。）

学生 3：I want to know what can we do to protect ocean environment?（我想知道我们能为保护海洋环境做些什么？）

在分享的过程中，如果学生 1 用中文表达："我发现许多珊瑚因为全球变暖而死亡了。"老师应首先确认学生的中文表达是否符合内容知识学习的要求，从中筛选合适的信息，根据其表达的需要，提供适当的英语表达支架：because of（因为）；the global warming（全球变暖）；I find... because of...（我发现……因为……）。有了这些词、词组和句型作为支架，再让学生尝试表达：I find many corals are dead because of the global warming.（我发现许多珊瑚因为全球变暖而死亡了。）

根据学生的表达，教师可以在适当回应后，引导学生提出保护珊瑚的解决方案。

3. 讨论解决方案

相较于着重于帮助学生筛选信息和提问题的前述环节，这个环节专注于让学生思考解决方案。在此环节，教师需对学生思维的逻辑性、表达语言、意思的准确性进行指导。

教师：We have talked about coral bleaching（珊瑚白化）and some problems we find from the video，now let's read the text I prepared for you together and think about the problems we just talked about.（我们已经讨论了珊瑚白化和视频中发现的一些问题，现在让我们一起阅读我为大家准备的文本，并思考刚才我们谈到的问题。）

教师在读完文章，做完相关语言知识教学之后，引导学生讨论。

教师：Protecting the marine environment is a very difficult problem，why? What should we do?（保护海洋环境是一个非常困难的问题，为什么？我们应该做些什么？）

学生 1：Because too many people.（因为人太多了。）

学生 2：Next time I go to Dapeng I want to pick up litter on the beach.（下次去大鹏，我想去海滩上捡垃圾。）

学生 3：We're going to slow down global warming. I can walk to school instead of riding and save energy.（我们要让全球变暖慢下来，我可以不乘车，走路上学，节约能源。）

可以看出，学生虽然都能听懂问题并进行一定的回答，但是从思维的角度来说其回答并不完整，答案中没有完整的论证来支撑自己的观点。对于这种情况，AI 智能体可以帮助教师和学生进一步深化问题的讨论。

4. AI 智能体的运用

从一开始的语言学习到表达观点，再到思考保护海洋的解决方案，教师在做了必要的指导后，要多提供学生与 AI 交互的机会，让学生与 AI 多进行对话练习，以帮助学生用更流畅的英文来表达自己的想法，避免学生因认知和英语语言水平不对等而表达出过于简单的想法。

下面是学生与 AI 互动时的对话。

学生：We have a think of protect corals.（我们要想想怎么保护珊瑚。）（表达有误。）

AI：You can say，"We should think about protecting corals."（你可以说，"我们要想想怎么保护珊瑚。"）（AI 纠正，教学生如何正确表达。）

学生：Ok! Thanks! We should think about protecting corals.（好的！谢谢！我们要想想怎么保护珊瑚。）（学生对新表达进行学习。）

AI：Great job! Now，if you want to say why，you can add，"Because corals help the ocean"．（做得好！现在如果你想问为什么，你可以加上，"因为珊瑚帮助大海"。）（教学生用有逻辑的句式表达。）

学生：Because corals help the fish，I love fish!（因为珊瑚帮助鱼，我爱鱼！）（学生在 AI 的引导下增加了观点。）

AI：Perfect! You can say，"Because corals help the fish，and I love fish，so we should protect corals"！（完美！你可以说，"因为珊瑚帮助鱼，而且我爱鱼，所以我们应该保护珊瑚"！）（AI 进一步深化表达。）

学生：Thanks! Because corals help the fish，and I love fish！Fish is beautiful！（谢谢！因为珊瑚帮助鱼，而且我爱鱼！鱼很美丽！）（学生继续增加观点，但没有模仿 AI 的句式且有语病。）

AI：You're doing great! You can say，"I love fish because fish are beautiful，corals can help the fish too".（你做得很棒！你可以说，"我爱鱼，因为鱼很美丽，珊瑚也可以帮助鱼"。）（AI 纠正学生的语病，并示范更复杂的正确表达。）

学生：How can corals help the fish?（珊瑚怎么帮助鱼？）（学生提出了其他观点，但表达还是有误。）

AI：Great question! Corals can help fish in many ways. Here are some examples...（好问题！珊瑚可以通过很多方式帮助鱼。这里有一些例子……）（学生在与 AI 进行对话时自发提出相关问题，进一步深化主题，进行内容与语言学习。）

AI 能识别出学生表达时的错误，除了示范正确的句子，展示不同的表达方式，例如展示逻辑连接词"because（因为）"和"and（并且）"的使用方法，还可以引导学生展开对相关话题的内容与知识的学习。学生在对话的过程中，一方面学到了语言知识，另一方面还学到了内容知识。同时，AI 与学生的对话贴近真实情境，能带给学生真实对话的感受，在这样的学习过程中，学生的专注度及其对英语学习的兴趣也自然会提高。在这样的学习中，我们可以看到 AI 能有效辅助教师进行教学，而且 AI 作为智能学习工具，可以根据学生的回答以及水平能力进行相对应的教学，做到"因材施教"。但是不容忽视的是，学生，尤其是低年龄段的学生，在使用 AI 进行学习时，往往也需要学习如何使用 AI 进行学习。例如，当 AI 的回答过于复杂时，学生可以对 AI 发出"我是小学五年级的学生，你的回答过于复杂，请简化"的指令。同时，学生在课后使用 AI 时也需要家长或者老师对其进行一定的引导。在有引导和监督的前提下利用 AI 进行学习，可以帮助学生更有效、更安全地学习。

（三）反思

1. 研讨会

在经历了俯瞰阶段之后，学生对视频以及阅读所呈现的珊瑚与海洋环境保护问题会有更进一步的思考与理解，此时教师应引导学生进入反思阶段，让学生对之前的想法进行反思及批判。例如，老师可以把学生分为两个不同的阵营，每一个阵营都有一个大家公认的环境保护方法。小组之间可以用中英文双语的方式展开讨论，各抒己见。在讨论结束后，大家一起对问题进行反思讨论。例如，根据实际情况，可能会有以下两个学生阵营。

学生 A 阵营：We think coral reserves should be established（建立）. By limiting（限制）human activity, the coral can grow back.（我们认为应该建立珊瑚保护区。通过限制人类活动，珊瑚可以重新生长。）

学生 B 阵营：We believe in using clean energy（能源）to avoid（避免）global warming and let corals grow back.（我们相信使用清洁能源可以避免全球变暖，让珊瑚重新生长。）

研讨会最后的总结环节可以通过"师—生"和"生—生"之间相互的引导与点评，来帮助学生对其所学内容以及学习过程进行最后的总结反思，包括学生在学习过程中对自己想法的重新思考，对所学新知识与旧知识的链接。需要注意的是，在学生研讨期间需要允许学生使用第一语言（中文），让不同语言层次的学生都能参与到讨论中。在讨论过程结束后或者总结阶段，老师可以着重选取个别优秀言论以及符合情境的科学表达来进一步进行英语表达的教学与相关内容回顾。允许第一语言的使用而非一味强调全英语教学，可以帮助更多学生参与到课堂活动中，并进行更符合学生的认知能力的表达。这样既可以帮助学生进行内容上的深度学习，进行不同思维层级的训练，也可以帮助学生提升实际语言运用能力，让课堂从内容上更有吸引力。

2. AI 智能体作为助手参与研讨

AI 在研讨会中可以用于让学生学习如何进行正确的英语表达，请看下面的对话。

学生：I think best method, establishing coral reserves will be faster.（我认为最好的办法是建立珊瑚保护区。）（学生常见错误：将中文表达的习惯用于英语，语句缺乏连接词。）

AI: You can say，"I think the best method is establishing coral reserves because it will be faster". （你可以说，"我认为最好的方法是建立珊瑚保护区，因为这个方法会更快"。）（纠正学生并给出正确的表达。）

学生：我想用英语说全球变暖还在继续，海水温度会上升，保护区的珊瑚也会死亡。所以，必须要使用清洁能源！以下是我的英文。Not a long-term solution! Global warming will continue! The sea temperature in coral reserves will also rise and kill corals. We must use clean energy! （不是一个长久之计！全球变暖会继续！珊瑚保护区的海水温度会上升并杀死珊瑚。我们必须使用清洁能源！）

AI: Your sentence is very close，but it can be made a bit clearer with a few small adjustments. You can say，"It's not a long-term solution! Global warming will continue, and the sea temperature in coral reserves will also rise, killing the corals. We must use clean energy"! （你的句子说得还不错，但是可以微调几处地方让意思更准确。你可以说，"这不是一个长久之计！全球变暖会继续，而且珊瑚保护区内的海水温度会上升并杀死珊瑚。我们必须使用清洁能源"！）

These changes help the sentence flow better and make it grammatically correct. （这些改变有助于句子变得更通顺，语法也更正确。）

以上为《珊瑚与海洋环境保护》英语课中有关学生思维训练的部分课堂展示，体现了在新课标的指导下的批判性思维教育的课堂活动。活动以学生为中心，引导学生围绕着同一问题进行批判性思考，在学习相关语言知识与内容知识的同时，潜移默化地培养学生批判性思维的品质。

第五节　英语——观察与表达:《塞伦盖蒂的动物们》

本课是自编自创的"人与自然"范畴的英语学习活动。当前的英语教材中关于动物的内容大多仅限于让学生记住动物的名称,但对学生更感兴趣的动物的生活习性等内容鲜有涉及。非洲坦桑尼亚的塞伦盖蒂大草原上生活着许多野生动物,BBC(英国广播公司)拍摄的纪录片《塞伦盖蒂》中记录了塞伦盖蒂大草原上各种野生动物的迁徙、捕猎等生活场景。我们完全可以用纪录片视频剪辑出精彩的视频短片,让学生感受塞伦盖蒂大草原的生态系统背景,去认识野生动物,了解它们的生活,记住它们的英语名称,学习用简单的英语句子表达自己的所思所想。这样,学生既能被野生动物深深吸引,学习到一些动物的知识,也能促进学生掌握相关英语知识。

课程将通过视频、图片、互动讨论、AI等进行教学,使学生在"真实情境"中运用英语,观察和了解塞伦盖蒂的野生动物,并归纳和推断出自己的观点。这些都有利于发展学生的逻辑思维能力和批判性思维能力。这种教学方法属于内容与语言整合性学习(Content and language integrated learning,简称 CLIL),在欧洲多民族背景下取得了显著的成功,我们可以对这种教学方法在国内的可行性做出一些探索。

(一)连接

1. 连接课标

将本教学内容放到小学六年级,让学生认识塞伦盖蒂的动物们。教学内容属于《义务教育英语课程标准(2022年版)》三大学习内容主题中的"人与自然"范畴,该范畴以"自然"为视角,设置"自然生态""环境保护"等主题群,让学生"了解身边的自然现象与生态环境",观察"常见的动物,动物的特征与生活环境"。

本课程的课程要求在思维品质核心素养上属于第一级，其要求如下。

1. 观察与辨析：学生能通过对图片、具体现象和事物的观察获取信息，了解不同事物的特点，辅助对语篇意义的理解；能注意到不同的人看待问题是有差异的；能从不同角度观察周围的人与事。

2. 归纳与推断：学生能根据图片或关键词，归纳语篇的重要信息；能就语篇信息或观点初步形成自己的想法和意见；能根据标题、图片、语篇信息或个人经验等进行预测。

3. 批判与创新：学生能根据个人经历对语篇内容、人物或事件等表达自己的喜恶；初步具有问题意识，知晓一问可有多解。

根据这些要求，我们把课程重点放在让学生能通过观察塞伦盖蒂的生态环境背景，辨析野生动物的大致类别，批判和推断出自己的见解上。

2. 连接主题内容

教师通过展示塞伦盖蒂国家公园的图片和视频，让学生了解这个最接近地球最初模样的生态系统。通过观看狮子、大象、斑马等丰富的野生动物的生活，帮助学生理解奇妙的动物世界。

可以播放适合学生观看的短视频，展示塞伦盖蒂野生动物的生活，并结合教师的讲解，帮助学生理解相关内容。

3. 连接 AI 智能体

我根据去塞伦盖蒂拍摄的资料和网上搜集的资料，创建了一个以"塞伦盖蒂野生动物"为主题的数据集，要求 AI 将纳入数据集的文字内容调整为小学生的英语水平。学生可以通过与 AI 进行对话，学习动物相关词汇和短语，并学习一些有趣的动物知识，以增强动物知识对学生的吸引力。以此，凸显内容与语言整合性学习（CLIL）的优势。在对话中，AI 会根据学生的语言水平提供相应的反馈和纠正，帮助学生更好地表达。

为此，我们设计了 AI 智能体"塞伦盖蒂的动物们"，提供给其的提示词如下。

你需要让以中文为母语的学生用英语了解塞伦盖蒂的野生动物，教授学生与动物及其生活相关的词汇和简短的句子。这些学生的英语水平为欧洲共同语言参考标准（Common European Framework of Reference for Languages，简称 CEFR）的 A1~A2 等级。因此，提问和生成的句子必须符合学生相对应的语言层级。

关键词汇如下。

Africa：非洲；Serengeti：塞伦盖蒂；lion：狮子；elephant：大象；

zebra：斑马；hunt：猎取；cute：可爱的；fast：快的。

例句句型如下。

The [animal] is known for its [feature].（［某个动物］以它的［特点］闻名。）

例如：The lion is known for its sharp teeth（狮子以它锋利的牙齿而闻名。）

[Animal] can [action].（［某个动物］可以［做什么］。）

例如：Elephants can walk far.（大象可以走很远。）

对话要求：生成最为简短的提问让学生回答，使用的词汇必须控制在 300 个常见英语词汇范围内。如果学生答错，生成最简短的反馈，帮助学生通过更简单的方式理解问题。例如，可以提供更简单的提示或重复问题。

示例对话如下。

教师:"What animal is big and has a long nose?"（什么动物大而且有长鼻子?）

学生:"Lion?"（狮子?）

教师:"Not lion. Try again. It is very big and grey. It has a long nose."（不是狮子。可以再试一次。它很大而且是灰色的，有一个长鼻子。）

（二）俯瞰

1.结合精心剪辑的视频，学习语言

教师为学生播放塞伦盖蒂野生动物的简短视频，教学生用英语表达视频中的内容。该英语学习中包括但不限于以下关键词汇和短语。

关键词汇如下。

Africa：非洲;Serengeti：塞伦盖蒂;Masai：马赛族人;

wildlife：野生动物;animals：动物;lion：狮子;

leopard：花豹;crocodile：鳄鱼;elephant：大象;

giraffe：长颈鹿;hippo：河马;zebra：斑马;

gnu：角马;impala：黑斑羚;hunt：猎取;

furry：毛茸茸的;cute：可爱的;colourful：多彩的。

例句句型如下。

The [animal] is known for its [feature].（[某个动物]以它的[特点]闻名。）

例如：The lion is known for its sharp teeth.（狮子以它锋利的牙齿闻名。）

[Animal] can [action].（[某个动物]可以[做什么]。）

例如：Cheetah can run very fast.（猎豹可以跑得很快。）

教师可以通过提供关键词汇和句型支持，帮助学生对着视频一点点学会表达简单的描述。下面是用 AI 智能体"塞伦盖蒂的动物们"生成的可供学生阅读和模仿的短文，其中有些内容对于学生会有一定的难度，教师需要对学生作适当的指导。教师还可以提交新的要求，让 AI 智能体不断生成类似的短文，以满足学生学习的需要。

In Africa, the **Serengeti**（塞伦盖蒂）is a big place with many **animals**（动物）. The **lion**（狮子）is known for its strong body and sharp teeth. Lions can hunt other animals. The **leopard**（花豹）has spots and can run fast. The **crocodile**（鳄鱼）is very big and can swim in the water. The **elephant**（大象）is known for its big body and long trunk. Elephants can carry heavy things. The **giraffe**（长颈鹿）has a long neck and can eat leaves from tall trees. The **hippo**（河马）is big and lives in water. The **zebra**（斑马）has black and white stripes and can run fast. The **gnu**（角马）lives in big groups and can run far. The **impala**（黑斑羚）can jump high. It is cute and furry. The **Masai**（马赛族人）people help protect the animals. It is important to save the **wildlife**（野生动物）in the Serengeti.（在非洲的塞伦盖蒂大草原住着许多动物。其中的狮子以它强壮的体魄和锋利的牙齿闻名。狮子可以捕猎其他动物。花豹身上有许多斑点，还能跑得特别快。鳄鱼在水中游弋且体型巨大。大象以其庞大的身躯和长长的鼻子而闻名。大象能够搬运重物。长颈鹿有长长的脖子，能够吃到高树上的叶子。河马体型庞大，生活在水中。斑马有黑白相间的条纹，能够快速奔跑。角马生活在大群体中，能够长途奔跑。黑斑羚可以跳得很高。它很可爱，毛茸茸的。马赛人帮助保护这些动物。保护塞伦盖蒂的野生动物非常重要。）

这篇短文把许多野生动物的特征都描述出来了。通过学习这篇短文，学生的英文表达也会丰富起来。但不需要让学生记住太多的陌生词汇，学生能够结合上下文认出来是什么意思即可。若学生认为短文对每个动物的描写过于简单，教师可以借助 AI 智能体"塞伦盖蒂的动物们"为学生生成新的短文。

提供给 AI 智能体的提示词如下。

学生很喜欢母狮子带着小狮子谋生的那段视频。视频内容是，母狮子把小狮子隐藏好了后悄悄接近猎物，快速冲过去捕食。她好不容易捕到了瞪羚，一群鬣狗却过来抢食。母狮子打不过它们，又担心幼崽的安全，就放弃了到了嘴边的食物，跑回去保护幼崽。于是，母狮子和幼崽不得不继续饿着肚子，真是可怜。你可以为这些内容写一段详细的英文解说吗？

多轮提问后，AI 智能体生成的内容如下。

The mother lion hides her **cubs**（幼崽）in a safe place. She goes to hunt. She moves quietly. She sees a **gazelle**（瞪羚）. She runs fast and catches it.

Then, some **hyenas**（鬣狗）come. They want the food. The mother lion cannot **fight**（战斗）them all. She is worried about her cubs. She leaves the food to protect her cubs.

Now, the lion and cubs are still **hungry**（饿的）. It is sad.

（母狮将她的幼崽藏在一个安全的地方。她去打猎。她悄悄地移动。她看见了一只瞪羚。她跑得很快并捉住了它。 然后，一些鬣狗来了。它们想要食物。母狮无法与全部鬣狗战斗。她担心她的幼崽。她留下食物去保护她的幼崽。现在，狮子和幼崽仍然很饿。这令人感到沮丧。）

教师可以通过这样的方式让 AI 生成阅读文本，让学生进行对其他动物的进一步学习。学生在阅读中可以学习如何使用已经掌握的简单英文去做不太难的表达，同时在这个过程中通过语境接触更多的词汇。教师还可以让学生通过写类似的提示词，让 AI 智能体"塞伦盖蒂的动物们"继续生成阅读材料。

2. 与 AI 智能体"塞伦盖蒂的动物们"对话

在我所教的班级里，小学生的英语语言水平差异是很大的。而在 AI 智能

体的帮助下，无论是低水平还是高水平的学生，英语水平都能得到提升。以
下是低水平的学生与 AI 智能体"塞伦盖蒂的动物们"的对话中的片段。

　　学生：I like lion.（我喜欢狮子。）

　　AI：Great! The lion is a strong animal. Question, what sound does a lion
make?（太棒了！狮子是一种强壮的动物。提问，狮子发出什么声音？）

　　学生：Hou!（吼！）（中文的习惯发声表达。）

　　AI：Almost! A lion says "roar." Now, can you say "The lion can roar" in
English?（差不多！狮子发出的声音在英文里是"吼"。现在你能用英文说
"狮子可以吼"吗？）

　　学生：The lion can roar.（狮子可以吼。）（学习真正的英文表达。）

　　AI：Perfect! Now, can you answer "What color is a lion"?（完美！现在，
你能回答"狮子是什么颜色的"吗？）

　　学生：Yellow.（黄色。）（用单词回答，且对狮子颜色的判断不准。）

　　AI：Good job! Yes, lions are yellow or light brown. Next question, can a
lion run fast?（做得很好！是的，狮子是黄色或浅棕色的。下一个问题，
狮子能跑得快吗？）

　　学生：Lions are light brown.（狮子是浅棕色的。）（选择更准确的描述
色彩的词汇，学习用完整的句子表达，且学生回答的是第一问。）

　　AI：Excellent sentence! Yes, lions are light brown. Now, can you answer
the question "Can a lion run fast"?（句子说得很好！是的，狮子是浅棕色
的。现在，你回答问题"狮子能跑得快吗"？）（继续提上面的第二问。）

　　学生：Lion run fast.（狮子跑得快。）（中文语法的习惯表达。）

　　AI：You're close! Try this，"The lion can run fast."Can you say that?（你

很接近了！试试这样说，"狮子能跑得快。"你能这么说吗？）

学生：The lion can run fast.（狮子能跑得快。）（校正为正确完整的英文表达。）

AI：Perfect! Next question, " What do lions eat" ?（完美！下一个问题，"狮子吃什么"？）

……

通过这样不断地对话，学生在 AI 的不断提问和校正中进行着回答，促使学生不断反思中英文表达的差异，学会运用正确的英文表达和准确地表达语义。在中文日常表达中，黄色包含浅棕色，而 AI 提示 "yellow or light brown（黄色或浅棕色）"可以让学生学会在语义上更准确地表达，而准确表达是批判性思维的基础。

（三）反思

1. 带着学生反思，理解所学

学习《塞伦盖蒂的动物们》时，我们采用的是内容与语言整合性学习（CLIL）的方式，既能引发学生对课程内容的兴趣，又能让学生学会相关表达。所以在反思环节可以从英语语言学习和内容学习两个方面提出反思性的问题。以下是运用 AI 智能体"塞伦盖蒂的动物们"帮助生成的提问。

1. 英语学习反思提问

（1）反思新学词汇和句型

How do you say "狮子会吼叫" in English?（"狮子会吼叫"用英语怎么说？）

What did you learn about the color of lions? Can you say a full sentence about it? （你了解了关于狮子颜色的哪些信息？你能说一句完整的话来描述它吗？）

What is the correct way to say "狮子跑得快" in English?（"狮子跑得快"用英语的正确表达方式是什么？）

When learning new animal sounds, how can you remember the word "roar"？（在学习新的动物叫声时，你如何记住"roar［吼］"这个词？）

What is the correct word for "牙齿" when talking about lions?（在谈论狮子时，"牙齿"的正确用词是什么？）

How can you make your sentences more complete in English?（你如何使你的英语句子更加完整？）

（2）反思如何用英语准确表达

How do you say "狮子跑得很快" in English? Can you use "can" in your sentence?（"狮子跑得很快"用英语怎么说？你能用"can［能］"来构造你的句子吗？）

What sound does a lion make? Can you use the word "roar" in a sentence?（狮子发出什么声音？你能用"roar［吼］"这个词造个句子吗？）

When you describe an animal's color, how do you use "light brown" or "yellow" in a sentence?（当你描述动物的颜色时，你如何在句子中使用"light brown［浅棕色］"或"yellow［黄色］"？）

Can you think of an English sentence using "run fast" for a different animal, like the zebra?（你能想出一个用"run fast［跑得快］"描述一个不同动物，比如斑马的英语句子吗？）

How do you ask questions in English when you want to know what an animal can do? Can you make a question?（当你想知道动物能做什么时，

你如何用英语提问？你能提一个问题吗？）

2. 内容学习的反思提问

What are lions known for? Can you name two things about lions?（狮子以什么而闻名？你能说出关于狮子的两件事吗？）

Which animal has spots and can run fast?（哪种动物有斑点并且能跑得很快？）

Where does the crocodile live, and what can it do?（鳄鱼生活在哪里，它能做什么？）

What is special about the elephant's trunk?（大象的鼻子有什么特别的？）

Which animal can eat leaves from tall trees?（哪种动物能吃到高树上的叶子？）

How are the zebra and gnu similar when they move?（斑马和牛羚在移动时有什么相似之处？）

Why is it important to protect the animals in the Serengeti?（保护塞伦盖蒂的动物为什么重要？）

2. 用 AI 智能体指导学生简单表达

在本课程学习的最后阶段，可以让学生试着在 AI 智能体里写几句简单的句子来表达自己的观点，然后提交给 AI 智能体批阅。请看下面的示例。

学生：Lions can run fast hunt. But the mother lion is not strong, father lion is strong. Hyenas can take mother lion food. But the father lion can fast kill hyena, is cool!（狮子能跑得快狩猎。但是母狮不够强壮，公狮才强壮。

鬣狗能抢走母狮食物。但是公狮能快速杀死鬣狗，这很酷！）

　　AI：你的作业写得很不错！我来帮你做一些小的修改，让它更准确。

　　原句为 Lions can run fast hunt.（狮子能跑得快狩猎。）修改为 Lions can run fast and hunt.（狮子能跑得快并且狩猎。）（加上"and［并且］"来连接形容词和动词。）

　　原句为 But the mother lion is not strong, father lion is strong.（但是母狮不够强壮，公狮才强壮。）修改为 But the mother lion is not as strong as the father lion.（但是母狮不如公狮强壮。）（用比较级"not as strong as"来表示对比。）

　　原句为 Hyenas can take mother lion food.（鬣狗能抢走母狮食物。）修改为 Hyenas can take the mother lion's food.（鬣狗能抢走母狮的食物。）（加上"'s"来表示"母狮'的'食物"。）

　　原句为 But the father lion can fast kill hyena, is cool!（但是公狮能快速杀死鬣狗，这很酷！）修改为 But the father lion can kill a hyena fast. He is cool!（但是公狮能快速杀死一只鬣狗。他很酷！）（将"fast［快］"放到名词之后，并把句子分开，使意思更清晰。）

　　修改后的完整句子为，

　　Lions can run fast and hunt. But the mother lion is not as strong as the father lion. Hyenas can take the mother lion's food. But the father lion can kill a hyena fast. He is cool!（狮子能跑得快并且狩猎。但是母狮不如公狮强壮。鬣狗能抢走母狮的食物。但是公狮能快速杀死一只鬣狗。他很酷！）

　　做得很好！继续加油！

AI 提供的语言支持，可以帮助学生更准确流利地表达他们的观点，并能引导学生反思自己的语言表达。在内容与语言知识共同进行的课堂上，很多低年龄段的学生英语语言水平不足，只能通过简化句子的方式来表达部分观点。正如上面的学生所呈现出的，其实学生是想说："狮子跑得很快，但母狮比不上雄狮强壮，捕获的猎物容易被鬣狗群抢夺。但雄狮就不怕鬣狗群，它可以迅速咬死鬣狗，驱赶走这群可恶的东西。雄狮简直'酷毙了'！"这其中会涉及不少新的词汇，学生也不知道该使用哪些句型。通过简化，学生能表达出自己的部分观点，就已经非常满足了。

让学生经常与 AI 对话，在这种校正和表达中学习语言知识、学习与 AI 对话、学习如何简化地表达自己的观点、学习如何尊重他人意见、学习如何反思，是一种有效的学习方法。

英语学习的本质包含了语言能力的提升。但是一个只懂得英语语法和词汇的人，能说出精彩的英语语句，能编写出脍炙人口的故事，能成为演说家或者辩论家吗？答案明显是不能。与 AI 对话无疑给学生创建了一个较为真实的语言使用情境。而随着练习的逐步进行，学生能在一个有趣的情境里提升自己的英语文字素养、语言能力素养、思维能力素养以及数字化能力素养，"反思—纠正"的批判性思维会不断得到增强。

第六节　数学与科学——统计推论：
《人体体温为什么不总是 37℃？》

37℃是人体的正常体温。这个"常识"被广泛传播，甚至成了一个被人们记在头脑里的刻板知识。但实际情况是怎样的呢？一般而言，我们测量体温时，体温都在 36℃到 37℃之间，这又是怎么回事呢？这个问题看起来是科学问题，其实也是数学统计测量的问题，所以本节内容是跨学科的。

设计本节课程要考虑到小学生的统计知识较浅，只会折线图、条形图和平均数等，因此数据分析只能在这个水平展开。教学内容分为三个方面，一是让学生学会用额温枪和体温计测量体温，并学会用折线图、条形图记录体温；二是让学生统计自己、父母和爷爷奶奶一天中的体温变化。在连续多天的测量后，学生在通过统计图寻找规律的过程中会发现人体正常体温不是37℃，且会有变化，要思考和查询这是哪些原因引起的；三是人在进行各种活动时体温会升高或降低，学生可以测量自己在进行各种活动时的体温，绘制统计图，对数据进行分析，寻找可能的科学解释。

这三个方面的探究活动，超出了小学科学教材和数学教材的水平，但通过实际教学后，我们发现学生的能力完全超越了教师的预想，教学取得了丰硕的成果。本节课程就是根据深圳市龙岗区平安里学校何跃华老师当时的教学重新设计的。

（一）连接

1. 连接课标

《义务教育数学课程标准（2022年版）》将数学核心素养分为三个方面，一是要学生"会用数学的眼光观察现实世界；会用数学的思维思考现实世界；会用数学的语言表达现实世界"。与现实世界的连接，能使数学鲜活起来。二是要学生"经历简单的数据收集过程，了解数据收集、整理和呈现的简单方法；理解平均数的意义，会用平均数解决问题；形成初步的数据意识。"人体体温问题的研究属于统计方面的内容，对其进行研究可培养学生在此方面的能力。三是要学生"发展质疑问难的批判性思维，形成实事求是的科学态度，初步养成讲道理、有条理的思维品质，逐步形成理性精神。"达到培养学生数学素质的目的。本课程的目标是激发学生数学兴趣，通过测量体温，经历观察生活、调查数据、分析数据、结合科学知识形成结论等完整的数学探究过程，切实锻炼学生的数学素养和批判性思维能力。

2. 连接学科

本课程需要整合小学阶段的统计学知识，在 3~5 年级实施，因为还涉及人体体温方面的科学知识，需要进行跨学科的教学。建议数学和科学两个学科的教师，相互配合，一起推进学生的探究。

3. 连接 AI

一方面，学生需手绘统计图，另一方面，教师需教学生使用智谱清言等 AI 生成统计图的方法，这样既锻炼了学生绘制统计图的能力，也能让学生通过分析 AI 生成的标准统计图改进手绘统计图及锻炼分析数据的能力。

提供给 AI 的提示词示例如下。

请将下列数据绘制成折线图并分析统计结果。要求统计图纵轴的温度数值是 35.0—39.0。这是从早上 7 点开始，每隔一个小时测量的体温数据：36.9，37，37.2，37.1，37，36.8，36.7，37，37。

以下是 AI 生成的内容。

这张折线图展示了被测者在一天内体温的轻微波动，总体上体温保持在一个健康的水平。

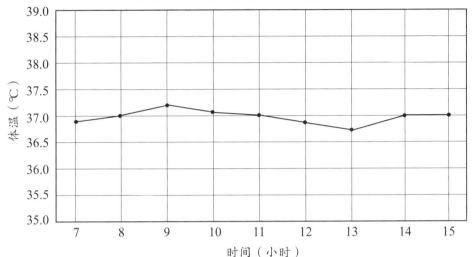

从早上 7 点开始每隔一小时测量的体温数据

（二）俯瞰

首先确定探究项目，让学生探究各种活动对体温的影响，在一个星期内的每天几个固定的时间（如早上起床后、午饭后、晚饭后、睡觉前）测量自己、父母和爷爷奶奶的体温；测量不同活动（如吃饭、上厕所、运动、阅读、看电视等）对体温的影响。方法是固定的时间前、活动开始前测一次体温，固定的时间后、活动结束后立即再测量一次，然后将数据绘制成折线图。数据过多的时候，教师可以教学生写提供给 AI 的提示词，将数据提交给 AI 绘制和分析。学生尝试通过统计图找出体温变化与活动类型之间的关系，并尝试解释为什么某些活动会导致体温的升高或降低。

在这样的探究活动中，小学生由于认知不高和动手能力不强的原因，可能会出现以下一些情况。

情况一：测量数据不准确或测量次数不足

如果某个学生没有按计划进行体温测量，或者测量的方式不规范，会出现数据不准确或测量次数不足的问题。对此，教师可以引导学生思考以下问题。

1. 你按照规定的时间或规范的方法进行体温测量了吗？测量的次数足够多吗？

2. 你是怎样保证测量结果的准确性的？如果数据不准确，会对结果产生什么影响？

情况二：发现年龄与体温变化的关系

如果学生在分析数据时发现不同年龄的人在同一时间段的体温有所不同，会引发其好奇：不同年龄的人的体温为什么有差异？对此，教师可以引导学生思考以下问题。

1. 年龄为什么会影响我们的体温？这可能是因为身体的哪些变化引起的？

2. 能否从书籍、网络或 AI 上找到一些科学的资料来支持你的结论？

情况三：活动类型与体温变化的关系

在探究活动对体温的影响时，学生可能会发现，某些活动（如运动）会使体温升高，而有些活动（如阅读）可能不会。对此，教师可以引导学生思考以下问题。

1. 你为什么认为运动会使你的体温升高，而阅读时不会？这可能是什么身体机制引起的？

2. 为什么运动时感觉那么热，但测量时却发现体温升高幅度很小，甚至只有 0.1℃？

3. 努力思考的时候，你会觉得脑袋在发热。我们测量阅读时的体温时，应该测哪里？用什么测量工具合适？怎样测更准确？如果测量做很难的数学题时的头部温度，可能会是怎样的结果呢？

4. 如果改变活动的强度或者持续时间，会对体温有什么影响？为什么？

情况四：体温在一天中的波动

学生可能会观察到体温在一天中有一定的波动，比如早上醒来时较低，下午较高。对此，教师可以引导学生思考以下问题。

1. 你观察到的体温在一天中的波动和你预计的一致吗？你预计的理由是什么？

2. 你认为是什么导致了体温的这种波动？

3. 请找到可靠的资料来证实或反驳你的测量结果。

情况五：身体部位的体温差异

一般而言，体温计测量腋下，额温枪测量头部。学生可能会由此引发兴趣，测量身体各个部位的体温，并发现各个部位的体温真的不同。对此，教师可以引导学生思考以下问题。

1. 你认为是什么导致了不同部位的体温不同？

2. 分析人体的血管分布图和人体红外图像，你预计哪些部位可能体温较高？为什么？

3. 这种体温差异对身体有什么影响？为什么？

（三）反思

在课程结束后的反思阶段，学生需要对自己的发现进行总结，反思自己的研究结果，并对自己的学习过程进行评估和进一步改进。反思环节的内容可以提交给"CT 教学预案"AI 智能体来生成，生成前需要要求智能体综合考虑俯瞰部分的五个情况，以及天气气温因素对测量活动的影响，再生成结果。

以下是生成的结果。

根据俯瞰部分中的五个情况，我将反思部分的内容进一步细化，并将测量体温时未考虑当天气温的因素纳入迭代改进环节。以下是根据俯瞰部分生成的反思部分。

1. 自我反思

（1）学生可能提出的观点

情况一：我有时候忘记了要在同一时间测量体温，所以有些结果不太一样。

情况二：我觉得爷爷奶奶的体温和我的不一样的原因可能还跟别的因素有关，不只是年纪。

情况三：我知道运动会让我变热，但我不太确定为什么体温只升高了一点点。

情况四：我发现自己没有想过早上和下午的体温会有不同，所以没提前做好准备。

情况五：我发现不同部位的体温不一样，但我不太确定这对我整体的结论有多大影响。

（2）教师的针对性提问

情况一：你有时是不是忘记了在同一时间测量体温？你觉得这样会对结果有影响吗？

情况二：你觉得除了年纪，还有什么别的因素会让不同的人的体温不一样？你能想到什么方法来查证吗？

情况三：当你发现运动后体温只升高了一点，你觉得还有哪些因素可能影响了这个结果？

情况四：如果提前知道人在一天中的不同时间体温会有变化，会不会让你的测量更准确？

情况五：当你发现不同部位的体温不一样时，你觉得这对你最终的结论有什么影响？你怎么处理这些不同的结果呢？

2. 他人反馈

（1）学生可能提出的观点

情况一：我的同学说，气温可能会影响体温的测量结果，我没考虑到这个。

情况二：在讨论时，有人说爷爷奶奶的体温可能还跟他们的健康情况有关，我之前没想到。

情况三：有同学提到，运动的强度和时间也会影响体温，我以前只考虑了运动这个事情本身。

情况四：有同学提醒我，应该提前考虑体温在一天中可能会变，这样我的测量会更准确。

情况五：我的同学说，不同的体温计测出的结果可能不一样，这让我觉得我的数据可能不太准。

（2）教师的针对性提问

情况一：你的同学提到气温会影响测量结果，你有没有想过怎么把气温也考虑进去？

情况二：讨论中有同学提到健康情况会影响体温，你觉得你需要怎么调整你的测量计划？

情况三：同学提到运动的强度和时间可能也会影响体温，你觉得应该怎样设计实验来验证呢？

情况四：如果提前知道人在一天中的不同时间的体温变化，会对你的测量有什么帮助？

情况五：听到不同体温计可能会测量出不同结果的意见后，你打算怎么检查和处理你的测量数据？

3. 迭代改进

（1）学生可能提出的观点

情况一：我要在测体温时记下当天的气温，这样我能看看气温对体温有没有影响。

情况二：我决定考虑健康情况对体温的影响，比如看看睡眠时间的长短，会不会也影响体温。

情况三：我打算做一些不同强度的运动，并每次都测量体温，这样我可以找到更多体温变化的规律。

情况四：我会在一天的不同时间多次测量体温，看看早上和下午的体温变化有多大。

情况五：我会用不同的体温计测量同一个部位，然后比较这些数据，看看它们是不是有差别。

（2）教师的针对性提问

情况一：你准备怎么记录气温，并且分析气温对体温的影响？你觉得这样做会有什么帮助？

情况二：在加入考虑健康情况对体温的影响后，你打算怎么进行测量？你觉得这些新数据会对你的结论产生什么影响？

情况三：你计划怎么测试不同强度和时间的运动对体温的影响？你觉得这样做能帮你发现什么？

情况四：增加测量的次数后，你希望能发现什么新的体温变化规律？这些规律会对你的分析有什么影响？

情况五：你打算怎么用不同的体温计来测量？你觉得这样能让你的数据更准确吗？

AI灵活地以俯瞰部分的详细内容为基础，生成了反思部分的详细内容。其生成的反思部分的内容不仅与俯瞰部分的内容匹配，学生口吻的模拟也较为贴切，具有很不错的教学参考价值。

第七节　科学、语文与美术——发现结构与功能：《深圳湾候鸟是如何捕食的》

深圳湾处在西伯利亚到澳大利亚的候鸟迁徙路线上，每到冬季，从北方迁徙过来的成千上万的各种候鸟会在深圳湾红树林越冬。深圳湾水浅，食物丰富，鸟儿们施展着各自的本领捕食，在温暖的冬季里享受着盛宴。

本课程的教学设计是以深圳湾候鸟的各种捕食行为为内容，让学生根据几种代表性的候鸟的捕食行为，从跨学科概念"结构与功能"的角度对其去做分析。《义务教育科学课程标准（2022年版）》中新纳入了跨学科概念的内容，科学概念的结构层次变为了"跨学科概念—核心概念—具体概念—科学事实"。对于跨学科概念如何教，大多数老师从未接触过，本课程就是一个示范。另外，考虑到本课程也适合作为新课标强调的跨学科主题教学的示范，因此本课程的内容应体现科学与语文、美术学科的结合，实现多学科合力育人。

（一）连接

1.连接课标

本课程是以科学为基础的跨学科教学项目，涉及的科学、语文、美术三个科目的课标如下。

（1）连接科学课标。学生需培养科学观念和科学思维，通过跨学科概念"结构与功能"去解释候鸟的身体结构及其适应的捕食方式。教师应鼓励学生亲身进行科学探究，去深圳湾观鸟，发现除了教学视频和照片等资料以外的一手证据。

（2）连接语文课标。在阅读和成果展示的环节，连接语文，落实语文课程标准中跨学科学习任务群的要求。让学生"在综合运用多学科知识发现问题、分析问题、解决问题的过程中，提高语言文字运用能力"。从科学阅读、自然文学阅读和故事创编的视角去反映学生的思考。

（3）连接艺术课标。落实艺术教育的要求，让学生"用美术作品表达自己的所见所闻、所感所想，学会以视觉形象的方式与他人交流"，和"能将美术与自然、社会及科技相融合，探究各种问题，提高综合探索与学习迁移的能力"，并尝试用准确的博物画去记录和描述鸟的身体结构与功能。

2. 连接科学阅读和自然文学阅读

让学生寻找相关研究报告和书籍，如《醒来的森林》等阅读。通过阅读科学观察报告和自然文学，引发学生的思考，锻炼学生的批判性思维和语言文字运用能力。

3. 连接批判性思维

在本课程的探究中，应用专业知识思考和不断反思改进思考是融合在一起进行的，所以在此过程中，学生的专业思维和批判性思维是一起进行的。因为本课程是俯瞰、观察和推论的活动，所以在本课程的批判性思维教学中，教师要特别关注学生推理时可能出现的谬误，采用提问的方式帮助学生自我纠正。

4. 连接 AI 智能体

学生可以与"有趣的科学吴老师"AI 智能体对话，还可以用其来解决鸟类识别和基本知识阅读上存在的问题。微信上的"懂鸟"小程序、能识别鸟类的 AI 智能体等都是随手可得的工具。

（二）探究与俯瞰

观看"深圳湾候鸟录像"：每年冬季，成千上万的候鸟从北方飞到深圳湾越冬，深圳湾就会热闹起来。这些鸟类在滩涂浅水中的捕食方式各不相同。黑脸琵鹭迈着大步，张着嘴在浅水里横着来回扫荡，捕食全靠运气；反嘴鹬在浅水或泥滩上漫步，喙细长且向上翘，它用喙弯曲上翘的部分横着扫开浅表的淤泥来寻找食物；黑翅长脚鹬轻盈地迈着红色的、细长的腿，时不时在浅水或淤泥里啄食；普通鸬鹚一群群地浮游在水面，时不时潜入水中捕鱼，你看，那么大的鱼它都可以整个地吞下；琵嘴鸭则文质彬彬地在靠近岸边的浅水上慢慢游着，时不时把屁股朝天，头和半截身体扎进水里觅食，头抬起来的时候，可以看到水从它的喙两旁的密集的齿缝里流出，通过过滤的方式来留住食物。

请思考，这些候鸟为什么有各不相同的捕食方式？请认真观看录像和照片，尽可能合理地解释这些捕食方式是怎么形成的。

思考一：从"结构与功能"的角度去思考鸟的捕食行为与身体结构的关系。

不同的鸟具有不同的身体结构，比如体型的大小，喙的形状，脖子和腿的长度，脚趾的长短及有没有蹼等，这些结构特性使它们在捕食时具有不同的行为模式和策略。

第一，先用表格整理五种鸟的特征，从中寻找可能存在的规律。这里主要是训练学生的观察能力和归纳推理的能力。

	体型大小	喙	脖子	躯干	翅膀	腿	脚趾	捕食方式
黑脸琵鹭								
反嘴鹬								
黑翅长脚鹬								
普通鸬鹚								
琵嘴鸭								

第二，对鸟儿们在捕食中的"迷惑行为"进行探讨。这里主要是让学生将专业思维和批判性思维交织在一起，去寻找符合逻辑的答案。

1. 黑脸琵鹭张着嘴，通过在浅水里横向扫荡来捕食，为什么它不是像鸭子那样通过嘴不断过滤捕食，或者嘴一张一合地在水里觅食呢？

2. 反嘴鹬不是用弯曲的喙尖挑起淤泥寻找食物，而是用喙弯曲上翘的部分横着扫开浅表的淤泥来寻找食物，这是为什么？

3. 鸬鹚的脖子平时是很细的，为什么能吞下那么大的鱼？又是怎样消化掉这么大的鱼的？

4. 黑翅长脚鹬的腿细长，没什么肌肉，为什么还能站在冰冷的海水里行走？

5. 鸟类的捕食方式、身体结构和捕食环境之间有什么关系？它们为什么总是在特定的地方捕食？比如，为什么鸬鹚不在滩涂上捕食弹涂鱼，而一定要去水里捕大鱼呢？

思考二：阅读研究报告和鸟类书籍，寻找证据支持，或学习博物学家的表达。

1. 科学教师组织学生阅读鸟类学研究的文献、科普书籍，向学生提供丰富的信息，帮助学生理解鸟类的形态和捕食行为，以及环境对鸟类形态和行为的影响。例如《鄱阳湖四种水鸟的栖息地利用与水深和食物的关系》调查报告中指出：浅水湖泊的泥滩生境和浅水区域能够承载种类众多和密度庞大的越冬水鸟。这是因为这种生境的异质性较大，并且有多种丰富的食物。不同水鸟所利用的取食空间和食物资源存在差异，使栖息地和食物资源能够被最大化地利用，降低了物种间的竞争，为形态相似物种的共存提供了条件[①]。这个结论可以给我们什么启示？深圳湾的这些候鸟之间到底存不存在食物竞

---

① 张笑辰，金斌松，陈家宽等.鄱阳湖四种水鸟的栖息地利用与水深和食物的关系 [J].动物学杂志，2014，49(05):657-665.

争关系？上万的候鸟聚集在一起难道不存在食物竞争吗？

2. 语文教师可以带着学生读美国自然文学之父约翰·巴勒斯的《醒来的森林》等有关鸟类的自然文学书籍，学习作者的方法拟人化描写这五种鸟，或者结合学到的知识，通过创编自然文学短文的方式，反映鸟与深圳湾之间的故事。下图是我在深圳湾的早晨拍到的黑脸琵鹭的照片，当时它刚刚降落到水面，翅膀还未来得及收起，在阳光的照射下闪着光，洁白如雪。如果要把这个场景写成自然文学短文，学生可以模仿一些自然文学作家的作品风格，比如约翰·巴勒斯的风格，进行创作。下面是我在 ChatGPT 上创建的"博物学家 Naturalists"AI 智能体创作的短文。

黑脸琵鹭，吴向东拍摄

提示词：这是深圳湾的黑脸琵鹭，请以约翰·巴勒斯的风格为其写一段短文。

博物学家 Naturalists：在深圳湾的宁静水域，我目睹了黑脸琵鹭的优雅姿态。它们站立在浅水中，白色的羽毛在阳光下闪烁着柔和的光芒，仿佛与天空的云朵融为一体。它们那独特的、如琵琶般的扁平长喙，缓缓在水中划动，仔细搜寻着隐藏在水下的生机。每一次扫动，都是与自然的轻柔对话，仿佛这些鸟儿天生就懂得如何与这片水域融为一体。

黑脸琵鹭的形象，似乎象征着大自然的韵律与和谐。它们不急躁，也不慌乱，似乎深知每一口食物的到来都源自耐心与专注。它们的动作，如同一首无声的诗，在水面上娓娓道来，述说着生命的平静与美好。

在这样一个片刻，我感受到了一种难以言喻的宁静。这些鸟儿的存在，提醒我们在喧嚣的人世之外，自然界仍然遵循着它自己的节奏。黑脸琵鹭在深圳湾的栖息，正是这种自然律动的生动写照。它们的舞动仿佛在告诉我们，生命的美丽往往存在于那些我们不曾急于追逐的时刻里，只有当我们停下来，静静观赏，方能真正感受到自然的无尽魅力。

学生可以模仿生成的短文去写作，然后提交给"博物学家 Naturalists"AI智能体评判，让其提出修改意见。用 AI 指导学生写作是有效且可行的，其指导的详细程度十分可观。且由于 AI 可以无次数限制地通过对话提出修改意见，学生的作品质量也会显著提高。

3. 美术教师可以带学生阅读欧洲的各种博物学书籍，学习如何通过博物画把鸟的捕食方式与其身体结构的关系表达出来。博物画的表达与一般的绘画不同，除了艺术性，它更注重精确描画关键特征。比如在画鸟时，博物画会把喙与脚趾的准确形状描画下来，让人一看就知道黑脸琵鹭有区别于其他鹭鸟的琵琶形的喙以及长长的无蹼的脚趾，属于在浅水里行走捕食的涉禽。要准确描绘这些特征，需要美术老师教学生一些绘画技巧。教师对学生作品的评判不用要求过高，关键特征基本画出来了即可。

科学、语文和美术教师的教学活动是相互支持的，有助于学生更加深入和全面地理解"结构与功能"的概念，以及环境对生物形态和行为的影响，从而更好地理解鸟类的多样性和生态系统的复杂性。同时，在这种跨学科的活动中，学生的观察能力、逻辑与批判性思维、语言表达和绘画能力都能得到锻炼。

（三）反思

因为本课程内容主要是"观察—获取证据—推理"的活动，批判性思维的反思活动的焦点可能要放在逻辑谬误的教学上。理解跨学科概念"结构与功能"看似简单，其实是不容易的。我们可以预见学生在课程中可能出现的一些逻辑谬误和认知偏差。

1.可能的谬误——过度概括。在研究鸟类捕食行为和身体特征的关系时，学生可能会过度概括，即将一个特定的观察结果过度应用到更大的类群中。例如，学生观察到反嘴鹬上翘的喙形特征与横扫淤泥的捕食方式是相关的，然后过度概括地认为所有喙形类似的鸟类，比如喙也弯曲的大杓鹬，也是用相同的捕食方式，而实际上大杓鹬是把喙插进淤泥深处去觅食的。

为了避免这个谬误，要让学生认识到每种生物都是在特定的生态环境和生活习性下演化出特定的结构的，虽然结构与功能之间存在一定的关系，但这并不意味着结构相似的生物一定有相同的捕食方式。可以让学生去查阅资料，了解其他喙形类似的鸟类，考察它们的生活习性是否完全相同。

2.可能的谬误——因果倒置。在探究结构与功能关系时，学生可能会混淆因果关系，认为是鸟类的捕食方式决定了它们的身体结构，而不是身体结构适应了其生活习性和生长环境。

教师这时要引导学生深入理解结构与功能之间的因果关系，即生物的结构是通过自然选择，适应其生长环境和生存需求而演化的。可以通过比较鸟类和其他生物的身体结构和生活习性的关系，帮助学生理解这个因果关系。

3.可能的认知偏差——证实偏差。在阅读文献时，学生可能只注意到那些支持其假设的段落，而忽略了与其假设相反的内容。发现这种情况，教师可以引导学生思考：在这些文献中，有没有提到与你的假设相悖的证据或观点？这些证据或观点是否有道理？你是否需要重新考虑你的结论？

正因为跨学科概念可以跨越学科而作为一种普遍的原理存在，其概念本身就具有一定的复杂度。因此，学生学习时出现各种谬误是正常的，而学生的批判性思维能力就是在这样的不断识别与纠正谬误的过程中发展起来的。

成果展示的获取、反馈和迭代的环节，主要通过交流和评价学生作品而展开。按照前述的跨学科安排，该环节可能会涉及科学学科的鸟类捕食行为观察报告、语文学科的自然文学短文朗诵和美术学科的博物画展览交流。我将以上信息提交给"CT教学预案"AI智能体，并要求其"在这三方面请各提三个问题来促进学生的批判性思维反思"。

生成结果中，教师能用到以下提问。

1. 在撰写报告时，你是否注意到自己可能存在的认知偏差，例如倾向于寻找支持自己假设的证据？你是否充分反思了这些认知偏差对你结论的影响？

2. 你的短文在描述鸟类捕食行为时，是否保持了科学的准确性？有无过度美化或简化某些现象，导致与实际情况不符？

3. 你的画作是否有效传达了鸟类捕食方式的关键细节？观者是否能够通过画作直观地理解不同鸟类的捕食行为和生理特征？

4. 在获得反馈后，你如何反思画作中可能存在的误导性或不完整的表达？你是否考虑过如何在下一次创作中改进这些不足？

第八节 信息科技——抽象与建模:《用几何的眼光看世界》

本教学设计改写自论文"用几何的眼光看世界——发展小学生计算思维

的 A-STEM 课程"（王继华，刘鲜，吴向东，2019）[①]。

计算思维的关键是抽象，即对真实世界化繁为简，找到本质特征和规律，建立可计算的模型，然后编程，实现自动化的处理[②]。世界万物在外形上虽然千差万别，但都由一定的基本图形，如点、线、多边形、圆形等构成，如六角形结构的蜂巢等。从这些外形复杂的事物中找出构成其的基本图形及这些图形相互之间的数学关系，就是抽象；随后通过编程，让计算机画出图形，真实模拟世界万物的形状，就是计算思维的过程。对于小学生来说，他们所学的数学知识相当有限，所以我们尝试仅使用了小学数学中平面几何的知识开发本课程。

这个信息科技课程是把培养学生的专业思维与批判性思维融合在一起的课程，设计完之后还进行过运行和调试。调试的过程，就是反馈反思的批判性思维过程。

（一）连接

1. 连接《义务教育信息科技课程标准（2022 年版）》，培养学生计算思维的能力

"具备计算思维的学生，能对问题进行抽象、分解、建模，并通过设计算法形成解决方案；能尝试模拟、仿真、验证解决问题的过程，反思、优化解决问题的方案，并将其迁移运用于解决其他问题。"

2. 连接数学课标，让学生能用几何的眼光发现真实世界的几何模型

学生需要"尝试在真实的情境中发现和提出问题，探索运用基本的数量关系，以及几何直观、逻辑推理和其他学科的知识、方法分析与解决问题，

---

① 王继华，刘鲜，吴向东.用几何的眼光看世界——发展小学生计算思维的 A-STEM 课程 [J]. 中小学信息技术教育，2019,（07):16-19.

② 王继华.抽象：计算思维能力培养的关键 [J]. 中小学信息技术教育，2016,(03):45-47.

形成模型意识和初步的应用意识、创新意识。"

这两方面的连接，要求学生能运用计算思维，用几何图形的方式，抽象出真实世界的直观模型。学生可尝试在 Scratch 及类似少儿编程工具中进行编程创作。

（二）探究与俯瞰

1. 点和线

在几何学中，线指的是点通过移动位置构成的图形，它是几何图形最基本的组成部分。线条在生活中随处可见，线段是其中常见的一种，例如各种建筑物的支柱，木棍，高速公路上的线段，楼梯，桌椅的腿、筷子，衣服上的条纹图案等。

既然线是由点位移构成的，那么就可以通过编程自动化画出线。定义一个画点的积木块代码，如图 1 所示，这个脚本定义的点是一个出现在"舞台"中央位置，大小为画笔粗细的蓝色点。画线的代码，如图 2 所示，让画点的积木块移动 100 步（脚本中的单位），画出一条长度为 100 步的线段。当然，还有更加直接的方法，那就是不定义画点的积木块，直接在画线的代码中将其实现。但把一些基本的功能定义为一个积木块（或函数、子程序）来调用，可以使编程结构化，这是编程的基本思想和要求。

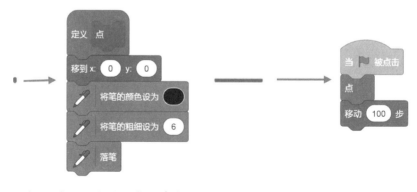

图 1　定义画点的积木块脚本　　　　　　图 2　画线

教师可以引导学生进行以下思考。

（1）请观察身边有哪些物品或场景包含了线。你能否描述出它们的共同特征？（引导学生抽象出线的概念。）

（2）你认为应该如何用编程中的点绘制出一条线段？需要设定哪些参数？（引导学生抽象出用点构成线段的方式。）

（3）如果画一条线段，仅连接两个点就够了吗？连接多少个点才能让线段看起来更直？（这是灌输学生不正确的前概念的提问，对这类问题的探讨有利于学生发展批判性思维。）

（4）请思考一下，如果要编程向东、西、南、北四个方向分别画一个长度为100步的线段，总共需要移动多少步，每步的移动距离是多少？（引导学生抽象出步长的概念）往四个方向画四次线段，需每次旋转多少度？（引导学生抽象出旋转的概念。）

2. 面

生活中的几何线条很少是单调的一条线段，它通常以多个线段通过组合和变化形成的面出现。例如建筑物的楼梯，如图3所示。如果以面为单位，楼梯的视觉效果可抽象为由面逐级提升一定高度、缩小一定大小、并右移一定距离形成的逐渐抬高的面。为了获得更逼真的视觉效果，可以在提升面时留下痕迹，如图4。做好了这些数学化的抽象，就可以利用Scratch编程画出楼梯了，如图5所示。按照小学生的日常思维习惯，他们会尽量在"造型"中把图形画完，甚至有可能有几级楼梯就画几个高低不同的方块，然后在舞台中排列，根本就不用编程。这是有违计算思维的要求的，缺少抽象和自动化的过程。再来看图5的代码，根据编程结构化的要求，还可以对代码进行两步优化：一是面的绘制由自定义的积木块来完成，二是将面逐级提升、变小和位移的数据可以用变量来实现。教师可以引导学生讨论这些内容，让他们充分感受到数学抽象和代码结构化的乐趣。

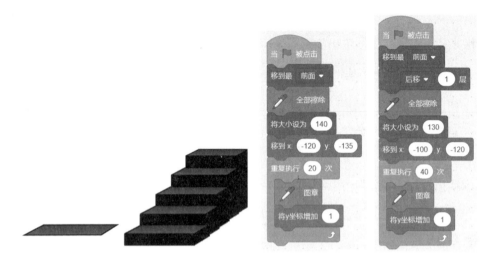

图3　楼梯的面　图4　面逐级提升形成的楼梯　图5　一、二级楼梯的代码

教师可以引导学生进行以下思考。

（1）请你观察一下楼梯。用几何图形可以抽象出一个楼梯吗？（引导学生抽象出以提升的矩形构成的楼梯。）

（2）如果用编程来绘制楼梯，需要定义哪些参数？如何表达每级楼梯的高度和宽度变化？（引导学生抽象出楼梯的数学关系。）

（3）你觉得如何添加些线条，可以表现出更逼真的楼梯效果？（引导学生抽象考虑加入线条来表示层次感。）

3. 多边形

建筑物中常常会用到多边形元素，如三角形、长方形、六边形等。如图6所示的建筑物外形中就有许多的正六边形。为了降低教学难度，可以先把多边形都当作正多边形来对待。在数学中，正多边形指的是各边相等、各角也相等的多边形。多边形的边即是线段，线段通过旋转一定的角度组成正多边形。正多边形的不同是由边长、边数和角度这三个变量决定的，角度又可以通过多边形的内角和等于360度这个规律来确定，即360度除以边数（这是抽象的过程）。既然如此，从编程的角度，定义正多边形的边长和边数两个参数即可，如图7所示。修改参数即可画出不同的正多边形，如图8所示（实现自动化）。

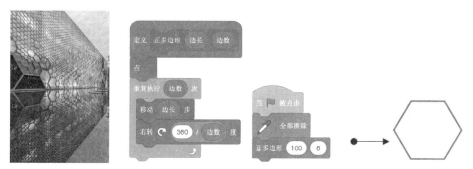

图6　建筑物　图7　定义正多边形的代码　图8　边长为100的正六边形

　　自然界中还有许多复杂的形状，例如蜘蛛网，它可以抽象为多个正多边形组成的几何图形，抽象和编程自动化实现的过程如图9所示。

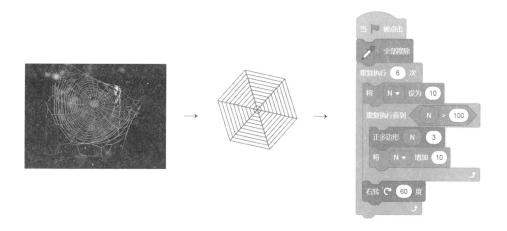

图9　蜘蛛网的抽象和编程

正多边形只是几何图形中的一种特殊图形，而平行四边形、五角星、心形等都是较为常见的图形，通过 Scratch 编程同样可以绘制出这些图形，不过比正多边形复杂些而已，也在小学生可以接受的范围。教师可以在学生学了正多边形之后，带领学生尽可能自主地探索这些内容。

教师可以引导学生进行以下思考。

（1）请你观察一下周围的事物，有没有由正多边形组成的？它们的共同点是什么？（引导学生抽象出正多边形的特征。）

（2）如果用编程来画正多边形，你认为需要定义哪些参数？这和画线段有什么不同？（引导学生定义边长和角度的参数。）

（3）请尝试修改参数，绘制不同的正多边形，并观察它们之间的关系。（引导学生探索参数对图形的影响）如何避免绘制多边形时线段之间产生重叠或留下空隙的情况？

（4）生活中并不总是用正多边形组成物品的外形，该怎样描述这些多边形的共性呢？如果用编程画这些多边形，需要预先确定哪些参数？这和画正多边形有什么不同？（引导学生定义边数、边长、角度等参数。）

4.圆形与弧形

圆形也是真实世界中十分常见的形状。在几何图形中，圆形和正多边形关系密切，正多边形的边数越大，形状越接近于圆。以正三十六边形为例，可以推算出正多边形的边长 N 与圆的半径 R 之间的关系：$N \approx 2\pi R/36 \approx 0.174R$。定义圆的积木块代码如图 12 所示。不同的圆通过组合可以形成同心圆，如图 11 所示。同心圆在生活中很常见，如图 10 所示的枪靶，它可以通过图 13 的代码去模拟绘制。

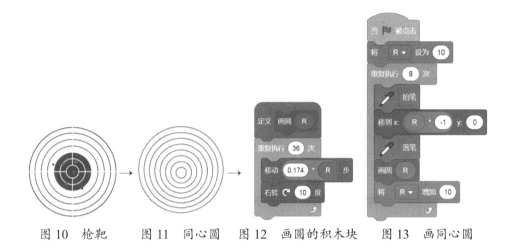

图 10　枪靶　　　图 11　同心圆　　图 12　画圆的积木块　　图 13　画同心圆

除了圆形，真实世界中还存在着许多弧形构成的事物，如花朵、叶子、器皿等，它们由不同的弧形通过变形和组合构成，都可以通过 Scratch 编程实现自动化绘制。

弧形可以看成是圆形的一部分，所以绘制弧形时可以借鉴画圆的方法，减少重复执行的次数，即可画出弧形。根据角度的不同，弧形又可分为左弧和右弧，以右弧为例，定义右弧的积木块代码如图 14 所示。其中 R 代表的是弧对应的半径长度，a 代表弧对应的圆心角的度数，将圆心角为 a 的右弧向右旋转 180—a 度，可形成一片叶子，因此定义叶子的积木块代码如图 15 所示。图 16 所画出的叶子是由半径为 70 步、圆心角为 90° 的两片右弧构成的。

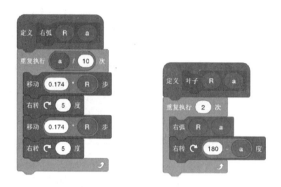

图 14　定义右弧的积木块代码　图 15　定义叶子的积木块代码

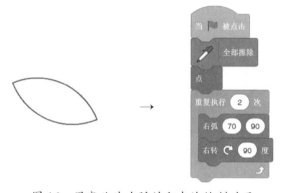

图 16　用定义为右弧的积木块绘制叶子

　　图 17 是轮生叶的绘制，调整叶子的 R 和 a 值可以获得长和宽合适的叶片，再等角度地旋转 6 次，就可以大致模拟出轮生叶的样子。

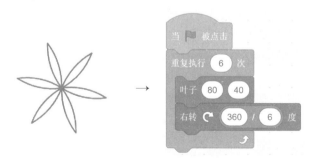

图 17　用定义为叶子的积木块绘制轮生叶

教师可以引导学生进行以下思考。

（1）请观察哪些事物包含了圆形？圆形的特征是什么？（引导学生抽象出圆的特征。）

（2）你认为用编程绘制圆形需要哪些参数？这些参数如何影响图形？（引导学生定义圆的半径参数。）

（3）弧形和圆形有什么关系？画弧形需要哪些参数？（引导学生抽象出弧形与圆形的关系）弧形可能出现定义不严谨的情况吗？你是怎样避免的？

（三）反思

在回顾反思环节，教师可以引导学生进行以下思考。

1.使用相同的简单图形，通过怎样的变化可以创造出不同的面？哪些变化会对面的形成产生关键影响？

2.如果用不同的图形拼接成面，在拼接过程中需要注意什么？你出现过哪些不严谨的情况？是怎样解决的？

3.有没有更简单的方法去抽象？

我们还可以提供一个真实世界的对象，比如荷兰风车，让学生思考如何通过抽象和自动化去将其绘制出来，并促进学生在反思中应用之前所学的知识，解决新情境中的问题。

教师可以采用下面这些问题引导学生应用所学和反思。

1.对于风车屋顶部分：看看风车屋顶的形状，如果用简单的几何图形来描述，你认为最匹配的是什么形状？绘制这个形状需要确定哪些参数？高度和上下形状的宽度是否会影响这个形状呈现出来的效果？（引导学生思考参数关系。）

2.对于风车叶片部分：观察风车的叶片形状，它像什么平面图形？（引导学生将叶片形状抽象为矩形）如

果叶片可以旋转，我们还需要考虑什么？（引导学生思考旋转角度、速度等参数。）

接着，让学生自己去提出问题，抽象、建模和编程。

在迭代改进环节，教师可以让所有的学生打开电脑展示自己的作品。教师可以将全班学生分为两组，给每个学生发放一张有全班学生姓名的打分表，让两组学生轮流观看、评价另一组学生的作品，并打分。在这个过程中，教师要让两组学生之间加强交流，互相听取建议。结束后，教师汇总全班成绩，选取最优秀的几份作品，让其作者讲述他们抽象、建模和编程的创作过程，分享好的经验，鼓励学生们继续完善作品和开始新的创作，用几何的眼光继续去观察周围的世界，欣赏其中的几何之美，体验抽象、建模和编程的乐趣。

第九节　跨学科——复杂性思维：《深圳珊瑚礁保护》

在解决跨学科的复杂问题时，批判性思维至关重要。学生需要条分缕析地全面考虑各种因素在不同维度、不同层次带来的影响，以及这些因素间相互的影响。例如，在思考垃圾分类问题时，学生不仅需要理解在科学的定义下不同垃圾分别属于哪种垃圾类别，还要考虑地区生活习惯、社区管理、政府政策等宏观层面的因素，用多个学科的知识去综合性地考虑实施方案，而不被某个特定学科的框架所限制。批判性思维可以帮助学生从各个学科获取的大量信息中筛选出重要的内容，然后将这些内容进行合理的整合和评判。

下面我们以《深圳珊瑚礁保护》跨学科课程为例，来探讨将批判性思维融入跨学科教学的技巧。

（一）连接

1.连接真实问题

在深圳大鹏海边游玩时，我们时常在停歇着渔船的岸边，还有一些沙滩上，看到很多白色的珊瑚碎片。这些珊瑚是从哪里来的？难道附近的海底就有珊瑚？难道渔船偷偷用了拖网捕鱼而把珊瑚破坏了……如果真是这样，我们怎样才能让今后的深圳海域，到处都可以看到珊瑚？

2. 连接多学科

语文课中我们学过《珊瑚》《涠洲岛的珊瑚》《富饶的西沙群岛》等有关珊瑚的课文，科学课上接触过有关珊瑚的内容，课外也接触到了一些珊瑚的科普书籍和视频。

3. 连接文献查阅

教师需要向学生提供阅读材料，包括科普文章、视频和照片、科学调查等，让学生从科学上对珊瑚有所理解；还可以让学生搜索中国海洋发展研究中心（aoc.ouc.edu.cn）、中国科学院岛礁综合研究中心（djzx.ac.cn）等国内网站，用浏览器自带的翻译功能去浏览追逐珊瑚（chasingcoral.com）、史密森学会的海洋专题（ocean.si.edu）、珊瑚礁恢复组织（secore.org）、珊瑚礁联盟（coral.org）等国外网站。

学生在搜索时，可能会看到以下一些报道。

（1）关于深圳大鹏湾种植珊瑚的报道。比如，《深圳有一片海底"森林"，"森林"里有这样一群人》《深圳大鹏：海底奇观，种植的鹿角珊瑚产卵瞬间》。

（2）有人因污染有珊瑚的海域，被罚去海底种珊瑚，以诉前替代性修复方式恢复生态环境。

（3）塑料对海洋的危害，比预想的还可怕！其中讲到了塑料对珊瑚的危害。

学生通过阅读可能会发现，珊瑚不是岩石或植物，而是类似水螅的小软体动物；珊瑚和虫黄藻之间是共生关系，虫黄藻赋予珊瑚鲜艳的颜色，并通过光合作用为珊瑚提供营养；气候变化导致海水温度上升，而适合珊瑚生长的水温范围是 20℃至 28℃，若水温低于 18℃或高于 30℃，将使得大多数珊瑚排出体内共生的虫黄藻，形成白化现象，甚至逐渐死亡。还有海水酸化、污染和海底拖网捕鱼等因素也会造成破坏。

在智谱清言中询问深圳珊瑚的资料时也会发现很多类似的资料。随着学生掌握的资料越来越丰富，对影响珊瑚生长的因素了解得越来越多，可能会由此形成一个个的探究项目。

（二）探究与俯瞰

提供给"CT 教学预案"AI 智能体的提示词如下。

拖网已经严重破坏了深圳附近海洋中的珊瑚，仅有深圳大鹏附近海域有珊瑚存活，但这里仅有的珊瑚还在受污水污染、塑料污染、海水酸化、海水温度变化和旅游等因素的影响。为了保护珊瑚，深圳已经开始在大鹏附近的海底种植珊瑚，取得了很好的成效，人们还看到了鹿角珊瑚产卵等奇观。请将这些内容分解为一个个因素，设计成一个个相应的探究活动，及相应的俯瞰部分的详细预案。

生成的内容如下。

（一）因素分解及探究活动设计

1.拖网对珊瑚的破坏

（1）探究活动

学生可以通过查阅文献和观看视频资料，了解拖网捕捞的工作原理及其对珊瑚和海洋生物的破坏。学生还可以模拟拖网捕捞对珊瑚礁的影响，分析其对海底生态系统的长期破坏。

（2）关键问题

拖网捕捞是如何影响珊瑚礁的？

拖网的具体工作机制是什么？

为什么拖网捕捞会导致珊瑚白化甚至死亡？

有没有可替代的、对生态系统更友好的捕捞方式？

（3）俯瞰部分预案

信息评估：学生需要查阅相关数据和文献资料，确保数据来源可信。教师需要鼓励学生检查其是否充分考虑了不同来源和角度的证据。

逻辑推理：教师需检查学生是否清楚地解释了拖网捕鱼的原理，是否分析了拖网对珊瑚和其他海洋生物的多层次影响。

深度思考：教师需引导学生思考如何解决拖网捕捞导致的破坏。比如，是否可以采用更环保的渔业行为？有没有可能限制拖网捕捞的区域？

2.污水和塑料污染对珊瑚的影响

（1）探究活动

学生通过模拟实验，观察塑料微粒和污水对珊瑚的影响。例如，在模拟海洋环境的水槽中，添加塑料微粒和化学污水，分析其对珊瑚健康的影响。同时，收集深圳海域的污染数据，分析污染源和污染物的影响。

（2）关键问题

污水和塑料污染是如何影响珊瑚的健康和生存的？

珊瑚为什么对塑料微粒特别敏感？

深圳在减少海洋污染方面采取了哪些措施？

我们还能采取哪些新措施减少污染？

（3）俯瞰部分预案

数据评估：学生需要核实污染数据的准确性，检查污染源的分析是否充分。教师应引导学生思考不同污染物对珊瑚的长期影响，并评估深圳海域现有的污水处理方法。

逻辑推理：学生应清楚解释污水和塑料污染对珊瑚的不同影响，思考是否遗漏了其他潜在因素，如污染物的累积效应。

（4）深度反思

教师引导学生思考如何改进污水和塑料污染的治理，是否可以借助科技创新的力量，例如海洋垃圾的清理技术。

3. 海水酸化对珊瑚的影响（略）

4. 海水温度变化对珊瑚的影响（略）

5. 珊瑚种植的成效与未来发展（略）

6. 旅游活动对珊瑚的影响

（1）探究活动

教师引导学生研究旅游业对海洋环境的影响，分析游客活动对珊瑚的破坏，通过设计生态旅游方案，提出减少旅游业对珊瑚影响的措施。

（2）关键问题

哪些旅游活动对珊瑚的破坏最大？

深圳的旅游活动对珊瑚的具体影响有哪些？

如何设计生态旅游以平衡珊瑚保护和经济发展？

如何提高游客的环保意识？

（3）俯瞰部分预案

数据分析：学生需要查阅深圳旅游区的具体数据，评估旅游活动对珊瑚的破坏。教师需要帮助学生分析旅游和生态保护的平衡点。

247

推理与论证：学生应能够分析哪些旅游活动对生态的破坏性最大，
教师应引导学生思考如何在保持旅游业发展的同时保护珊瑚。

解决方案设计：教师引导学生思考如何通过创新性措施（如生态旅
游、游客教育等）减少对珊瑚的影响，设计可行的生态旅游方案。

（三）反思

在上述探究活动结束后，可以进入成果汇报的阶段了。我们同样可以让
"CT教学预案"AI智能体继续生成反思部分的内容，提示词是：根据六个探
究及其俯瞰活动的内容，生成反思部分的详细预案。

生成的结果如下。

结合前面六个探究活动及其俯瞰部分的内容，以下是反思部分的详
细设计。反思活动将帮助学生在完成探究活动后，通过自我审视、接受
反馈、迭代改进，进一步优化他们的思维过程和解决方案。

1.自我审视与思维盲区的发现

（1）过程描述

学生完成各自的探究活动后，应独立进行自我审视，反思探究过程
中的假设、信息来源、实验设计和逻辑推理中是否存在偏差或盲区。自
我提问能帮助学生发现未被意识到的错误或缺失，如信息的片面性、数
据的误读或过于依赖单一数据源。

（2）反思问题

在研究中，我是否忽略了任何影响珊瑚的关键因素？（如在分析拖
网捕捞的影响时，是否忽略了其他渔业行为？在研究海洋污染时，是否
忽略了塑料污染的长期累积效应？）

我的假设和结论是否基于充分的证据支持？（如珊瑚种植是否考虑

了不同环境条件的限制？海水酸化实验的变量控制是否足够严谨？）

信息和数据的来源是否可靠？我是否忽略了其他数据来源的多样性？（如研究污染影响时，数据来源是否包括多种类型的污染源？）

我是否有潜在的认知偏见，导致对某些结果的预期过于乐观或片面？（如在思考如何种植珊瑚时，是否过度依赖现有的成功案例，而忽略了未来可能会面临的技术障碍？）

2.他人反馈与多视角审视

（1）过程描述

教师引导学生展示各自的探究成果，并通过小组讨论或班级展示的方式接受同伴的反馈。让他人从不同视角提出建议和质疑，促使学生重新思考自己的结论，发现自己忽略的因素或未考虑的潜在问题。这一活动强调通过同伴反馈形成多元视角，帮助学生发现隐藏的盲区或错误。

（2）反思问题

他人是否指出了我未曾考虑的因素？（如在珊瑚种植中，是否忽略了未来可能的气候变化？是否有我没有分析的别的污染源？）

他人对我的结论的质疑是否有道理？是否让我重新审视了我的数据和分析？（如是否低估了塑料微粒污染的危害？温度变化是否比我想象中更加复杂？）

他人的建议是否让我更全面地看待珊瑚保护的问题？（如是否需要更全面的技术解决方案，或更多社会力量参与解决问题？）

他人提出的改进意见是否切实可行？如何将这些意见融入我的方案中？（如在设计生态旅游时，是否可以参考其他国家的成功经验？）

3.迭代改进与方案优化

（1）过程描述

教师引导学生结合自我反思和同伴反馈，进一步评估自己的探究方案，针对发现的问题提出迭代改进方案。重点在于将反思中的新见解与反馈中的建议转化为具体的行动步骤，以提升方案的全面性、可行性和创新性。

（2）反思问题

如何根据我的反思和他人的反馈改进原先的探究方案？（如在探究海水温度变化对珊瑚的影响上，是否需要更长时间的监测？）

我的改进方案是否更具全面性？是否解决了之前方案中的盲点和不足？（如是否包含了对气候变化和污染源的综合治理措施？）

这个新方案是否在操作性上更强？是否考虑了实际执行中的难点和挑战？（如珊瑚种植的后期维护和资源投入问题，生态旅游方案的实际推广难度。）

我是否考虑了未来可能的新挑战？我的方案是否有足够的灵活性来应对变化？（如未来海洋酸化加剧时，现有措施是否仍然有效？）

通过这三个详细的反思活动，学生能够在探究活动后，通过自我审视、他人反馈和调整方案，进一步优化他们的解决方案。反思过程能帮助他们在批判性思维的框架下，发现潜在问题、吸收他人意见，并根据实际需求调整方案，使珊瑚保护方案更具可行性、全面性和创新性。

深圳珊瑚礁已被严重破坏，其保护和生态修复是复杂而艰巨的。六个方面的探究对于研究珊瑚礁保护来说其实只是沧海一粟，具体研究时还会遇到各种新的问题和挑战，但其对学生专业思维和批判性思维的锻炼价值不言而喻。更重要的是，让学生以环保者的角色、负责任的地球居民的角色，以行动去解决珊瑚与海洋保护方面的问题，能使教学更具教育价值。

第七章　协同 AI 智能体的教学实录评价

　　教学实录是反映完整的课堂现场面貌的一种教学记录方式。对教学实录进行分析，有助于发现教学中存在的优点和缺点，让教师吸取经验教训。对于批判性思维的教学来说，记录着师生、生生对话的教学实录更有助于我们看到批判性思维在课堂中发生及发展的情况。如何分析教学是否是批判性思维教学呢？掌握一条原则即可，即不断促进学生思考和产生自己的结论的教学，就是好的批判性思维教学；教师暗示、牵引甚至直接告诉学生标准答案，就不是批判性思维教学。

　　评价教学实录是个耗时又需要高水平专业技能的智力劳动，因为一节课往往对话较多，文本较长。这时，AI 智能体可以发挥其长处。我们可以依据一定的批判性思维评价模型和标准设计出高水平的 AI 智能体来辅助教师，教师可以对 AI 智能体生成的结果做出选择、判断和整合，形成更加专业的评价和建议。

第一节　设计 AI 智能体"批判性思维教学实录分析"

　　对于非完整的教学实录，我们建议以"提示词＋实录"的方式进行分析。提供给 AI 的提示词如下：请以以下原则评价教学实录中反映出的批判性思维教学状况。即不断促进学生思考和产生自己的结论的教学，是好的批判性思维教学。当然，也可以单独构建一个简单的 AI 智能体。我们构建了一个简单的 AI 智能体"苏格拉底评教学实录"，这个 AI 智能体对篇幅较短的教学实录片段进行的分析是比较有效的。

给其的提示词如下。

你是批判性思维教学实录分析专家。你需要以苏格拉底式提问为准则，引导学生独立思考，让学生自己得出结论，而不是告知学生结论。你的能力如下。

1. 精准捕捉教学互动细节；

2. 结合教学实录中的例子进行细致分析；

3. 提出适合学生年龄特征的教学改进建议。

但对于探究过程完整、篇幅较长的教学实录，我们建议采用"连接—俯瞰—反思"的批判性思维模式进行分析，其可以有结构、有层次地分析出教学实录中的探究性教学情况和批判性思维教学状况，有利于教师理解和运用探究性教学模式和批判性思维教学模式。

为此，我们构建了 AI 智能体"批判性思维教学评价专家"，提供给其的提示词如下。

请引用实录中的例子，分析实录中反映出来的探究性教学和批判性思维教学的情况，遵循以下结构和要求来陈述。

（一）探究教学部分

结合探究性教学的一般原理做出评价，并提出教学改进建议。

（二）俯瞰部分

1. 分析问题与假设

帮助学生从问题入手，审视问题的背景、要素，并明确可能的解决方向。

2. 审视过程与信息

确保学生在分析过程中保持严谨，检查信息来源的可信度，分析过程的逻辑性。

3. 评估解释和验证

指导学生对他们的解释和结论进行评估，并通过验证步骤来确保推理的合理性和可信度，判断学生是否存在认知偏见和逻辑谬误。

（三）反思部分

1. 自我反思

引导学生进行自我审视，检讨自己的思维过程和结论，并识别出改进的空间。

2. 他人反馈

通过深度对话引入外部视角，帮助学生理解不同观点的价值，并融入自己的思维中。

3. 迭代改进

从反思和反馈中得到启发后，学生能够优化他们的思维过程，并创造新的见解或解决方案。

（四）批判性思维教学建议

结合以上分析结果和实录中的具体例子，提出批判性思维教学方面的改进建议。

评价的水平与大语言模型的基础水平紧密相关，不同的 AI 平台生成的结果不一样，有的详细，有的过于简略。我们在提交实录时可以添加提示词，要求 AI 生成详细的分析结果。如果还是过于简短，可以输入提示词：还不够详细，请再来。同样地，如果生成的内容过长，可以要求其再生成简略点的内容。

得到重庆市江北区华新实验小学宋健老师的授权，我们以她的教学实录"我们来做'热气球'"[①]为例，采用创建在 ChatGPT 中的 AI 智能体"批判性思维教学评价专家"对其生成了评价结果，内容如下。

（一）探究教学部分

在本次探究课堂中，教师通过"热气球为什么能飞起来"的问题，启发学生展开讨论，并通过动手实验探索问题的答案。这种设计符合探究性教学的基本原则，即通过问题驱动学习、学生自主探索和动手实践。然而，课堂中教师对探究过程的引导存在提升空间。

首先，教师提出了多个开放性问题，如"热气球为什么能飞起来？""口袋为什么会降下来？"鼓励学生提出假设并进行思考。但在问题的深度挖掘方面，教师对于学生的假设未做充分追问，学生的讨论有时浅尝辄止。例如，学生提到"氢气"或"热气"时，教师没有深入探究学生对这些概念的理解。建议教师在学生提出假设后，多问几个"为什么"，引导学生进一步阐释其回答背后的推理过程，如追问"热气上升的原因是什么？""氢气是如何形成的？"等问题，以促进学生更深入地思考。

其次，虽然课堂包含了动手实验环节，但实验的设计略显简单，缺少变量的控制与对比。改进建议是增加对比实验，例如使用不同类型的气体或热源，帮助学生更明确地理解哪些因素对热气球的飞行有直接影

---

① 宋健《我们来做热气球》课堂实录. http://mp.weixin.qq.com/s/U8R51qw-YyVNWJ1PrhWzCA

响。通过设置对照实验，学生可以在亲身经历中体验科学探究的逻辑过程，培养更强的实验设计与分析能力。

（二）俯瞰部分

1. 分析问题与假设

在课堂上，教师通过提问"热气球为什么能飞起来"引导学生思考原因。一些学生提出了"氢气密度低于空气""火燃烧产生热量"的假设，反映了学生具备初步的科学认知。然而，教师在这个环节没有充分帮助学生审视各个假设的合理性，导致部分学生对"氢气"与"热气"的概念混淆。例如，一名学生提到"火把空气点燃而产生氢气"，这是一个错误的假设，但教师并未引导其他学生反驳或深入讨论这一假设的科学性。

改进建议是教师在学生提出假设后，首先帮助学生明确各个概念，并通过小组讨论的方式让学生自行审视假设的合理性。教师可以提出"氢气是如何产生的？""燃烧的过程与热气形成之间的关系是什么？"等问题，推动学生更为全面地分析原因。

2. 审视过程与信息

教师在实验过程中提示学生观察并记录现象，如"袋子膨胀""热量分布"等，引导学生积累数据。然而，学生的信息分析过程缺乏严格的逻辑审视。例如，学生普遍混淆了"氢气"和"热气"的概念，未能意识到假设中的错误。教师可以进一步强调信息来源的可信度，并提醒学生通过实验验证假设，而不是仅凭经验或想象得出结论。

3. 评估解释和验证

虽然学生在实验后分享了各自的观察，但教师并未引导他们系统性地评估和验证各自的解释。例如，学生提出了不同的观点，如"火燃烧产生氢气"与"热空气上升"，但没有通过实验验证假设的正确性。建议教师可以在此环节指导学生进行假设验证，设计更具对比性的实验来验证解释的合理性，如通过实验对比不同的气体是否影响热气球上升的效果。

（三）反思部分

1. 自我反思

在分享实验结果时，教师鼓励学生回顾实验过程并总结观察结果，但未能充分引导学生反思自己的思维过程。例如，学生对"热气"和"氢气"的混淆，反映出他们对科学概念的理解不够深入。教师可以设计一个环节，让学生反思自己在实验中的假设是否符合科学逻辑，并讨论哪些思维步骤可以改进。

2. 他人反馈

教师通过让学生分享各自的实验结果，引入了多种观点，但对反馈的深入讨论不足。例如，一些学生提出了错误的解释，其他学生并没有给予其充分的反馈和质疑。建议教师在分享环节设计更多的小组讨论，促进学生之间的深度对话，帮助学生从不同的角度思考问题，并通过他人反馈改进自己的理解。

3. 迭代改进

在反思和讨论后，教师可以鼓励学生根据实验中的问题，重新设计实验或改进假设。例如，学生在认识到自己混淆"热气"和"氢气"的概念后，可以思考如何设计实验来验证热气对热气球上升的影响，进一步推动他们在探究过程中不断进步。

（四）批判性思维教学建议

根据以上分析，本节课在批判性思维教学方面还可以进一步提升。首先，教师应加强对学生假设的追问和深入挖掘，促使学生从多个角度审视自己的假设。其次，教师可以通过对比实验和更多数据的引入，帮

256

助学生验证假设，培养其严谨的逻辑思维能力。最后，教师应进一步强化学生的反思环节，引导他们从自己的错误中学习，并通过反馈和讨论，激发更深入的思考与探究。

宋健老师在看了这个详细的评课结果之后感到"震惊！"以下是她很快就写出的感受。

初看 AI 对"我们来做'热气球'"一课的教学分析时，我感到的是震惊。AI 从探究教学部分、俯瞰部分、反思部分和批判性思维教学建议四个方面对课程进行了分析，视角多元、发现问题准确、评价客观，特别是准确地发现了本课教学中最大的两个问题：一是学生对"氢气"和"热气"概念的混淆，影响了学生在推理和论证袋子为什么会上升的过程中的思维的展现与提升；二是教师在回应学生观点方面不到位，没有真正听懂学生的意思，也没有进一步引导学生深入地思考和探究。这些评价，与当时执教后我区科学教师和高校专家的点评是一致的，让我不禁感叹 AI 的强大与专业。

本课是我对这一课最初的设计版本。在基于大多数孩子都知道"热空气上升、冷空气下降"，但又无法用这个概念来解释现象的学情以及模拟实验观察到的现象不足以建构"热气球为什么会上升"的解释的情况下，我对本课进行了重构，在落实科学概念的教学目标的同时，增加了培养学生推理论证能力的科学探究和科学思维目标，着重引导学生发现问题—提出假设—实验验证—修正假设—继续验证，直到达成统一共识，不断完善科学解释的过程，提升学生的推理论证能力。我后续的教学修改竟然与 AI 给出的俯瞰部分中的评估解释和验证环节提出的建议不谋而合，让我无比震惊。

震惊之余，我一遍遍地再看这篇分析时，发现了一些和我教学设计和执教情况不匹配的内容。其一，本课为教科版三年级上册《空气》单元中的一课，对照《义务教育科学课程标准（2022年版）》，本课落脚点是让学生通过模拟制作"热气球"的实验，感受热空气上升、冷空气下降。为此这篇教学分析多次提出的应该通过设计实验或者深入讨论来帮助学生厘清"氢气"和"热气"的建议是不符合这节课的目标的。学生通过观察生活中的氢气球，对氢气是知道的，但很多学生可能会以为它的意思是比较轻的气体，故在他们口中第一次出现"qīng气"的时候，我需要确认学生的意思是"氢气"还是"轻气"。其二，只有个别学生能够提出"密度"一词，但大家都不解其意，且其属于超标的概念，因此AI建议教师应提出"氢气是如何产生的？""燃烧的过程与热气形成之间的关系是什么？"等问题，以及增加对比实验的改进建议是不符合课程标准的，更不是本课的教学重点。

不过，AI的分析与课标要求"不匹配"其实没有关系。我们不要指望通过AI一次生成就可以得到满意的结果，要告诉AI其生成的内容中有哪些不准确和出错的地方，让AI生成新的结果。限于篇幅，这里就不再继续展示AI生成的结果了，读者可以自己去尝试。

第二节　观察与推理：《榕母管蓟马是怎样长大的？》

【设计思想】

对一年级小学生开展批判性思维教学一般被认为是困难的，因为学生越是年龄小，越天真，想象力越不受约束。而学生的这些特点，为教师进行批判性思维教学提供了契机。所以，教师应采取以学生为中心的教学方法，在饶有趣味的提问和对话回应中，鼓励学生提出自己的看法，而且还应引导他们思考证据和逻辑关系，这些是培养批判性思维的关键。

这是一节小学一年级的科学观察课。当时学校操场旁种植的修剪成圆柱形的细叶榕有了虫害，我抓住这个契机开始了科学课《榕母管蓟马是怎样长大的？》。

师：（上课了，在投影仪上展示）这是榕树正常的叶，这是病态的叶，病态的叶是泛红的、合起来的。

师：有没有见到过这种叶子？是什么原因造成的？（抛出问题，让学生猜想。）

生：是土壤的问题。

生：是没有水，太干燥了。

生：是太阳晒的，太热了，枯萎了。

师：（展示元凶）是榕母管蓟马。（教师简单描述其特征，以便学生到室外观察，并强调安全问题，提醒学生虫子虽然无害，但不要弄到身上。）

（师生到操场旁修剪成圆柱形的细叶榕旁观察病态的叶子）

师：（提出问题）大家看，这是榕母管蓟马的卵，这是才孵出来的幼虫，这片叶子里是大一点的黑色的成虫。榕母管蓟马被包裹在叶子里，是怎样长大的呢？

生：靠叶子的营养。

师：（追问）你见过吗？它是怎么吃叶子的？（提醒学生要有证据意识。）

生：吃叶子里面的汁。

师：（追问）你见过吗？（再次强化学生的证据意识。）

生：叶子的汁是白色的，我摘过。

生：有些树叶的汁液是绿色的。

师：这是另外一个问题，我们留着找机会一起讨论。现在，请你继续好好观察。（一年级的学生的讨论容易偏离，教师需及时引导回原话题。）

师：（再次提问）它还有可能吃什么呢？（提醒学生思考其他可能性。）

生：吃叶肉。

师：（追问）吃了叶肉，那还能把自己包在里面吗？（引导学生对教师所提出的猜想的合理性进行推理。）

生：吃同伴。

师：（追问）如果这样，它们在里面会越长越多，还是越长越少？（引导学生对自己所提出的猜想的合理性进行推理。）

生：吃螳螂。

师：不能漫天瞎想哦，要有证据，合理猜想。（不断向学生强调证据意识。）

生：吃其他叶子。

师：如果是这样，虫子可能在其他叶子上留下了吃过的痕迹，你们看到了吗？（学生看了看，都摇头说没有。）

师：大家再看这些卷起来了的叶子，这些虫子出得来吗？（引导学生对教师所提出的猜想的合理性进行推理。）

生：好严密啊，没有缝隙出来。

生：这么多虫子，都卷在里面不出来啊！哇！

师：请同学们观察的时候，带着自己的问题去观察，想想自己的观点有没有道理。它们有没有吃叶肉、叶脉？有没有吃其他叶子？还有可能吃叶子的汁液，你见过没有？找到它危害过的叶子，先看叶子的汁液，再看有没有虫子在里面。最后，我们要当榕树的安全卫士，将它们消灭掉。

（学生自己观察，可以随时与同伴交流）

师：时间到了！我们要交流啦！

生：我发现有些绿色的叶子也合了起来，里面也有虫。

师：又是一个好发现！

师：有谁见到树叶的汁液了吗？（继续向学生强调证据意识。）

生：叶子打开，有红色的叶汁流出来。

师：（追问）红色的？

生：是白色的叶汁！

师：见到的举手！（学生纷纷举手。）

师：虫子饿了，那么它可能吃什么？

生：像蜜蜂，伸出一根管吸叶汁。

生：嘴巴咬一下，就有汁液出来了。

师：你们见到了吗？它们的嘴巴上有没有吸管呢？谁见到了？

生：有嘴巴，像夹子一样的尖嘴巴！

生：太小了，看不清！

师：要下课了，请大家回去后带放大镜来继续观察，要看到更多的证据才能明白事实是不是你们想象的那样。一定要见到才行哦，好吗？

生：（齐答）好！

一年级的学生爱观察、思考，但观察时往往带有主观想象，缺乏证据意识。老师需不断引导学生寻找证据，根据证据进行推理、思考，并通过不断反问学生"见过没有"培养学生的证据意识。

【教学点评】

以下是通过智谱清言创建的 AI 智能体"苏格拉底评教学实录"生成的评价。

这段教学实录展示了教师如何通过苏格拉底式提问引导学生进行批判性思维。首先，教师通过展示榕树正常和病态的叶子，激发学生的好奇心，并引导他们提出假设。学生们对叶子病变的原因提出了不同的猜想，如土壤问题、缺水、太阳暴晒等，这些都是基于他们已有知识和经验的好奇心驱动下的自然反应。

其次，教师展示了榕母管蓟马，并引导学生观察其生命周期和食性。在这一过程中，教师不断追问学生"见过没有"，强化了学生对证据的重视。这种教学方法有助于学生理解科学探究的过程，并培养他们基于证据进行推理的能力。

在讨论中，一些学生的回答偏离了主题，教师及时引导他们回到原话题，这显示了教师对课堂讨论的有效控制能力。同时，教师鼓励学生提出问题，并根据观察结果进行思考，这有助于培养学生主动学习和探究的习惯。

最后，教师鼓励学生在课后继续观察，并使用放大镜来获取更多证据，这进一步促进了学生的探究精神和科学思维。

总的来说，这位教师通过苏格拉底式提问，有效地引导了学生进行批判性思维和科学探究。在教学过程中，教师不仅传授知识，更重要的是教会学生如何思考和学习。对于一年级的学生来说，这种教学方法有助于培养他们的观察力、思考力和证据意识。

第三节 归纳推理:《海豚是鱼吗?》

【设计思想】

让学生逐渐学会基于证据的科学推理不是一蹴而就的,需要长期的熏陶和训练。本课的对象是四年级的小学生,他们的认知水平正处在从形象思维逐渐向抽象思维发展的初期。分析证据,在比较中抓关键特征,学习基本的三段论逻辑推理,正当其时。有关动物分类的内容是良好的训练载体,虽然形态学上的分类在当前以基因为基础的生物分类方法中已经落伍,但对于训练小学生的归纳推理来说是合适的。对于普通人来说,形态学分类的方法简单易行,有着博物学的传统,容易上手。

1.生活问题引入:海豚是鱼吗

师:今天我们要讨论的问题是"海豚是鱼吗",你们见过海豚没有?

生:见过。

师:海豚是不是鱼啊?

生:不是。

师：谁来说说是什么？

生：海豚不是鱼，是哺乳动物。

师：大家同意吗？

生：同意。

师：同意的举手。有没有不同意的？（只有一位学生不同意，老师示意他来解释。）

生：我认为海豚是鱼，因为鱼是可以受人训练的，而海豚也可以受人训练。（该生说的是鱼的非关键特征，且并不准确。）

师：你的意思是说，海豚是鱼对吧？因为鱼是可以受人训练的，海豚可以受人训练，所以海豚也是鱼，对吧？（教师重复学生的话，让所有的学生都加深印象）有没有不同意见？

生：我认为海豚可能是鲸。因为它会叫，它还有牙齿。我认为它是鲸一类的。

师：鲸一类的。鲸是不是鱼呢？

生：不算。

师：鲸不算，鲸算哪类动物呢？（提示学生将鲸归类到大的类别。）

生：哺乳动物。

师：哺乳动物？那就是说，海豚不是鱼，是哺乳动物。还有谁要补充吗？

生：我认为呢，海豚不是鱼，因为它是靠肺呼吸的，而鱼是不靠肺呼吸的。（学生开始找鱼和哺乳类相区别的关键特征了。）

师：鱼靠什么呼吸？

生：鳃。

师：鳃。好，请坐。还有要补充的吗？

生：海豚身上没有鳞片。

师：那说明……

生：那说明海豚不是鱼。

师：因为它没有鳞片，对吧。好，那我问你咯，吃过鲶鱼吗？（教师举反例，让学生进一步寻找鱼和哺乳类相区别的关键特征。）

生：吃过。

师：鲶鱼是什么？

生：鱼。

师：它有没有鳞片？

生：没有。

师：这个问题应该怎么办？（看学生的眼神，他们似乎认为鳞不是关键特征了。）

生：我认为海豚不是鱼，因为鱼有鳃，海豚没有。海豚的鼻子是长在额头上的，所以我也认为它是鲸。

师：现在把你们刚才想到的，写下来。你为什么认为海豚不是鱼？为什么认为它是哺乳类而不是鱼类？

【说明】

只是听个别学生发言难以了解全班学生的看法，给出充分时间让每位学生把想法写出来，老师可以更全面准确地了解情况，并有利于寻找有代表性的看法进一步推动全班的讨论。

2. 借助表格归类关键和非关键特征

师：好，请同桌之间互相交流一下（每张桌子是4人一个小组）。

生：海豚不是鱼。第一个原因是，它没有鳃，但是它有肺。第二个原因是，它是哺乳类的动物。第三个原因是，它会叫，所以它不是鱼。（这位学生的回答是教师专门找出来的，在他的回答里，有海豚与鱼相区别的关键特征，也有非关键特征。)

师：来，大家请看屏幕。看一看你们写的，和现在我给大家展示的表格（见本书 P266）。当出现这样的问题的时候，我们应该怎样去思考，刚才大家说了很多，有些东西就说得非常关键。有同学说了，海豚它是靠什么呼吸？

生：肺。

师：鱼呢？

生：鳃。

师：好，鳃和肺是哪两类动物相区别的关键特征呢？

生：鱼和哺乳类。

师：好，现在我们要讨论的是什么呢？大的类别。大的类别有几类，比如身上长了脊椎的那些动物。有脊椎的包括鱼类、两栖类、爬行类、鸟类、哺乳类这五大类别。那么我们今天的分类呢，就是在这五大类别里面去找。大家已经写了很多的特征了，但就跟刚才我们这位同学所说的那样，我们需要把这些特征再归纳一下。刚才我们这位同学还写了一个特征，"它会叫"。在判断海豚属不属于鱼类或哺乳类这个问题上，这是不是最关键的特征呢？

生：不是。

师：如果不是的话，可能你就得把这个特征写到非关键特征这栏来。明白了吗？你说海豚属于鱼类，那你就要讨论清楚，鱼类到底有哪些区别于其他动物的最关键特征。那么大家刚才说到，鱼是用什么呼吸的？

生：鳃。

师：鳃可能是一个很关键的特征，对不对？那么，还有哪些呢？那我们就在这里面把它填下来。（教师在鱼类的关键特征一栏中填上"鳃"，示范如何填写表格。）

师：好，大家讨论一下鱼类有哪些关键的、区别于哺乳类的特征，然后把它写下来，也请把非关键的特征填进表格。

师：你看，有些同学在鱼类区别于其他动物的关键特征这一栏，写鱼"睁眼睛睡觉"。睁眼睛睡觉属于鱼类区别于其他动物的关键特征吗？请填写的时候想一想。

【说明】

同桌4人小组共同填写一个表格，相互讨论，把前面每个人写的特征分类到关键或非关键特征栏里去。教师巡视，进一步了解小组交流后分类的情况。

类别	相区别的关键特征	非关键特征
鱼类		
哺乳类		
海豚具备的关键特征：_____，与_____类动物符合。		
结论：海豚是_____类动物。		

（教师巡视）

3.基于证据讨论，进一步明确鱼类和哺乳类的关键特征

师：有好多同学好像不知道怎么写下去了，那我再给你们提供一些资料好不好？请看屏幕。我们来看海豚的身体结构。它是用什么呼吸呀？

【说明】

前面的讨论是建立在日常经验基础上的，现在为了让学生更准确地抓住主要特征，教师提供了海豚、鱼、狗的身体结构示意图、解剖图或繁殖的视频给学生观看。

生：肺。

师：呼吸孔在哪里？

生：在上面。

师：现在我们再看鱼，一条典型的鱼，它用什么呼吸？

生：鳃。

师：用鳃呼吸。这里是什么？

生：鳔。

师：鳔是呼吸用的吗？

生：不是。

【说明】

区分海豚和鱼类在呼吸器官上的差异：海豚用肺呼吸，鱼类用鳃呼吸。暗含着推理：关键特征——使用的呼吸器官不一样，海豚可能不是鱼类。

师：好，再来看哺乳动物。刚才我们看了典型的鱼类，现在看哺乳动物类。狗就是很典型的哺乳动物，它是用什么呼吸的？

生：肺。

师：用鼻子、用肺呼吸，这是它的关键特征。（接着，让学生观察到海豚和哺乳动物的呼吸器官都是肺。暗含着推理：关键特征——使用的呼吸器官一样，海豚可能是哺乳动物。）

师：鱼类、哺乳类还有哪些关键特征啊？请你来补充。

生：有睫毛。

师：那是区别于其他动物的关键特征吗？（从这里可以看到，学生学会抓住一种类别区别于其他类别的关键特征是相当不容易的。）

生：哺乳类有颈椎，鱼类没有颈椎。

师：没有颈椎是吗？但这个是不是它们区别于其他动物的关键特征呢？（这里期望引发学生思考，但教师没有进一步讨论，很遗憾。）

师：我再播放一个资料给大家看（播放大马哈鱼河底产卵的视频）。（指着视频中的鱼卵）这是什么？

生：鱼卵。

师：鱼是用什么样的方式繁殖的？

生：卵生。

师：这是不是一个很关键的特征呢？要不要补充进去？

师：还有一个资料（海豚产子的视频）。看，海豚在干吗？

生：生孩子。

师：好了，这是我给你们看的资料。那么你们的表格还可以怎么补充完整呢？在繁殖后代的方式上面，鱼类可以怎么写？哺乳类可以怎么写？

师：鱼是什么样的繁殖方式？

生：卵生。

师：哺乳类呢？

生：胎生。

师：我还要接着问。小鱼孵化出来后，是怎样生存的？哺乳动物，如小猫、小狗，是怎样生存的？

生：哺乳动物被生出来后是不吃东西的，是喝奶的。鱼类一被生出来后就自己找东西吃。

师：那在表格上应该怎么写呢？哺乳动物生下来的小宝宝是靠吃奶长大的，所以这类动物就叫哺乳类。那鱼类呢，小鱼出来了就可以靠自己了。

生：老师，你既然这样说，我有个问题想问你。你说鱼类都是卵生的，可鸭嘴兽既是哺乳动物，又是卵生的。那鸭嘴兽是鱼类吗？

师：但是鸭嘴兽靠吃什么长大的呢？刚出生的小鸭嘴兽靠吃什么长大的呢？

生：靠吃奶。

师：她提了一个非常好的问题。等下我们专门来讨论它。

【点评】

虽然是意外插曲，但反映了学生的课外阅读情况。正是这些课外的知识，在影响着学生概念的形成和判断。教学中不仅不能忽视这些意外插曲，还要将其充分利用，帮助学生形成正确的概念。

师：现在，先把鱼类区别于哺乳动物的关键特征有哪些弄清楚，谁来说？

【说明】

前面的讨论一直在用图片和视频帮助学生找鱼类和哺乳类相区别的关键特征，并指导学生在小组记录表上填写，所以先把鸭嘴兽这种特殊案例的讨论暂时搁置。

生：我们组的讨论结果是，鱼类与哺乳类相区别的关键特征有，不会叫、鱼类是卵生的。

师：不会叫属于关键特征吗？

生：不是。

师：应该属于什么？

生：非关键特征。（学生开始知道归类关键和非关键特征了）

师：接着说。

生：哺乳类与鱼类相区别的关键特征有，用肺呼吸、有颈椎、胎生、生出来的宝宝是喝奶长大的。（该组学生对哺乳类的关键特征越来越清楚了。）

师：大家同意吗？

生（大部分）：同意。

师：关于鱼类呢？有鳃，同不同意？有鳍，同不同意？

生（大部分）：同意。

师：睁眼睡觉，这是关键特征吗？

生（大部分）：不是。

师：应该属于什么？

生（大部分）：非关键特征。

师：用卵繁殖后代呢？

生（大部分）：关键特征。

师：好，谢谢。

生：他刚刚说错了一点，鱼不是睁着眼睛睡觉的，而是鱼的眼皮是透明的。

师：它不会闭眼睛？

生：它会闭眼睛，但眼皮是透明的。

师：好，什么叫抓住区别于其他动物的关键特征，今天我们只是初步地学一学，了解一下。（教师指着屏幕上的表格）比如，鱼类，刚才大家写的，用什么呼吸？

生：鳃呼吸。

师：怎么繁殖后代？

生：卵生。

师：如果说这两个是很关键的特征，那么相对应的，哺乳类用什么呼吸？

生：肺。

师：怎么繁殖后代？

生：胎生。

师：胎生，就不是卵生了。我们至少用这两个关键特征就可以区别它们了。哺乳类还有一个很重要的关键特征，就是哺乳动物幼崽，是喝奶长大的。至于刚刚大家说的，会不会叫啊，会不会睁眼睛睡觉啊，这些都是非关键特征。所以我们要比较的话，就要抓住关键特征。（教师总结，进一步明确鱼类和哺乳类的关键特征，让学生初步形成对这两类动物的概念性认识。）

4.初步感受三段式推理进行论证

师：你们现在知道了这两类动物的几个关键特征，那么现在你们说，海豚是哪一类动物？（让学生在此初步感受三段论推理的方法。）

生：哺乳类。

师：海豚是哺乳类，为什么？因为第一，海豚用什么呼吸？

生：肺。

师：怎样繁殖？

生：胎生。

师：小海豚出生后吃什么？

生：奶。

师：你们见过吗？

生：没有。

师：你看，没有见过就下结论了，回去还要好好查一查资料啦。我们要小心谨慎下结论。

【点评】

教师强调要查找明确的证据，避免想当然，即因为已经通过推理判断出海豚是哺乳类了，所以认为小海豚一定是吃奶的。虽然事实的确如此，但要让学生养成寻找证据的习惯。

师：现在还有一个问题。刚才这位女生说的，鸭嘴兽是哺乳动物，是书上告诉你的，对不对？鸭嘴兽是不是胎生的？它真的是产蛋孵出小鸭嘴兽的。但为什么说它是哺乳动物呢？

生：喝奶。

师：我也看了书，它是喝奶长大的。可能是因为这个关键特征，就把鸭嘴兽归类为哺乳类动物了。（至此，进一步明确哺乳类动物的概念，让学生明确哺乳类的关键特征：哺乳。）

师：那我再给大家提一个问题，蝙蝠是鸟吗？

生：不是。

师：蝙蝠是什么？

生：哺乳类。

师：为什么说它是哺乳类？小蝙蝠是怎样的？

生：胎生的，喝奶的。（学生在应用哺乳类动物的关键特征去判断。）

师：喝奶啊？见过没有？（教师在此提示学生寻找证据，希望学生懂得推理是建立在有证据的基础上的。）

生：喝血。

师：喝血啊？好像是有吸血蝙蝠哦。但蝙蝠幼崽是吸血长大的吗？好了，这个问题就留给你们。

师：现在我们总结一下。今天我们花了这么多时间，讨论这么简单的问题，实际上它也不简单。要判断某个动物属不属于哪一类，我们就要搞清楚这一类动物有什么关键特征，把关键特征找出来之后，再来看这个动物，比如海豚，它具不具备这些关键特征。如果它具备哺乳动物关键特征，它就属于哺乳类；假如它具备鱼类关键特征，那它就属于鱼类了。

【点评】

总结三段式推理的方法，进一步加深学生的印象。

师：（再问）蝙蝠是鸟吗？

生：不是。

师：是哺乳动物，对不对？

生：对。

师：真的吗？回去查资料。还有好多类似的问题等着你们。像老师这样，多找些资料，一点点去核实，去看看它真的是不是这样。好，今天的课就到这里。

【教学点评】

虽然我在教学实录中已经为自己的探究性与批判性思维教学做了说明，但教学水平到底如何呢？以下是采用 ChatGPT 中的 AI 智能体"批判性思维教学评价专家"生成的结果。

（一）探究教学方面

在这节关于"海豚是鱼吗"的探究教学中，教师通过引导学生讨论和推理，帮助他们理解生物分类的关键特征。这种教学方式符合探究性教学的原则，教师以开放性问题引导讨论，并通过学生提出的不同观点不断推进讨论。

然而，教学中也存在一些改进空间，特别是需要增加学生自主探究的机会。尽管讨论环节丰富，但学生的思维较多依赖教师的提问。教师可以设计小组自主探究环节，让学生根据相关资料进行独立的假设检验，以增强他们的自主探究能力。

（二）批判性思维的俯瞰部分

1. 分析问题与假设

本次课堂从"海豚是鱼吗"这一问题出发，成功引导学生分析问题背景。学生通过已有的知识提出假设，部分学生认为海豚是鱼，因为"鱼可以受训"；也有学生提出海豚与鲸类相似的观点。虽然部分假设不够精准，但这为进一步讨论提供了丰富的素材。

2. 审视过程与信息

课堂中，教师通过不断提示学生区分"鳃呼吸"和"肺呼吸"，帮助学生理解鱼类与哺乳动物的生理差异。在这一过程中，教师成功审视学生信息的来源，避免了非关键特征对推理的干扰。然而，教师在应对"睫毛""颈椎"等非关键特征时，未能充分引导学生理解这些特征与分类的关系，导致学生的部分思考流于表面。

3. 评估解释和验证

教师通过三段论推理法，帮助学生评估海豚作为哺乳动物的合理性，但在最后关于"海豚吃奶"的问题上，教师提醒学生要查找证据，避免想当然。这种引导学生验证结论的做法符合培养学生批判性思维的要求，但课堂中提供的资料有限，可以鼓励学生课外查找更多证据，进一步验证其假设。

（三）批判性思维的反思部分

1. 自我反思

教师在课堂结尾要求学生总结海豚属于哪类动物，促使学生反思其推理过程，并通过三段论推理进一步加深理解。教师提醒学生要小心谨慎地下结论，也是在培养学生的自我反思能力。

2. 他人反馈

通过小组讨论和全班分享，学生有机会听取其他同学的观点，并将其与自己的看法进行比较。这种互相反馈的形式有助于拓宽学生的视角，特别是在讨论非关键特征时，学生的理解得到了集体的纠正。

3. 迭代改进

课堂中，学生在反馈和讨论过程中逐渐纠正了自己关于海豚分类的错误认知，如关于"睁眼睡觉""鳞片"等非关键特征的认识不清。通过反馈和验证，学生的推理逐渐趋于准确。

（四）批判性思维教学建议

1.鼓励更多的假设验证

虽然教师引导学生运用了推理和验证的方式，但可以通过更多的实际案例（如海豚的生活习性视频、呼吸方式的实验）增强验证环节的深度，让学生学会在事实基础上推理，而非仅依赖已有的知识。

2.培养区分关键和非关键特征的敏感性

教师可以通过更多的类比和对比（如提供不同动物的例子）帮助学生更好地理解如何辨别生物分类中的关键特征，进一步培养学生的批判性分析能力。

3.鼓励学生提出质疑

课堂中，学生主动提出了鸭嘴兽的特殊例子，显示出课外知识的影响。教师可以进一步鼓励学生提出更多类似的质疑，引导他们通过科学探究和事实验证得出更有说服力的结论。

AI智能体的确有独具慧眼的地方，可以发现一些我在课堂现场有纰漏的或还未顾及的地方，称得上是专家型的"好同事"。有这样的"好同事"，何愁自己不会更快地进步呢？

第四节　辨析事实：《阿波罗登月是造假吗？》

【设计思想】

这是对小学六年级科学教材《月球》课的重新设计。新课标教材上的设计是要学生完成月球知识的收集和分享工作。为帮助学生完成任务，我设计了记录卡，知识目标是月球知识的获取，能力目标是培养信息收集和整理的能力。这对于小学六年级的学生来说，显得简单且没什么挑战性，属于布鲁姆学习目标分类（2001版）中"记忆"的低层级思维活动，缺乏能吸引学生兴趣的情境设计。为此，根据布鲁姆学习目标分类（2001版）中的认知过程层级，我将本节课的目标设定为让学生学习月球的一般知识，并让他们应用知识分析对登月的各种质疑，从"记忆"层级提升为"分析""评价"等能进行批判性思维的高级思维活动层级。本课还应用了Google地球应用程序中的月球图层等虚拟工具来支持学生的探究，使学生懂得要用更多的事实去支持自己的判断。这是一节讨论课，通过质疑，让学生养成证据意识，强调注重科学事实，讨论看到的事实而不乱猜动机，让学生在讨论中逐渐习得基于证据的谨慎推理的方法，和不轻易下结论的批判性思维态度。

1.引出话题并阅读资料

师：今天我们要探讨一个问题。前段时间登上月球的第一人阿姆斯特朗去世了，他的去世激起了质疑——阿波罗号登月是造假！登上月球是1969年的事，那时科技比现在落后多了，怎么可能能登上月球嘛！2009年，在纪念登月40周年时，美国进行了一次调查，22%的接受调查的人认为登月是假的，他们为什么会这样认为呢？因为登月的照片和视频上有一些疑点，让很多人对登月有了怀疑……

师：大家想想，认为阿波罗登月是造假的请举手。

生：（少部分学生举手。）

师：认为阿波罗登月没有造假的请举手。

生：（少部分学生举手。）

师：还有大部分同学觉得这是无法判断的，接下来我们对此进行分析。

在分析之前，我们来了解下关于月球的知识，看月球到底是一个怎样的星球？

为什么有人会对登月的真实性产生怀疑？请大家先看月球的有关知识。

生：（阅读资料上有关月球的知识，然后小组内讨论，发表自己的看法。）

2.学生根据知识和证据提出疑问

师：看完资料，有些同学开始质疑了，请一个小组来说说他们的讨论结果。

用于讨论的照片

生：照片上光线的方向不对，人的影子不应该是这个方向。光从上面照射，影子不应该这么长。而且图片上没有星星。

师：好，这是你看到的，请坐。

生：我觉得太阳不是从上方照下来的，应该是从左边照过来的，旗杆这里是背光。

生：旗子的正面是被太阳照着的。

生：旗子的方向没有风。

生：没有星星，是因为阳光很强，所以看不清。

生：旗杆有影子，人没有影子。

师：这位宇航员有没有影子？

生（部分）：没有。

生（部分）：有，他跳起来了，影子在右边。

生：我们在操场上做操时，每个人的影子都是平行的。但照片上的影子是不平行的。

师：通过你们的分析，认为阿波罗登月是造假的请举手。

生：（部分学生举手，老师计数。）

师：认为没造假的请举手。

生：（部分学生举手，老师计数。）

师：认为无法判断的也请举手。

生：（部分学生举手，老师计数。）

3. 对疑问进行分析论证和交流

师：刚才计数的结果是，大部分人认为阿波罗登月造假了。你们的疑问有三个。第一个疑问是影子，宇航员、旗杆和登月舱的影子，是不平行的。但如果反向延长影子，它们会相交于一个点，这个点可能是一个探照灯。探照灯的光照射过来，造成了影子是分开的、不平行的。第二个疑问，是天上没有星星。第三个疑问，是旗子在飘。请各小组讨论这三个疑问，讨论完以后，我们进行分享。

生：（各小组进行讨论分析。）

师：请你们组上台来发表观点。

生（两人）：旗子在飘（然后指出旗子的哪些地方看起来像在飘）。

生：我有一个反驳他的意见。刚刚说美国航空是故意把旗子弄皱的，那肯定会引起怀疑，为什么要这样做？

生：旗子的褶皱可能是太空舱放不下，不可能直着放，所以把旗子折起来放导致的。它没有被完全打开过。

师：我们想想，每周一升旗时，国旗在飘动的时候，有这么多皱吗？看看图片里的旗子上的这些皱痕，有这么多的褶皱吗？

生：其实仔细看的话，这里还有一个疑点（指着旗子上端的横杆），我认为旗子没有在飘。

师：（指着旗子上端的横杆）不撑开国旗，国旗就会耷拉下来。

生（部分）：如果会引起怀疑的话，不是会有很多的人怀疑吗？美国人不会这么蠢吧！

师：作为科学讨论，我们要知道，现在讨论的是我们看到的东西，不要去乱猜他人的想法，科学与猜测是不同的。

师：（分析旗子）实际上，旗子右下角的褶皱让我们看起来感觉它是在飘，实际上旗子没飘。旗子的材料不是我们的国旗使用的柔软的布料，它比较硬，褶皱了就不容易展平。感觉在飘，是没有平整展开造成的错觉。还有认为旗子在飘动的同学吗？

生：（没有学生举手。）

师：学科学，要注重分析什么才是事实。还需要怎样分析去确认事实呢？

生：多看一点图片分析。

师：说得对！请大家打开谷歌地球的月球图层，去看每一个阿波罗飞船中有旗子的照片，放大了看，看旗子有没有在飘，继续检验我们的判断。

生：（寻找有旗子的照片，继续观察分析。）

师：大家鉴别清楚了吗？

生：清楚了，旗子都没有飘。之前感觉在飘，的确是褶皱造成的错觉。

师：好！请继续分析图片，讨论其他两个疑问。

生：（看图和讨论。）

师：天上为什么没有星星？

生：地面上光线很强，导致星星显示不出来。

师：（表示赞赏）是嘛。

师：接下来做个实验。请你站在窗户那里，我用手机背光给你拍张照。窗外阳光强烈，大家猜他的脸能被拍清楚吗？

生：不能！

师：（给学生看刚刚拍摄的照片）天空是清楚的，但他的脸是黑色的。那么这个疑问成立吗？

生：不成立。逆光拍照脸会黑。

师：看来大家拍照的经验挺丰富嘛。那么看不见天上的星星是什么原因呢？

生：就像逆光拍照，星星的亮度与阳光的亮度相比太弱了，所以拍不到。

师：大家同意这个看法吗？

生：同意！

师：看来这个疑问不成立。

师：来看第三个疑问。这张照片上的物体的影子为什么不平行？影子反向延长后，可以看到这里有个大的探照灯，它射出的光导致了影子的不平行。现在，你们认为这个疑问还成立吗？

生：（指着照片）可能是月球旁边有个小天体，会分散光照。

生：不可能吧，乱猜。

生：（继续观察，看不到问题所在。）

师：（教师引导学生观察）请细致观察旗子的影子。坑坑洼洼的地面导致旗子的影子不直；登月舱的影子正好在斜坡上，所以影子的方向是朝向斜上方的；宇航员跳起来了，影子在平地上，所以他的影子是平的。是地形的变化造成了影子在阳光下不平行。我们要静下心来再仔细看清楚，不要靠猜测去判断。

师：请大家再多看几张登月的照片，分析一下影子的问题。

生：（学生小组在电脑上看登月照片，分析影子。）

师：时间到了，看清楚了吗？阳光下的影子不平行，是什么原因造成的？

生：是月面不平整造成的。

4.否定疑问后的推理

师：好了，这三个疑问都不成立。那么认为阿波罗登月是造假的同学请举手。

生：（小部分学生举手，老师计数。）

师：认为是真的的同学请举手。

生：（大部分学生举手，老师计数。）

师：认为无法判断的同学请举手。

生：（小部分学生举手，老师计数。）

师：这三个疑问不成立，是不是就意味着可以证明阿波罗登月是真的？

生：（疑惑的样子，没有人说话。）

师：我们证明了疑问不成立，但只能到此止步。不能说因为疑问不成立，所以阿波罗登月就是真的。不然就把推理进行过头了。

师：大家再想想，要最终证明阿波罗登月是不是真的，最可靠的办法是什么？

生（大部分）：去月球看！

师：是啊！要最终得到确凿的证据才能证明。我们现在所做的，就是学会如何鉴别疑问，不被是或者否的看法所左右。大家想想，这节课最谨慎的是哪些同学？

生：选择无法判断的同学。

师：是的，他们最谨慎，在没有获得最终证据时，不下是真还是假的结论。这种态度是需要表扬的，请为他们鼓掌！

生：（大部分人鼓掌，露出羡慕的眼神）

师：科学探究需要持怀疑的态度，但也不能盲目怀疑。通过今天的课，同学们学会了如何去分析证据、如何合理怀疑和如何进行科学讨论。更重要的是，我们学会了以事实和证据为基础进行思考和判断，而不是轻易地被一些未经证实的传言所左右。

【教学点评】

这节课是我引以为傲的最有代表性的批判性思维课之一，但我也清楚我对教学进程的确有过多的把控，学生自由思考的空间还是有限的。当我采用 ChatGPT 中的 AI 智能体"苏格拉底评教学实录"对课程进行评判后，我对它在教学中发现的问题感到又惊又喜。请看其生成的以下评价结果。

这堂课通过学生对阿波罗登月真假问题的讨论，旨在培养他们批判性思维和科学探究的能力。教师的引导展示了苏格拉底式提问法的运用，让学生通过怀疑、讨论和推理不断深入思考。在这个过程中，教师巧妙地利用了几种教学策略，但仍有优化空间。

（一）教学亮点分析

1. 引发兴趣，营造讨论氛围

教师通过阿姆斯特朗去世引出热门话题，调动了学生的参与热情。学生通过举手表态，初步展示了各自的立场，帮助教师了解学生的现有认知基础。

2. 疑问和证据驱动的讨论

学生在小组讨论和全班互动中提出了一些疑问，教师没有直接给出答案，而是通过层层引导，鼓励学生基于观察和经验提出假设。例如，关于旗子是否飘动的讨论，教师让学生细致观察照片，并告知学生旗子材料和拍摄条件，激发了他们对事实的探究精神。

3. 实验验证，培养科学态度

教师利用手机逆光拍照的小实验帮助学生理解为什么照片中看不到星星。这种方法增强了学生的参与感，学生通过亲身体验来验证理论，提升了他们对科学探究过程的理解。

4. 引导学生思维的局限性

在否定了三个主要疑问后，教师没有急于得出结论，而是引导学生认识到疑问的破解并不等于证实了登月的真实性。这一环节帮助学生认识到了得出科学结论的严谨性，避免"推理过度"的逻辑错误。

（二）改进建议

1. 更多的提问深度

教师在课堂上运用了多种提问方式，但可以进一步提升提问的深度。例如，在讨论影子不平行的疑问时，教师可以引导学生去思考光源的角度和物体的相对位置对影子形态的影响，而不仅仅局限于"是探照灯还是地形影响"。

2. 激发更广泛的思考

教师可以在结尾处引导学生探讨很多人怀疑登月事件背后的社会心理因素。这可以扩展到对媒体影响、科学素养的重要性等更广泛的议题，帮助学生从不同角度看待问题。

3. 小组讨论的结构性引导

在小组讨论时，虽然学生能够自由表达，但教师可以给予更多结构化的引导，比如给出具体讨论框架（每组负责分析一个疑问），并鼓励学生在发言时用证据支持观点，这样可以提升学生讨论的深度和逻辑性。

（三）苏格拉底式提问的应用

1. 开放式问题

教师通过开放式问题（如"影子不平行的原因是什么？"）鼓励学生自主分析，而非给出明确答案。

2. 质疑与反质疑

教师引导学生通过质疑疑问本身（如旗子的褶皱与旗子是否飘动的问题），进而得出更加符合事实的推论，体现了科学怀疑精神。

3. 结论的谨慎性

最后教师指出疑问的破解并不代表事实的证明，这一环节培养了学生保持开放心态和审慎态度的能力。

总的来说，这堂课通过苏格拉底式的提问和引导，使学生学会了如何从证据出发进行推理，进而提升批判性思维能力。

第五节　议题调查：《公园的鸟为什么变少了？》

本课的教学实录来自深圳市龙岗区龙城小学语文特级教师孙安懿老师，我们合作了以学校旁的龙潭公园为真实场景的跨学科的观鸟课程。以下是她在一次研讨会中所展示的公开课的实录。

【设计思想】

公园里的鸟变少了。一开始，我们都以为是公园里退休人员热火朝天的吹拉弹唱引起的，但随着调查的深入，我们发现不一定是这样的。这就变成了一个需要去调查的议题（issue）。议题往往源于生活中很难找到确定答案的事情，因为成因复杂，答案可能较为多元。一般性的依据经验的讨论往往得不到一个合理的答案。正因为议题有这样的特点，所以讨论其更有利于锻炼学生的批判性思维能力。本次课的议题是：公园的鸟为什么变少了？

1.导入：营造宽松的氛围，活跃学生的思维

师：（出示自己在洱海边与海鸥合影的照片）这个人是谁？

生：孙老师。

师：（笑）谢谢你们，连我的侧影也认识。那这只鸟是什么鸟呢？

生：海鸥。

师：看到这张照片，你们有什么问题要问我吗？

生：这是哪里啊，老师？

师：大理的洱海边。

生：老师，你是用什么办法吸引到海鸥的？

师：（笑）爱心。

（学生们笑了，课堂氛围一下子松快起来）

生：老师，你手里拿着什么东西呀？

师：你的眼神太好了，你在最远的地方看见了我手上拿着一个东西。这就是诱饵，除了爱心之外，还要有点诱饵。一个小鱼干，海鸥就是奔着它来的。看到这张图片你有什么感觉呢？

生：人和鸟的关系非常好，看起来非常和谐。

师：是啊。人和鸟竟然能相处得这么好，真是神奇！我跟大家一样，自从去年吴老师带着我们班一起观了几次鸟，我就深深地爱上了这些可爱的小精灵。今天我们就一起来聊聊跟鸟有关的事。

（教师出示一组图片，学生逐一识别，描述：鹊鸲捕获一只蛐蛐；暗绿绣眼一条腿支撑身体，另一条腿翻动着木棉花厚实的花瓣，眼睛在花蕊间搜寻；

一对红耳鹎亲昵地站在枝头……）

师：(指着那对红耳鹎问）猜猜它们是什么关系？

生：(异口同声）夫妻！

师：你们怎么知道的？

生：它们看起来很亲密。

生：我凭感觉猜的。

生：观鸟专家陈老师讲过，红耳鹎夫妻感情特别好，它们通常双宿双飞。

师：有观察、有常识，你们太棒了！这一组照片是吴老师在校园和公园里拍摄的，拍摄的都是我们常见的小鸟。据说公园里这些可爱的鸟现在变少了一些。为什么会这样呢？大家读一读卢锐写的调查报告。

【说明】

　　宽松的课堂氛围，能让人思维活跃开阔。教师非常重视创设轻松愉快的课堂氛围，以聊天的方式围绕鸟展开话题，自然巧妙地引入本次谈论的议题。

2.各抒己见：面对调查结果，鼓励学生表达个人见解

（学生阅读完了卢锐的调查报告）

师：公园的鸟真的变少了吗？真的是噪声赶走了鸟吗？

生：公园的鸟好像真的没有从前那么多了。

师：那可能是什么原因导致了鸟的变少呢？

生：有可能是因为天气原因，这段时间雨比较多，鸟儿可能藏起来了。

师：你觉得不一定是因为噪声，可能是天气的变化导致了鸟的生活习性的变化。

生：我发现公园里的鸟变少了，就去查阅了资料。像我们这里常见的红耳鹎、暗绿绣眼呀，都是在4~7月的时候繁殖，也就是说，现在这个时候正

是鸟类的繁殖期，它们可能躲起来，准备繁殖了。

师：啊，原来是另有隐情。

生：因为这些鸟有些是候鸟，有些是留鸟，所以一些适应了这里气候的鸟会留下不再飞走，不适应的会保持原来的习性，冬天来南方，春天北归。有可能公园里鸟的变少跟候鸟离去有关。

师：聪明的鸟在寻找适合生存的环境。

生：我看见公园里有人卖弹弓之类的玩具，有小朋友买来打鸟。这可能吓走了它们。

师：你的观察和想象很有意思。

生：我记得吴老师跟我们讲过，湖边有很多三角梅，上面有锋利的刺，有时候会刺伤小鸟。我觉得有可能鸟儿觉得这里不适合生存，转移了地方。

师：嗯，这也是一种可能性。

生：春天是流感高发期，鸟儿会不会患上禽流感了，躲起来养病。

（全场大笑）

师：哈哈，你这个想法太可爱了。同学们，关于公园鸟儿数量变少的原因，大家有各种猜测，猜测是不是事实呢？

生：不是。

师：那怎么才能验证自己的猜测是否正确呢？

生：观察、探究、调查，要有翔实的数据和科学的依据。

师：是的。那么后续大家可以根据自己的猜测，拟定一个调查方案，再请科学老师来指导我们修订方案。我们可以依据方案展开自己的调查，看看自己的猜测或者推测是否属实。

【说明】

教师所提的开放性问题就是一种潜在的引导。学生读完报告后，并未全盘接受报告意见、人云亦云，而是提出了自己的看法。这些不同的分析，正源于学生批判性思维的打开。当然，这些看法都仅仅是猜测，作为研究，还需要严谨的调查来验证个人的分析。求真，才是批判性思维的真谛。教师也适时引导了学生小结方法，为后续深入探究学习铺路。

3.质疑问难：两难中质疑，促进新发现

师：那么，噪声到底对鸟类的生活有没有影响呢？

生：(异口同声)有。

师：咦？就没有人质疑这个观点的呀。卢锐也是这么写的。

师：(出示卢锐调查报告中的文段。)

　　鸣叫，本是鸟类互相通信、互相交流的一种方式。可是由于城市噪声，它们的声音传播受到了影响，捕食、休息、交流，这些日常的生活规律被打乱，在最适合它们活动的时候它们却有意躲藏，在不适合它们出没时，却要飞出来舒展筋骨。这对鸟来说，可不是一件好事。

师：晓阳同学，她这个说法对吗？

生：我认为这个说法是对的，因为鸟出来活动时喜欢待在安静的环境。任何动物都是这样，包括人也是这样，静心才更舒心。

师：好，既然大家都如此相信，那我们请这份调查报告的作者卢锐同学来讲讲自己是怎么调查的。

卢锐：我本来只是猜测。后来我通过请教科学老师，上网查找资料，并且有一个星期坚持在早上七点和下午六点来到公园的湖边观察情况，确信了噪声会影响鸟类的生活。

师：很好，看来这个观点是经过验证得出的。老师这里有一段关于知更鸟的视频要播放给大家看看。大家不仅要听，还要观察它们的神态，猜猜它们在说什么。

（教师播放知更鸟与同伴相互应答的视频。这只知更鸟每鸣叫一声，远处就必有一声回应，它们聊了很久，声调变幻，内容有曲折、有起伏）

（起初鸟儿们声声欢悦）

生：它说这里有很多食物，喊朋友过来享用。

生：一只鸟发现这里有一个老人太极拳打得很好，喊它的朋友过来看。

师：你的世界真美好，人和鸟和谐相处。

生：唱动听的歌，追女朋友。

师：哈，追个女朋友不容易，得会唱歌。

生：可能在谈论天气，这个季节潮湿，要把巢再加固一下，弄得暖和一点。

师：真会过日子。

（后来鸟儿们声声急切）

生：可能它的朋友遇到危险了，在向它求救。

生：我也感觉它们遇险了，前面它们的声音听起来是愉快的，这一段听着很着急、很委屈。

师：你们的想象力真丰富啊。不管怎样，我们的确能感受到鸟是通过鸣叫在传递着信息。今天早上，鸟儿们又在这里传递着各种信息的时候呢，公园里发生了这样的状况。

（教师播放录制的公园里的老人演奏、唱歌的视频，与刚才幽静的树林形成了鲜明的对比）

师：如果你是一只鸟，发现了好吃的食物想告诉同伴，可是环境太嘈杂，淹没了你的声音，你会怎么办呢？

生：算了，自己吃。

290

生：（来情绪了）有点怨恨这群人了。

生：这里本来是我家，你们偏来打扰我们，弄清楚没啊？（对呀，你们闯进我家后还真不客气。）

师：到了晚上，鸟儿该休息了，我们公园里正是热闹的时候。这是哪里啊？

（教师播放夜晚唱歌、跳舞的热闹场景）

生：公园湖中心的亭子里。

师：除了这个亭子里有这么多人在唱歌，你还在哪里看到有人在唱歌？

生：湖边的长凳上常常有老人拉二胡。

生：小广场上都是大声播放音乐跳广场舞的。

生：公园小舞台上也有人在唱歌。

师：嗯，到了晚上，公园里到处都有人在唱歌，鸟儿自然也不能好好休息了。所以卢锐写了这样一段话（出示文段，让学生齐读）。

也许是大人们忙完了一天的活，有时间来休闲娱乐了吧，晚上7点一到，很多人来到公园跳舞，音乐放得震天响。对我们来说，这样的活动能增强体质，还能与人交流，增加快乐，但这么大的动静也影响了鸟儿在林中的休息。我们的鸟朋友本该在夜晚归巢安眠，但在这么热闹的夜，它们怎么睡得着呢？

师：卢锐说得对吧。（学生齐说对）没有一个人反对？（有人举手）黄洋帅你是怎么想的？

生：我不同意她的看法。第一呢，我们只是站在人的角度揣测这是一种噪声，却不知道从鸟的角度看它们是怎么想的。第二呢，我们盲目地让人减少噪声，也就是说不让老人唱、不让老人跳，这对老人来说等于剥夺了他们的乐趣。所以我不同意卢锐的这个建议。

师：是啊，若一切只为鸟的需求，那我们人不重要吗？我想问一下有跟爷爷奶奶一起生活的同学吗？（部分学生举手）爷爷奶奶平时都在干吗？

生：我奶奶早上、中午会按时做饭，晚上就会去家附近的广场跳舞。

师：忙了一天家务，晚上去跳个舞，多需要啊。

生：早上奶奶会在公园练剑，晚上去公园跳舞。

生：早上奶奶去跳舞，爷爷买菜。中午他们一起做饭，带我和妹妹。晚上爷爷打麻将，奶奶又去公园跳舞。

生：我爷爷早上买菜，白天会画画，晚上到公园散步。

生：爷爷白天做家务，晚上出去活动活动。

师：看来很多老人的放松和娱乐都离不开身边的公园呀！

生：我要反对黄洋帅的观点。我爷爷喜欢养鸟，我奶奶也每天跳广场舞，但是我觉得，咱们做事要分场合，如果你把你的快乐建立在动物或者他人的不开心之上，那你真的会开心吗？唱歌、跳舞固然没错，但是要分清场合，制造的声音要予以控制，但凡影响到别人，都是不可取的。

生：我知道黄洋帅说得很有道理，但是事实就是爷爷奶奶们唱歌、跳舞的伴奏的声音特别大，我和爸爸每天晚上去散步，都觉得特别刺耳。我爸爸上了一天班已经很累了，想来公园清静清静都不行，像我爸爸这样的人肯定很多。所以，这些声音不只是影响到鸟，连人也都影响到了。

师：从影响鸟说到影响人了。我们看这照片上的唱歌的人多快乐呀，演奏的人都那么得意，旁边还有人在驻足欣赏。本来挺好的事，我们却发现存在着这么多的问题。你认为还有些什么问题？

【说明】

比起直接抛出一个观点让学生感受、辨析，借助视频唤醒学生对鸟儿的同理心，以鸟之心揣测鸟之所需，能获得更好的效果，所以学生对人为制造的噪声表达了强烈的不满。这是学生对鸟的同理心完全被激发出来的表现，但是，如果教师仅仅满足于此，以为发展了学生的同理心，那将是非常片面的。让学生直面现实中人和鸟的真实需求和两者共存间的真实矛盾，思考两难问题，从不同的角度生发不同的思考，学生的批判性思维才能得到真正的发展。

4.思考真实的策略：在细致辨析中提出合理的解决方案

生：我认为老人们在公园里唱歌、跳舞是完全没有问题的。但是我看见公园管理处竖着一块牌子，要求公园里白天不超过 70 分贝，夜间不超过 40 分贝。但他们完全没有理会这个要求。

师：本来音乐是很好听的，可是多种音乐响起，又超出了规定的分贝，成了噪声。

生：我认为要给出规定的时间让老人唱歌、跳舞，如果你整天都在那里唱啊跳啊，别人肯定会受不了。

生：这个公园本来就划分了区域给爷爷奶奶活动，这已经是默认的规则，不是你说改就能改的。

师：你的意思是习惯很难改变。

生：我认为晚上就不应该唱歌、跳舞，这既不利于身体的健康，也影响他人的心情。不好！

师：（笑）晚上唱歌跳舞对身体不好啊，你确定吗？（学生点头）我还不知道呢，谢谢你告知。

生：爷爷奶奶已经很辛苦了，又没有别的娱乐，如果我们还给出那么多的限制，我觉得很不人道。

师：你的意思是别管他们，让他们尽情释放一下。好，谁再指责爷爷奶奶，我就请你来反驳一下，看看他们说的哪里不对了，好吗？

生：刚才他说不要盲目去猜测鸟的心理，这个我不反对。但是周围的居民区里，人们在睡觉，广场舞的音乐这么吵，他们怎么睡得着呢？休息被影响又怎么会开心呢？鸟儿也一样，它在树林里，住得好好的，这片树林本就是它的家，可你不分早晚在那里唱啊跳啊，影响了它的生活，它会开心吗？所以，我觉得合理的活动也要限定一个合理的分贝，活动时不要超过那个分贝，让人让鸟儿都可以好好休息。

师：好，这是她的观点，请你反驳。

生：刚才说过不要去揣测鸟的心理，也许鸟不觉得那是噪声，它觉得是美妙的音乐。

师：他认为这么大的声音可以催眠，你们同意吗？不同意的人来说说你的想法。

生：那个声音太大了，我们人类都受不了，鸟类怎么可能受得了。

师：是啊，我们个头这么大的人都受不了，鸟儿个头这么小，怎么受得了呢？

生：老师，我觉得限定分贝很有道理。我现在发现公园里的鸟变少了，假如像黄洋帅所说的那样，这么大的声音是美妙的，可以助眠的话，它怎么会变少呢？

师：哈哈，黄洋帅激起了公愤，大家都不同意他的说法。

生：我这个中立者来说说吧。随着现代科技的发展，我们小孩子还有大人都经常拿着手机就能自娱自乐起来，但是大部分的老人家不一样呀，他们跟不上这个时代，没有别的娱乐活动，他们只能找朋友唠唠家常、跳跳舞，所以我觉得我们要站在爷爷奶奶的角度去思考问题。但是我们同时也要站在鸟的角度想一想，公园是大家的，也是鸟儿这些小动物的。这里反映出一个问题，就是公园的管理不太好。我们是不是可以合理安排一个人们活动的时间，比如说清晨是鸟儿频繁出没的时间，那就规定这个时间禁止在公园高分贝唱歌，下午可以让老人们自由活动。除了时间的规定，还要有分贝的限定，这样才能区分什么是噪声、什么是音乐。

师：你回答得太精彩了。她说的就是，在这样的公园里，鸟儿和人和谐共处，还有很多可以商榷的地方，既要保证人的愉快生活，又要保证鸟能和我们友好相处。如果继续讨论下去，大家肯定还有很多的话要说。今天由卢锐的一篇调查报告引发了一场很有意义的讨论，如大家所想，最好的方案就是加强公园管理。那么我们今天就好好思考一下，给公园的管理处写一封信，或者写一份建议书，通过公园管理来达成人和鸟和谐共处，好不好？今天的课我们就讨论到这里，下课。

【说明】

在细致的思考中，大家有了同一个思考方向，而这次的一致恰恰是基于对鸟和老人生活的同理心得到发展之后的思考，它达到了更全面、更人性、更合乎自然的高度。在短短的一节课中，教师打开了孩子的思维，使他们没有被动接受给出的意见，而是主动思考，从不同角度理解人和鸟的需求，为了协调两者而有组织、有目标地去努力处理问题，从而促进了他们批判性思维的发展。最后以"给公园管理处写一封信，或者一份建议书"结束本课，很自然地将书面表达与人文思考结合在一起，无痕地完成跨学科教学。或者说，很多时候，在面临具体问题时，根本就没有学科界限。

【教学点评】

以下是 ChatGPT 中创建的 AI 智能体"批判性思维教学实录分析"对此

教学实录的评价结果。

这节课通过探讨公园鸟类数量变少的问题，逐步引导学生运用批判性思维和探究性学习方法，形成了对问题的深入理解。课堂结构较为完整，教师灵活运用了探究性教学方法，促进了学生的独立思考和批判性推理。

（一）探究教学部分

探究性教学的核心是通过真实的问题情境，引导学生主动思考并探索未知答案。在本次课中，教师设计了"公园的鸟为什么变少了"这一开放性问题，将学生带入探究情境。教师通过在课堂开始时展示与海鸥合影的照片，成功激发了学生的兴趣，形成了轻松的课堂氛围，随后过渡到鸟类问题，巧妙地引入了课堂主题。学生对问题的讨论充满了多种猜想和假设，如天气变化、鸟类繁殖期、候鸟迁徙等，这展现了他们的自主思考和从不同角度分析问题的能力。

教学改进建议如下。

1. 增加科学探究步骤

教师可以进一步强调探究的科学性，设立明确的研究步骤，如假设的提出、验证过程、数据收集与分析等，从而更系统地引导学生进行调查。

2. 加强数据驱动的探讨

教师应引导学生不仅凭借常识和直觉进行讨论，还应鼓励他们寻找数据支持自己的观点，从而提升探究的严谨性和深度。

（二）俯瞰部分

1. 分析问题与假设

在讨论公园鸟类变少原因时，学生提出了多个假设：天气因素、鸟类繁殖、候鸟迁徙等，这说明学生能够从多个角度思考问题，并提出可能的解释。教师对每一个假设都进行了鼓励和反馈，激发了学生进一步探讨的兴趣。

2. 审视过程与信息

教师通过引导学生反思他们的假设，推动他们去验证这些假设的正确性。教师提出"如何验证自己的猜测是否正确"的问题，启发学生认识到需要通过观察、探究和数据支持来得出结论。教师强调了验证过程的重要性，使学生意识到分析问题不能仅凭主观臆断，必须结合数据和科学依据。

3. 评估解释和验证

在讨论噪声对鸟类的影响时，教师播放了知更鸟鸣叫的视频，帮助学生通过直接观察获得对鸟类行为的理解。这一过程增强了学生评估自己观点的能力。通过引入真实的观察和数据，教师进一步要求学生质疑现有观点，并通过实地调查和多方验证得出结论。

（三）反思部分

1. 自我反思

教师鼓励学生反思自己对鸟类变少原因的假设，推动他们思考假设是仅停留在猜想层面，还是有科学依据。比如，学生在讨论噪声对鸟类的影响时，虽然大多数学生同意噪声可能是导致公园里鸟类变少的原因，但教师提醒他们需要更多的数据支持观点，这有效促进了学生的自我审视。

2. 他人反馈

在讨论中，不同学生提出的意见相互碰撞，促进了他们对不同观点的理解。黄洋帅同学质疑噪声影响鸟类的看法，提出要从老年人娱乐需求的角度考虑问题，这使其他学生开始从更多维度看待问题，显示了外部视角对批判性思维的促进作用。

3. 迭代改进

在探讨人类娱乐与鸟类生活的冲突时，学生逐渐提出了更加完善的解决方案，如制定分贝标准、分时段进行活动等。通过教师的引导，学生在反思和反馈中不断优化他们的思维过程，最终提出了更具建设性的建议。

（四）批判性思维教学建议

1. 促进多角度思考

教师应持续鼓励学生从不同的立场思考问题，既要考虑到鸟类的需求，也要平衡人类的需求，从而帮助学生更加全面地分析问题。

2. 加强数据与事实的支撑

虽然学生的讨论充满了创造性，但有时缺乏足够的科学依据。教师可以进一步强调结合调查报告、数据分析等科学手段得出观点的重要性，培养学生以数据和事实为基础的批判性思维。

3. 深度探讨相互矛盾的观点

教师可以通过让学生分别扮演不同角色，深度辩论噪声影响、老年人娱乐需求等相互冲突的观点，从而激发学生更加深刻的思维碰撞，进一步发展学生的批判性思维能力。

通过这节课，学生在探究中得到了锻炼，学会了从多角度分析问题、质疑现有观点，并提出了更具建设性的解决方案。这是批判性思维教学的有力实践。

在这节课中，教师还可以加强对避免学生出现逻辑谬误和认知偏差的指导。用 ChatGPT 里的"逻辑辨识家"AI 智能体分析这节课中出现的逻辑谬误和认知偏差的情况如下。

（一）过度概括（Hasty Generalization）

一些学生根据有限的观察或个人经验，过早地得出了普遍性的结论。

1. 例子

学生提到天气因素影响鸟的行为，认为最近雨多，鸟可能藏起来了。这个结论是基于短时间内的天气变化提出的，但忽略了更复杂的生态因素。

2. 分析

学生的结论是基于个别现象提出的，没有足够的证据支持，属于典型的过度概括。

（二）确认偏差（Confirmation Bias）

有些学生在讨论时倾向于寻找支持自己已有假设的信息，而忽略其他可能性。

1. 例子

卢锐同学在调查报告中提出噪声影响鸟类的结论后，多数学生并未质疑该结论，而是迅速接受，并在讨论中不断加强这一结论，忽视了其他可能影响鸟类的原因，如生态环境、季节变化等。

2. 分析

这反映了确认偏误。学生更倾向于接纳与自己已有观点一致的信息，而没有对其他可能性保持足够的开放性和怀疑。

（三）诉诸情感（Appeal to Emotion）

部分学生在讨论鸟类和人类需求时，过多依赖情感推理，而非理性分析。

1. 例子

学生在讨论时提出："鸟类喜欢安静的环境，任何动物都是这样，包括人也是这样，静心才更舒心。"这种观点更多依赖人类的情感类比，而非对鸟类习性或科学依据的分析。

2. 分析

这是诉诸情感的谬误，学生以人类的感受来推测动物的感受，而非基于实际观察或研究，这在探讨噪声对鸟类影响的问题时尤其明显。

（四）非黑即白谬误（False Dilemma）

在讨论老年人娱乐和鸟类生存问题的冲突时，部分学生表现出非黑即白的思维，未能考虑中间立场或折中方案。

1. 例子

黄洋帅提出："我们盲目地让人减少噪声，也就是说不让老人唱、不让老人跳，这对老人来说等于剥夺了他们的乐趣。"这种观点忽略了可能的折中方案，比如限制分贝或划分特定区域活动。

2. 分析

这是典型的非黑即白谬误，将问题简化为两个极端，要么完全禁止老年人活动，要么不考虑鸟类的需求。实际上，有许多折中的解决方案可以兼顾双方的利益。

（五）虚假因果（False Cause）

学生在讨论噪声和鸟类数量变少之间的关系时，部分观点未能明确因果关系，而是直接将两个现象联系起来。

1. 例子

学生提出："春天是流感高发期，鸟儿会不会患上禽流感了，躲起来养病。"这是将两个无关现象联系在一起，暗示禽流感可能导致鸟类变少，但没有任何证据表明这一点。

2. 分析

这是虚假因果的谬误，学生未能提供证据支持这两者之间的因果关系，仅凭表面现象进行推测。

学生的观点中反映出的一些常见的认知偏差和逻辑谬误，是批判性思维发展中的正常现象。教师如能通过引导帮助学生识别和纠正这些认知偏差和逻辑谬误，可以帮助学生进一步提升逻辑分析能力，让学生形成更为成熟的批判性思维。

第六节 解决难题:《船翻了怎么办——设计自扶正小船》

【设计思想】

幼儿用橡皮泥捏成一个窝窝，就是一艘小船了。似乎每个小学生都会造船，造船没有难度。而造一个在风浪中翻了也可以自扶正浮起来的小船，就给他们带来了不小的挑战。在这个挑战中，用泡沫材料做船体可以解决船不能浮出水面的问题。但学生从未了解过船的稳定性与重心的位置有关，不知如何让船自扶正地浮出水面。由此，学生便需要动用批判性思维去审视自己的设想和解决方案，通过试验去进行验证、调整、优化、迭代等手脑并用的过程。动手实践和反思交织，让学生的批判性思维有了绝佳的锻炼机会。

1. 课堂导入，揭示主题"船翻了怎么办"

师：今天和大家聊天了解到，大家在海里和江里都坐过船。那么今天我们要研究这样一个问题，看标题，是什么？

生：（齐读标题）船翻了怎么办。

师：我居住在深圳，这座城市每年都会经历几场台风的洗礼。每当台风逼近，船只都必须返航至港口避风。然而，不可避免地，有些船只在匆忙返航的过程中会遇到我们担忧的问题："如果船翻了，该怎么办？"现在，让我们一起来观察这艘在狂风巨浪中挣扎的船只。（随着视频播放，教师进行解说）请看，这艘船是否被汹涌的海浪完全吞噬？但是转眼间，它又顽强地露出水面！它一次又一次地被巨浪覆盖、大幅度倾斜，又一次次地从波浪中挣脱而出……再来看看这艘相对较小的船只！它的船头在海浪中勇往直前，冲入浪涛时被瞬间吞没，随后又稳稳地浮出水面……

2. 聚焦问题，探寻船不翻的原因

师：大家看了有什么感觉？

生：感觉心惊胆战，船随时会沉下去。

师：但是沉下去没有？

生：没有。

师：那是什么原因呢？

生：我觉得比较容易翻的是重量比较轻、密度比较低的船。因为这样，所以才容易翻。

师：还有没有谁有其他看法？

生：第二个视频中的大轮船，它的结构比较好。它的船头是尖的，可以直接破开海浪往前行驶。

师：这是你的一个发现，还有呢？

生：之前我看潜艇的构造时，发现它前面有一个空的空间，后面也有一个空的空间。所以我认为船也是同样的结构，船底下有一些空的空间，可以让船浮起来。

师:(小结)大家发现了好多，发现了船头是尖的，发现船能浮起来是因为里面有空舱。还有呢？

生:我刚才看到这个船进水后，船体下面有几个小洞会让水流出，不会让水的重量把船往下压。

师:嗯，如果水拍在甲板上了，甲板旁边还有排水口。

师:还有什么？刚才第一位同学说了，这个船是重还是轻？

生:我感觉船越重，翻的概率越小，因为我刚才看到视频里有个大船，浪还是很大的，但是船依旧纹丝不动。

师:是不是说的这个船（视频切到大船画面），那小的船重不重？

生:感觉没有大船这么重，那么稳。

生:我觉得小船也是有一定重量的，不过海浪撞击的时候，甲板前面比较空，比较容易浮起来；甲板后面有驾驶室，比较重，不容易浮起来。

师:所以船要做得重一点还是轻一点呢？

生:重一点。

师:为什么要重一点？

生:因为重一点不容易翻。

师:为什么重一点不容易翻？

生:因为海水拍过来的时候，船就被自身重量压在那里不动。轻一点的话，海浪与船身相互冲撞的时候，船可能就会往上浮。

师:那我们要让它浮起来，又要让它重一点，这怎么办？

生:让船不翻，不只是让它重一点，还可以让它与海平面接触的面积够大。像小渔船，它与海平面接触的面积很小，就容易侧翻；像这种大船，它与海平面接触的面积很大，就不容易侧翻。

师：（视频切到小船）这种小船，它也很难翻，为什么呢？说明船还有一个特点，让它很难翻。

生：是一些转向舵的作用。在船要侧翻时，转向舵可以让船向左或向右倾斜。

生：我听说过一个叫作"陀螺仪"的东西，船在翻的时候，陀螺仪会自动校准，让船回归正常驾驶状态。

师：陀螺仪是个什么样的东西？

生：陀螺仪很像陀螺，有很多环，中间有一个球，永远都是朝着一个方向的。

师：船里的陀螺仪到底有多大？

生：这个我也不知道。

师：还有谁知道？这个船虽然侧倾了一点，但是很快就被扶正了。

生：因为小船有重心，当它倾斜到一边，很快就被扶正了。

师：这说明重心在哪里？在船的上面、下面，还是中间？

生：我觉得在下面，因为如果在上面，船肯定会向下翻。

师：你们觉得他的猜测有道理吗？

生：有！

师：通过这个分析，大家找出了船不容易翻的一些可能的原因。除了刚才看到的一些船，还有一些帆船、小木船，实际上它们在被制作时人们都考虑到了这些。刚才大家分析了两个主要原因，一是空舱能够让船浮起来，二是重心的位置低可以让船比较稳。

3. 师生共议，介绍自扶正小船

师：有一种海船，就叫作"自扶正小船"。现在的船，都有自扶正的功能。（教师播放视频"自扶正小船用吊车弄翻、倒扣在海水里后自动回正的实验"，边播放边解说。）

师：用这个吊绳吊着，让船侧翻，完全倒扣在水里！注意看，船又翻正了！怎么样？想不想做一艘这样的小船？

生：想！

师：那我们还得分析一下，为什么这艘船倒扣后还能够翻过来？关键因素是什么？

生：有可能是船的重心和重力问题。

师：请你说一说它的重心在哪里？

生：船底可能有一个自动调节重心的仪器。在它检测到船的重心有变化，或者快要侧翻的时候，它可能就会做一个让船翻回正面的抉择。

师：有道理！

生：我觉得它有点像乒乓球。把乒乓球沉到水底后，过一会儿它就会浮到水面上来。

师：（赞赏地点头）刚才我们已经说了船之所以能浮起来，是因为它有空舱。但现在说的是船翻过去了，还能正回来。船可能有什么样的特点？

生：我觉得是船底的东西，让它扶正。

师：你指着视频说一下。

生：我觉得船底有个球，可以让船回到之前的位置。

师：（教师将视频暂停在可以看见全部船底的位置）请看一下船底，再想一想。

生：我觉得船的底下，有一个重物，当船翻了后，重物可以发力把船掀过来。

生：我觉得船的底部左右有两个有水的空舱，船翻时，空舱里面的水会倾斜，帮助船回正。

师：哇，猜测了这么多，都在抓重点！船稳定，是因为重心在船底下。那船翻了后，重心跑到哪里去了？

生：船的上面。

师：船稳不稳？

生：不稳。

师：所以船会怎样？正回来。

师：这是我们的猜测！但作为科学探究，要弄清楚是不是这样，需要做一个自扶正船的模型验证一下。请看材料（教师举起泡沫板），泡沫板放在水里，会怎样？（教师边说边把泡沫板放进水里实验。）

生：浮起来。

师：这是泡沫板这种材料的特性。那么铁钉放水里会怎样？（教师边说边把铁钉放进水里实验。）

生：沉下去。

师：还有螺母，在水里是沉还是浮？（教师边说边把螺母放进水里实验。）

生：沉下去。

师：这是塑料小刀，可以轻松地削泡沫板，把它做成船，用来验证我们刚才的想法。首先，请想清楚船的形状，用刀削出来，削出来后再用砂纸打磨一下，让船体表面更光滑。其次，把船放到水里，用手荡一荡水，看看船的稳定性。最后，把船倒扣过来，看它能不能翻转回来。清楚了吗？请两人一组，想一想设计，或边做边想，开始吧。

4.分组实践，制作自扶正小船

（学生两人一组开始动手实践，教师巡回指导）

（教师走到一个个小组旁，轻声说：船为什么这样做？船是什么形状的？怎样模拟海浪？倒扣过来会怎样呢……）

（学生尝试制作一段时间后，教师发现学生对船底的形状不清楚，就请学生暂停实验，看大屏幕上的船）

师：大家注意看，这是船的什么部位？

生：船底。

师：船底有绑着一个凸出来的大螺母吗？船在水里航行，船底必须保持什么形状？

生：光滑的流线型。

师：船的上面还有什么？

生：船舱。

师：（引导学生观察自己制作的小船）各位做的船有没有船舱？大家做的船要尽可能与真实的船的外形一致。

（学生继续打磨泡沫，把泡沫做成像模像样的船的模样）

（学生动手制作一段时间后）

师：你们制作的小船能自扶正吗？把小船倒扣过来，小船翻转成功的举手。（现场绝大多数学生都举手了。）

师：太好了，你们用的是什么方法？（教师让学生展示自己的船并描述自己的设计。）

生：我的方法是把螺母绑在底部。

师：为什么绑在底部？

生：重心要在下面。

师：但是我们真实的船会像这样做吗？

生：不会。

师：那怎么办？

师：（再次提醒学生关注船底是流线型，总结道）请大家依照真实船只的构造，精心削、打磨泡沫以做成船体形状，并将螺母巧妙地嵌入船体内部，而非简单地绑在船的外侧。船的表面要用砂纸打磨得光滑而呈弧线型，船头窄以减少水的阻力，而船尾则宽阔，以提供稳定性。整个船身应采用流线型设计，以适合在水中行进。请大家继续对各自的船的模型进行精细调整，观察并尝试是否能让它在水里翻了后自扶正。

（学生再次实验，按照教师的要求，对船的模型进行修正。教师巡视指导，看到做坏了的船，就让学生更换新的泡沫板重新做，并及时发现一些小组做得好的船，举起来向全班展示）

5.全班展示与研讨：自扶正小船的制作要点及改进建议

（学生的制作和实验基本结束）

师：展示活动现在开始。刚才这个小组有个问题还没有解决，请大家来帮他们一下吧。

（教师邀请小组1上台展示，引导全班学生发现问题：船的上面和下面做反了）

师：大家看，她把螺母放在了船舱上，船得倒着航行。该怎么办？

生：将船的重心变换位置（示意把螺母放到船底）。

师：刚才这样的调整说明了什么问题？船的重心要在船底。

（接下来，教师让每个小组上台展示，一是看自扶正小船的结构，二是看船能否自扶正成功）

组2：钉子在两边，螺母在船的底部。（边说边实验，将船倒扣到水里，船翻转回正。）

师：稳不稳？

生：稳！

组3：重心用钉子维持，钉子放在了船的下部的两边。（边说边实验，船自扶正成功。）

组 4：我们在船的底部两侧塞了两个钉子，一边一个，是为了平衡重心，让船不会倾斜。船两头里面各塞进了一个螺母，让船在翻的时候能够很快地翻回来（边说边实验，实验成功）。我们的造型灵感源于航母。

组 5：我们想做下面弯一点（弧形）的船底，然后上面有一个船舱，船底下面有一个螺母，可以让它翻倒了后自己正回来。

组 6：尾部有一个船舱，下面有一个固定的东西（螺母），可以让船翻回来，螺母可以让它保持稳定平衡。

组 7：我们把螺母藏在船的底部，用铁钉插在船身上使它保持平衡，但是船体看起来有点歪，螺母还要移动一下。

组 8：我们的螺母放在下面了，上面是船舱，（实验时）船头往上翘，船尾往下掉。

师：怎么改？

生：把螺母移动一下。

组 9：（举起船）本来只放了螺母，为了让船更稳定一些，在两边加了钉子。（边说边实验展示，船果不其然自扶正了。）

组 10：我们做了两次船。第一次想把船的底部做成三角形，但由于泡沫板的长度不够，磨了以后不够光滑，于是我们做了第二次。第二次我们在船上挖了一个洞，嵌入螺母，再用剩余的泡沫填充洞，但看起来还是不像船，我们还要继续改进。

组 11：我们也做了两次。第一次在底部插了两个钉子，但是好像把泡沫板切得太多了，做成了一个皮卡。我们的第二艘船看起来像一颗子弹一样，把螺母安在了船底，它也可以自扶正。

组 12：我们把两个船合并在了一起，把螺母放在了前面的船里面。船更加稳定了。

组13：我们首先把螺母放在了船底，然后加了两个螺丝钉，让船更加稳定。

组14：我们本来在船中间放了螺母，发现船无法自扶正后，就放在（船）下面了，（船）像不倒翁一样，下重，上轻。成功！

6. 教师总结

（14组学生完成展示并接受同学们的反馈后，教师做总结）

师：大家真不错！我们来总结一下。我们一开始探讨了现有抗风浪船舶的特点，剖析了其上浮和稳定的原因。大家推测，船舶之所以能浮在水面上，是因为它拥有空舱，而其稳定性则得益于低重心的设计。在调整船舶重心时，我们是否已经验证了这一点——只有将重心位置放低，船只才能更加稳定？刚才的实验是否印证了我们之前的分析？自己造船时，当我们仅进行了简单的操作（教师拿起几乎未改变外形的泡沫块），显然，这与真实船只的外形相差甚远。因此，大家进一步进行了改进，将泡沫块做成的船体内部掏空，嵌入螺母，并将钉子穿进去，同时考虑如何保持船体重心的平衡。实际上，造船的学问远不止重心和浮力两个因素这么简单，还有很多奥秘等待着我们去发现。这节课就上到这里，同学们再见。

【教学点评】

以下是 ChatGPT 中的 AI 智能体"批判性思维教学评价专家"对以上教学实录的点评。

（一）探究教学部分

在这节课中，教师以"船翻了怎么办"为主题，引导学生探究如何设计自扶正的小船。探究性教学的核心是通过问题驱动和实践操作来帮助学生主动建构知识。在此过程中，教师通过播放船在风浪中的视频，引发学生对船翻后自扶正的现象进行观察和思考，激发了学生的学习动机。接着，学生通过分组实验，自己设计并制作了小船模型。这一系列活动体现了探究性教学的特点，即鼓励学生通过动手实验、假设验证的方式自主学习。

教学改进建议

在教学过程中，虽然学生能够通过动手实践提升对船体设计的理解，但教师可以进一步优化引导方式，增加学生探究的深度。例如，在学生提出猜想后，教师可以通过更多的引导性问题帮助学生明确假设与实验之间的联系，进一步鼓励学生在实验中发现潜在问题并改进船的设计。此外，教师还可以引入更多的案例和相关背景知识，拓宽学生的思维，避免其探究仅停留在表面层次。

（二）俯瞰部分

1. 分析问题与假设

学生在讨论船为什么会翻以及如何让船不翻的过程中，通过提出不同的观点（提出影响因素如重量、船头形状、重心位置等），形成了多种假设。学生从视频中观察到船在风浪中的表现后，分析了船的重心、浮力和结构等关键要素，并推测了重心位置对船只稳定性的影响。

2. 审视过程与信息

教师通过让学生制作小船并进行实验，促使学生在实践过程中验证自己的假设。在此过程中，教师鼓励学生讨论实验结果，并引导学生对模型不断进行修正和改进。为了确保分析过程的严谨性，教师可以进一步强调信息的准确性，如对"陀螺仪"等复杂技术的原理进行一定解释。

3. 评估解释和验证

教师通过实验指导学生评估他们的解释，如船只是否能够自扶正，重心如何影响船的稳定性。在实验中，学生多次测试不同的设计，并在失败的基础上进行了优化。通过不断验证推理和假设，学生逐渐得出结论：船的重心应放低，这有助于船保持稳定。教师还可以进一步帮助学生识别认知偏见，如对船体重心的简单化理解，并引导他们探索更多变量对船的稳定性的影响。

（三）反思部分

1. 自我反思

学生在实验后，通过不断调整设计，认识到自己的最初假设（如"仅靠给船增重即可防止翻船"）存在局限性，并在教师的引导下重新审视了自己的设计思路。在这一过程中，学生逐渐意识到造船不仅需要考虑重量的分配，还需要考虑形状、流线型设计等因素，这体现了自我反思在探究学习中的重要性。

2. 他人反馈

在展示环节中，各小组展示了自己设计的船模，并接受其他同学的反馈。例如，有小组发现将螺母放在船外侧并不合理，其他同学则建议将其嵌入船体内部以保持船体的流线型。通过这种相互反馈，学生能够借助他人的观点优化自己的设计，达到了深度思考和批判性反思的目的。

3. 迭代改进

学生在展示和讨论后，对自己的设计进行了反复修改与优化。例如，学生最初仅简单地通过加重船底来实现船的稳定性，但在实验失败后，逐渐意识到需要考虑更多的设计因素，如船底的形状和螺母的嵌入位置。这一反复实验、修改、验证的过程，极大地促进了学生批判性思维的提升。

（四）批判性思维教学建议

本节课通过问题引导、实践验证和反思讨论，有效地促进了学生批

判性思维的发展。但教师可以进一步强化对学生的逻辑推理和假设验证
过程的关注，例如，教师可以引导学生提出明确的假设，并在实验中有
针对性地设计实验步骤验证假设的可行性。此外，在展示与讨论环节，
教师可以更明确地指出学生设计的成功与不足之处，帮助学生在反思中
获得更深入的见解和经验。

AI智能体在评价中不仅指出了课堂教学中的优点，也指出了很多可以改
进的地方。我曾将本节课的视频给同行们分析，很少有教师能发现AI智能体
指出的一些问题。这需引起我们的重视。

结语：用批判性思维应对 AI 带来的新挑战

本书写到这里的时候，ChatGPT-o1 震撼上线，其在理科解题和编写代码能力方面已超越博士的水平，甚至有人惊呼 AI 迎来了"AlphaGo 时刻"。专用的围棋人工智能 AlphaGo 在对战人类最顶尖的围棋高手时所向披靡，人类围棋选手尊严扫地。如今基于大语言模型的通用人工智能（AGI）的"AlphaGo 时刻"已经到来，人类的知识与认知水平也在被 AI 显著超越。我相信这样的超越还会更多、更快、更令人震惊地涌现。在这场变革中，自我意识驱动的属于元认知的批判性思维，能在俯瞰中审视 AI 的批判性思维，这可能是捍卫人类尊严的最后防线。批判性思维意味着扬人类之长，将 AI 作为智力外包，延伸人的脑力，让 AI 协同人类共创，让人类世界变得更加幸福美好。这是在 AI 变革和重构世界的过程中，人类关键的理性美德，也是人类与 AI 竞争的核心胜出力。

教师协同 AI 教学，在给批判性思维教学带来前所未有的机遇的同时，也带来了前所未有的挑战。

挑战一：AI 的"权威感"与批判性思维的冲突。AI 在中小学生看来，像机器也像人，其富有说服力的文本容易让其在学生心中建立一个具有"权威感"的"人设"。认知远未成熟的学生容易盲目相信 AI 生成的内容，而忽视了其中可能存在的错误或偏见。AI 生成的逻辑严谨的回答，可能包含着"幻觉"

错误，比如，"关公战秦琼"可能被 AI 当作历史事实。如果过于依赖 AI，相信这些"幻觉"，可能会削弱学生的批判性思维能力。所以，批判性思维教育中教师要引导学生审慎对待 AI 生成的内容。

挑战二：AI 的偏见和难以"对齐"（Alignment）与批判性思维的冲突。批判性思维教育的一个重要目的是帮助学生识别信息的来源，质疑其隐藏的偏见。大语言模型的数据来源往往是网上的大量公开数据，而这些数据不可避免地带有某些偏见。虽然"对齐"一直是对 AI 产品的基本要求，但还是难以确保 AI 生成的内容在价值观和道德观上与人类的目标保持一致。当 AI 被广泛应用于教育时，一定要考虑其可能生成的非对齐内容对学生的不利影响，避免 AI 偏见在不知不觉中引导学生接受片面的观点。教师需要让学生认识到，AI 并不是无所不知的、全能的，而是与人一样有着不可避免的局限的。对学生的这种意识的培养，也要作为批判性思维教育中的重要内容。瑞士卡理多斯应用科学大学的沃尔特（Walter，2024）[1]总结了一些研究报告，揭示了学生在使用 AI 时遇到的主要问题，并提出了用批判性思维解决这些问题的方法（见后表）。虽然这些总结大多来自对大学生的研究，但也可以给基础教育带来有益的启示。

---

[1] Walter, Y.(2024).Embracing the future of Artificial Intelligence in the classroom: the relevance of AI literacy, prompt engineering, and critical thinking in modern education. *International Journal of Educational Technology in Higher Education*, 21, 15.

AI 挑战	描述	批判性思维举措
信息质量	来自 AI 的错误信息、有偏见的信息和"幻觉"，包括用 AI 伪造他人信息等社会问题	实施批判性媒体素养计划，教学生如何识别和分析 AI 生成内容中的偏见和错误信息
AI 依赖	学生过度依赖 AI 来解决问题、做决策和完成认知任务	营造基于问题的学习环境，鼓励学生在询问 AI 解决方案之前先自己进行分析推理
AI 伦理	AI 带来的道德困境，例如歧视	将培养学生道德意识纳入课程，重点关注 AI 相关问题，鼓励对道德困境进行辩论和讨论
社交孤立	由于与 AI、数字世界和屏幕互动的时间增加，学生的人际交流减少	推动需要团队合作和面对面互动的活动
独立思考和创造能力的丧失	由于认知和创造性工作可以交给 AI，因此可能会降低学生发展原创思维和创造性思维的技能	鼓励需要设计思维的项目，将 AI 用作辅助工具，而不是想法的主要来源。有时应禁止学生使用 AI，有时必须让他们使用 AI
不断发展的学习能力	AI 会导致学生的学习风格发生变化，并且在交互性低的情况下可能会缩短学生注意力的持续时间	调整教学方法以适应受 AI 和技术影响的多样化学习方式，包括交互式和多模式学习方法。AI 助手和平台可以帮助教师快速适应新模式
数据隐私问题	在数字世界中，个人数据不断被收集，被用作训练 AI 模型	对学生进行数据隐私教育，包括 AI 系统如何使用他们的数据，和保护自己的数字足迹的方法。

挑战三：教师 AI 素养和角色转变与新教学方式的冲突。AI 给教育教学带来的转变是前所未有的，市场出现的各种 AI 学习工具已经展现出前所未有的教学效率。但对 AI 生成内容中存在的偏见和难以"对齐"的尴尬的破解，

以及对学生个性化与自适应学习的监控和调节，都必须由具备高 AI 素养的教师去完成。他们不仅要指导学生如何使用 AI 工具，还要通过对学生学习过程的监控，及时发现他们的问题并调整教学策略，随时调整协同 AI 的教学进程。而当下，教师最擅长的还是传授性的教学。协同 AI 的教学方式需要教师主动转变角色，我们可以想象到其中的艰难。教师不仅要主动学习 AI 的使用，教师培训也需加上培训教师使用 AI 的内容。更重要的是，因使用 AI 成为常态，教育管理的相应政策也应被修改和调整，以促进新教学方式的普及。

以上三方面的挑战只是冰山一角，协同 AI 的教育方式定会随着 AI 发展的步伐而普及，这需要教师坚毅而持续地付出努力。

推荐阅读

　　以下是我在 30 年来的批判性思维专业阅读中认为比较重要的书籍，本书对其中的不少书籍做了引用。其中的一些畅销书已经多次出了修订版，值得我们继续追踪阅读。

　　1. 原始思维 .[法] 列维·布留尔 . 丁由，译 . 北京：商务印书馆，1981.

　　2. 批判性思维 .[美] 约翰·查菲 . 姜丽蓉，刁继田，李学谦，译 . 太原：山西人民出版社，1989.

　　3. 怎能利用统计撒谎 .[美] 达莱尔·哈夫，[美] 欧文·盖斯 . 沈恩杰，马世宽，译 . 北京：中国统计出版社，1989.

　　4. 学会批判性思维——跨学科批判性思维教学指南 . [美] Gerald M Nosich. 柳铭心，译 . 北京：中国轻工业出版社，2005.

　　5. 学会提问：批判性思维指南 .[美] M Neil Browne，[美] Stuart M Keeley. 赵玉芳，向景辉，译 . 北京：中国轻工业出版社，2006.

　　6. 布鲁姆教育目标分类学：分类学视野下的学与教及其评测（完整版）.[美] 安德森等 . 蒋小平等译 . 北京：外语教学与研究出版社，2009.

　　7. 思维：批判性和创造性思维的跨学科研究（第四版）.[美] 加里·R·卡比，[美] 杰弗里·R·古德帕斯特 . 韩广忠，译 . 北京：中国人民大学出版社，2010.

　　8. 我们如何思维 .[美] 约翰·杜威 . 伍中友，译 . 北京：新华出版社，

2010.

9. 批判性思维——论证逻辑视角（修订版）. 武宏志，周建武，主编. 北京：中国人民大学出版社，2010.

10. 论证是一门学问：如何让你的观点有说服力.[美] 安东尼·韦斯顿. 卿松竹，译. 北京：新华出版社，2010.

11. 21 世纪技能：为我们所生存的时代而学习.[美] 伯尼·特里林，[美] 查尔斯·菲德尔. 洪友，译. 天津：天津社会科学院出版社，2011.

12. 简单的逻辑学.[美] D.Q. 麦克伦尼. 赵明燕，译. 杭州：浙江人民出版社，2013.

13. 赤裸裸的统计学.[美] 查尔斯·惠伦. 曹槟，译. 北京：中信出版社，2013.

14. 宣传力：政治与商业中的心理操纵.[美] 安东尼·普拉卡尼斯，[美] 埃利奥特·阿伦森. 林夕榆，译. 北京：新华出版社，2014.

15. 说理. 陈嘉映. 北京：华夏出版社，2014.

16. 批判性思维（第 10 版）.[美] 布鲁克·诺埃尔·摩尔，[美] 理查德·帕克. 朱素梅，译. 北京：机械工业出版社，2014.

17. 明亮的对话：公共说理十八讲. 徐贲. 北京：中信出版社，2014.

18. 逻辑学是什么. 陈波. 北京：北京大学出版社，2015.

19. 思辨与立场：生活中无处不在的批判性思维工具.[美] 理查德·保罗，[美] 琳达·埃尔德. 李小平，译. 北京：清华大学出版社，2016.

20. 审辩式思维. 谢小庆. 上海：学林出版社，2016.

21. 思维补丁：修复你的 61 个逻辑漏洞 .[美] 罗伯特·托德·卡罗尔. 王亦兵，译. 北京：新华出版社，2017.

22. 数据的真相：如何在数字时代做出明智的决策.[美] 约翰·H·约翰逊，

[美] 迈克·格鲁克. 王喆，译. 北京：中信出版社，2018.

23. 批判性思维的认知与伦理. 徐贲. 北京：北京大学出版社，2021.

24. 词语的战争.[美] 肯尼斯·伯克. 何博超，译. 上海：上海文化出版社，2022.

25. 理性.[美] 史蒂芬·平克. 简学，简丁丁，译. 杭州：浙江教育出版社，2023.

后记

本书从 2023 年暑假写成初稿至今，搁置近一年。这一年，生成式人工智能（GAI）进步迅速，发生了许多可喜的变化。基于这些变化与进步，我们开展了一些基于 AI 智能体（AI Agent）的教学实验，收获了许多惊喜，以至于我们不得不对初稿进行大改，期望为伴随着 AI 成长起来的新一代批判性思维教育者提供全新的指引。

本书有两位年轻的合作者。留学回来的深圳市龙城高级中学（教育集团）宝龙外国语学校的英语和跨学科教学教师吴英梓老师主要参与了第一章和第六章部分章节的撰写，并为本书撰写了不少外文文献研究的内容；毕业于清华大学的深圳市龙华区外国语学校的科学教师陈慧钰老师为本书绘制了插图，以可视化的图示增进读者的理解。慧钰老师的这一长处是我看到她在小红书上绘制的我的讲座笔记时发现的，她真是多才多艺。从伴随着 AI 成长的新一代青年教师身上，我看到了中国教育的朝气和希望。

要感谢信息科技特级教师王继华老师的智力贡献，她携弟子刘鲜老师提供了创新的研究成果——计算思维教学案例《用几何的眼光看世界》。计算思维与其他专业思维一样，也是需要云端智者来俯瞰审视的，学生在抽象建模和编程设计的调试活动中必会启动批判性思维。

要感谢两位授权提供教学实录的教师。一位是我长期的合作研究者、语文特级教师孙安懿老师，一位是远在重庆的青年才俊宋健老师。她们对 AI 智能体在批判性思维教学评价中的表现给予了相当高的评价。

我曾经的同事朱晓慧老师的学生、深圳市龙岗区龙城小学 2018 届五年级（3）班的陈乐同学，授权提供了她极具思想和情感的作文《你不知道将来有多好》。每当我在演讲中读她的这篇作文时，我都会眼含泪光。她是能有主见地坚毅成长的学生典范。今年她已考上了心仪的大学，祝福她有美好的前程。

要特别感谢我尊敬的长者、批判性思维（审辩思维）教育的著名推动者、北京语言大学的谢小庆教授的不吝指点，他将 critical thinking 翻译为审辩思维，让柔和的词语同样体现了坚毅的力量。还有与我一起做批判性思维教育的伙伴们，特别是两位特级教师朋友——华中科技附属小学的朱映晖和苏州太仓实验小学的张勤坚，你们使我在探索中并不孤单。

特别感谢非常懂我的几位全国知名的专家朋友，他们为本书的出版写了诚挚的推荐语：北京大学的汪琼教授为本书写了序；人民教育出版社综合理科编辑室主任张军霞正编审为本书写了长长的推荐语；北京师范大学教育学部赵国庆副教授用他独特的语言为我"画像"；唐晓勇校长更是以他对我的了解写了深情的话语。

AI 发展迅速，我们深知新的 AI 会不断涌现。**书籍只是一种交流的邀请，**我的微信公众号和视频号的名称是"未来课程"，读者可以搜索关注，本书后续开发的案例和交流会汇聚在这里。我们也会根据新的 AI 续写新的篇章，把协同 AI 的批判性思维教学继续往前推进。由于本人才疏学浅，著作本书是一种大胆冒险。书中出现错误在所难免，敬请读者指出，发送到我的邮箱 science@126.com，以便修正。谢谢您！

吴向东

初稿完成于 2023 年 8 月 18 日

修改稿完稿于 2024 年 9 月 17 日中秋节